NOSOTROS

TERRENCE REAL

NOSOTROS

Más allá de ti y de mí, cómo construir una relación de pareja fuerte

Autoconocimiento

DIANA

Obra editada en colaboración con Editorial Planeta – España

Título original: *Us: Getting Past You and Me to Build a More Loving Relationship*

Maquetación: Realización Planeta

Bajo el sello editorial DIANA M.R.
Avenida Presidente Masarik núm. 111,
Piso 2, Polanco V Sección, Miguel Hidalgo
C.P. 11560, Ciudad de México
www.planetadelibros.com.mx

Primera edición impresa en España: febrero de 2024
ISBN: 978-84-1119-125-8

Primera edición en formato epub en México: junio de 2024
ISBN: 978-607-39-1497-0

Primera edición impresa en México: junio de 2024
ISBN: 978-607-39-1447-5

Impreso en los talleres de Impregráfica Digital, S.A. de C.V.
Av. Coyoacán 100-D, Valle Norte, Benito Juárez
Ciudad De Mexico, C.P. 03103
Impreso en México - *Printed in Mexico*

A mi familia, a la que adoro: Belinda, Justin y Alexander.
Son la luz que alumbra mi firmamento.
Y en memoria del hombre con un don especial para apreciar la vida,
uno de los mejores amigos que haya podido tener, Rich Simon.

ÍNDICE

PRÓLOGO

> El mundo no está hecho para las personas.
> Las personas estamos hechas las unas para las otras.
>
> Terrence Real

Poco después de cumplir los treinta, ya me había quedado claro que, tal y como iban las cosas, nunca tendría lo que quería. Tener una vida plena, un hogar, un sentimiento de satisfacción, una pareja, amistades y mi lugar en una comunidad de vecinos me parecía imposible, fuera de mi alcance. No tenía la certeza, el valor o las herramientas para crear una vida de verdad. Era uno de los músicos con más éxito del mundo, pero el trabajo y la vida personal son dos cosas muy diferentes. Y lo más frustrante era que lo que me hacía bueno en mi trabajo —mi gran capacidad, incluso sed de aislamiento para crear; mi profundo carácter introspectivo con el que me sentía tan cómodo y que me permitía volcarme de lleno en mi trabajo durante días, semanas e incluso años— era lo que catapultaba mi vida personal al fracaso. Llevaba una vida aparentemente estable, pero solitaria. Sin embargo, al cumplir los treinta y dos, choqué contra un muro emocional y me di cuenta de que estaba perdido en la oscuridad de un espeso bosque que yo mismo había creado, sin ningún mapa con el que orientarme y salir de allí. Así empezó mi periplo de cuarenta años para buscar la salida, abriéndome paso entre la maleza y siguiendo el río que me guiaba hacia una vida más rica y fluida.

Con ayuda, a los cuarenta y pocos años me di cuenta de que me veía afectado por un legado que había pasado de generación en generación en una familia italoirlandesa. Una larga y persistente sucesión de trastornos y disfunciones mentales se abría paso en mi vida en forma de una profunda y recurrente depresión y de una parálisis emocional. Me daba miedo mostrar mi vida personal a cualquiera que no fuera una multitud de veinte mil personas reunidas en un estadio. La idea de compartir con alguien a un mismo nivel, requisito indispensable para cualquier relación amorosa, me llenaba el corazón de miedo e inseguridad. Y mientras batallaba con estas emociones, era plenamente consciente de que el tiempo se me escapaba y seguía sin tener las cosas que deseaba y sin ser la persona en la que quería convertirme.

¿Y cómo se cambia ese legado? ¿Cómo se rompen las cadenas del trauma y la enfermedad que, de no hacerlo, seguirán oprimiendo a las generaciones venideras? Como dice Terry, «la patología familiar es como un fuego en medio de la naturaleza que arrasa con todo a su paso hasta que alguien decide hacer algo para apagar las llamas». Poco a poco empecé a hacerle frente a ese fuego, sobre todo porque sabía que no quería fallarles a mis hijos ni a mi familia como a mí me habían fallado. Al fin y al cabo, la manera de honrar a nuestros padres y sus esfuerzos es hacer nuestro todo lo bonito que nos han dado y trabajar lo que haga falta para que nuestros hijos no conozcan sus heridas y errores. Los problemas de nuestros hijos deberían crearlos ellos mismos. Si queremos que los fantasmas de quienes nos precedieron nos dejen de perseguir y se conviertan en los ancestros que nos acompañan con amor y compasión en nuestro camino, debemos hacer un profundo trabajo de transformación. Desgranar una pequeña parte de todo esto y poder aplicar los aprendizajes a mi vida me llevó mucho tiempo, y sigo aprendiendo y trabajando en ello cada día. Mis hijos, sin duda, también tendrán trabajo que hacer, pero todos tenemos que aprender y ganarnos nuestra madurez.

Si miramos esta problemática desde un prisma más amplio, el precio que pagamos como sociedad por el individualismo imperante y el patriarcado tóxico actual es la distancia permanente que sentimos entre nosotros. Si no puedo conectar contigo, no podemos crear un *nosotros*. Ya sea por racismo, por diferencias de clase o por cualquier otra de las plagas que infestan nuestra sociedad, el precio que pagamos es siempre el mismo: un sistema fracturado y disfuncional que nos impide ver y querer a la persona que tenemos al lado con todo nuestro imperfecto corazón. Las palabras de Terry están llenas de amor, son amables, sabias y poderosas; escribió un libro precioso y muy importante, sobre todo para el momento que estamos viviendo. Es un primer paso para abrir un camino hacia una sociedad más amable y poderosa, una sociedad basada en los principios del amor, la justicia y el respeto. En estas páginas desarrolla un proceso para que empecemos a entender el lugar que ocupamos en nuestras familias y en nuestra sociedad.

He trabajado muy duro y he tenido mucha suerte. En todos estos años, me encontré con guías increíbles que me han ayudado a avanzar entre la espesura del bosque y a navegar el río de la vida. Para mi mujer, Patti, y para mí, Terrence Real ha sido uno de esos guías, y este libro es un mapa para transitar entre esos árboles cuando te sientes perdido.

Ve con cuidado y sigue adelante,
BRUCE SPRINGSTEEN

CAPÍTULO 1

¿Qué versión de ti muestras en tus relaciones?

¿Alguna vez te has sentido como un mero espectador ante tus propias interacciones? Te repites una y mil veces que esta vez no vas a perder la paciencia con tu hijo, con tu compañero de trabajo, con algún familiar o con tu pareja, pero cuando llega el momento de la verdad y la situación empieza a escalar, no puedes evitarlo: haces un comentario fuera de lugar, alzas la voz o dices lo que piensas «de verdad».

Quizá no eres alguien que explota con facilidad. En vez de atacar, eres más de desconectarte porque la situación te causa rechazo («esto no va conmigo») o te supera («ahora mismo no puedo con esto»), o las dos cosas a la vez.

Puede que ni ataques ni salgas corriendo, sino que, en general, mantengas una actitud calmada, neutral y razonable. El problema es que tu pareja no actúa de la misma manera.

Así es la vida.

Lo que quieres es que te entiendan o que te dejen en paz de una vez, pero de repente te das cuenta de que tú no llevas las riendas del caballo y vas directo a un precipicio. Alguna vez te quedas ahí mirando sin hacer nada, sabiendo que no está bien y que no quieres hacerlo. Otras veces, en cambio, le das una patada a tus buenas intenciones y espoleas al caballo para que galope aún más rápido hacia el vacío, gritas con más fuerza o te cubres de corazas aún más impenetrables.

Tarde o temprano —ya sean minutos, horas, días o incluso semanas—, al final, vuelves en ti y llega el momento de reparar el daño. O quizá las dos partes deciden hacerse de la vista gorda y como si no hubiera pasado nada. Hasta la próxima.

¿No te hartas de todo esto? ¿No te arrepientes de lo que pasó? No quieres vivir así y te sigues prometiendo que esta vez será diferente o que «la otra persona» lo será. Y, sí, lo consigues, las cosas van bien durante un tiempo, incluso puede que sea una temporada larga, hasta que ella se aparta y se muestra fría contigo, o hasta que él te falta al respeto y se pasa de la raya otra vez. Tú solo quieres que ese o esa idiota te entienda; ¡tienes derecho, tiene que escucharte! O puede que solo quieras que nadie te moleste. ¿Por qué no te acepta tal y como eres? Nadie te había dicho que en vez de casarte te habías apuntado a un curso interminable de crecimiento personal.

Se dice que en la vida hay dos tipos de parejas: las que se pelean y las que se distancian.[1] Pero yo voy a añadir una tercera: las que hacen las dos cosas. Una recrimina y la otra se desconecta por completo. Una tormenta y una tortuga.[2]

Soy experto en relaciones. He hablado e impartido talleres sobre relaciones superlativas a empresas, al público general y a psicoterapeutas por todo el mundo. Durante tres décadas, miles de profesionales de la salud mental y *coaches* empresariales se han formado con el modelo de terapia que creé, al que llamé «terapia de vida relacional», y del cual se han beneficiado un sinfín de personas y parejas.

Si te peleas a menudo con tu pareja, si tienes la impresión de que no te escucha, si te sientes frustrado, si sientes que no te valora o te controla demasiado, si crees que se distanciaron, si levantas o levanta muros, si te sientes muy solo o sola, o quizá crees que no te trata como mereces, este libro te presenta una nueva manera de relacionarse. La idea es cambiar la forma en la que te ves en relación con tu pareja para que no entren en la dicotomía de vivir en un desierto o en un campo

1. Una observación común entre los terapeutas de pareja.
2. Hedy Schleifer (terapeuta), comunicación personal con el autor.

de batalla. En este libro te pido que hagas algo revolucionario, algo que te exigirá que cambies partes fundamentales de tu identidad; puede que, incluso, para mucha gente implique cambiar la persona que creen que son.

De todas formas, te prometo que valdrá la pena; de hecho, es la única manera de erradicar el problema. Hay demasiadas parejas que se pelean constantemente sin llegar a nada, hasta que alguna de las dos partes se aleja y acaban viviendo «solos juntos». Aquí aprenderás a reconectar, primero contigo (con tus emociones, tus necesidades y deseos), porque para crear relaciones sanas necesitamos primero tener una así con nosotros mismos. Más adelante aprenderás las herramientas de un método relacional práctico y sofisticado, diseñado para enseñarte a conseguir más de aquello que buscas en tus vínculos con los demás; a dejar atrás esos enormes y frondosos árboles que no te dejan ver la luz y acercarte a las orillas del río de la vida.

No será fácil, como supongo que ya imaginas, porque si te compraste este libro, es que ya viviste en carne propia una dolorosa certeza: las relaciones pueden ser un infierno. Cuando hay una batalla a corazón abierto en una relación íntima, las cosas se nos van de las manos (a veces mucho, a veces poco), y estas situaciones suelen darse una y otra vez. Nos olvidamos de que la persona a la que estamos atacando o de la que nos estamos distanciando es a la que más queremos en el mundo. Miramos a nuestras parejas con telescopio desde la distancia y, ahí, nos dan lástima o nos parecen demasiado, o quizá un poco de las dos cosas. Y ahí es donde alguien como yo entra en acción. Me he pasado la mayor parte de mi carrera ayudando a parejas, a equipos, a empresas y a líderes sociales. Soy el hombre que da la vuelta a la tortilla. La gente acude a mí cuando parece que la situación no tiene remedio y nadie fue capaz de solucionarla. Soy un terapeuta de pareja especializado en psicología masculina, problemas de género, trauma y poder.

Se ha visto que la terapia de vida relacional genera un cambio profundo, permanente y rápido en las personas y en sus relaciones. Enseña a hombres, a mujeres y a personas no binarias a construir vidas relacionales y sanas; vidas en las que se crea una conexión real y profunda basada en la honestidad absoluta y en la asertividad brutal con uno mismo y con las personas que queremos. Los terapeutas que practican este método rompen muchas de las normas que aprendimos en la universidad; por ejemplo, no siempre mantenemos una posición neutral. Sabemos que la responsabilidad no siempre se puede dividir a partes iguales en todos los problemas. Nosotros nos posicionamos y no levantamos un muro en nombre de la profesionalidad. Queremos dejar claro que somos personas de carne y hueso, y cuando es relevante, compartimos experiencias que hemos vivido en nuestro camino hacia el crecimiento y las relaciones íntimas.[3]

Este libro es una invitación, la misma que yo y otros terapeutas de vida relacional ofrecemos a nuestros pacientes cada día: es una invitación a aprender una serie de herramientas sofisticadas, un método. Es exigente, no te voy a engañar, pero una vez que lo domines, será lo que les permita a ti y a tu pareja llegar a un nivel de cercanía, confianza, unión y felicidad que hará palidecer al estándar al que estamos acostumbrados. ¿Te gustaría sentir que tu pareja te escucha? ¿Y a la vez asegurarte de que tú haces lo mismo con ella? ¿Te gustaría tener la certeza de que, incluso en medio de una pelea o cuando están distantes, tú y tu pareja luchan en el mismo bando?

Tener presente el amor

Antes de tomar el cuchillo verbal, antes de poner otra capa a tu muro, déjame recordarte que quieres a esa persona. Y ahí radica el problema: en los momentos difíciles, cuando el miedo o una ira visceral te corre por las venas, ¿te acuerdas realmente de que quieres a la persona que tienes enfrente? ¿Te acuerdas cuando tu cuerpo se desconecta y, por más que lo intentas, apenas puedes hilar dos palabras seguidas? La respuesta rotunda, si contestas con sinceridad, es que no. Cuando

3. Real, *High Impact Couples Therapy* [Terapia de pareja de gran impacto].

las cosas se ponen intensas, ese amor que los une, esa certeza de que son ustedes dos contra el mundo, esa sensación de que forman un «nosotros» es prácticamente inalcanzable.

La buena noticia es que el amor sigue ahí; la mala, que está guardado en partes de tu mente, cuerpo y sistema nervioso a las que no tienes acceso en esos momentos difíciles. Tu sistema endocrino está en alerta máxima y segrega estimulantes a tu riego sanguíneo, mientras que el sistema nervioso autónomo (en tu subconsciente) se activa en modo lucha o huida, lo que te hace atacar o paralizarte. Las funciones superiores del cerebro (la corteza prefrontal, es decir, las riendas) se desconectan por completo, mientras que las partes más primitivas del cerebro (el sistema límbico, sobre todo la amígdala)[4] se toman el control absoluto.

En esos momentos, el cerebro se encuentra en un estado en el que la corteza prefrontal no está conectada con el sistema subcortical ni preparada para relajarlo. Si no se dan esa conexión y esa calma, perdemos ese espacio entre lo que sentimos y lo que hacemos. A estas partes más primitivas de nuestro cuerpo y cerebro solo les importa nuestra

4. Cuando la corteza prefrontal no está conectada con el sistema subcortical y no lo calma, perdemos ese espacio de pausa en el que somos conscientes de lo que sentimos antes de actuar. La corteza prefrontal no se desactiva realmente; de ser así, no podríamos hablar ni pensar; ni siquiera podríamos discutir. Lo que deja de funcionar es la conexión entre ambas partes. Cuando percibimos seguridad y amabilidad, la corteza prefrontal vigila, calma e integra la información que recibe de los sistemas subcorticales en el cerebro (como el sistema límbico). Cuando detectamos peligro, nuestro instinto de protección se activa, y a la corteza prefrontal le cuesta muchísimo más regular esos sistemas más profundos. En situaciones así, la corteza prefrontal y los sistemas subcorticales no están conectados entre sí, y es más probable que actuemos para protegernos, ya sea verbal o físicamente. Cozolino, *Neuroscience of Psychotherapy*; Van der Kolk; *Body Keeps the Score* (trad. cast.: *El cuerpo lleva la cuenta*, Eleftheria, Sitges, 2020); Siegel, *Mind: A Journey* (trad. cast.: *Viaje al centro de la mente. Lo que significa ser humano*, Paidós, Barcelona, 2017); Siegel, *Developing Mind* (trad. cast.: *La mente en desarrollo: cómo interactúan las relaciones y el cerebro para modelar nuestro ser*, Desclée de Brouwer, Bilbao, 2007); Siegel, *Mindsight* (trad. cast.: *Mindsight: la nueva ciencia de la transformación personal,* Paidós, Barcelona, 2011).

supervivencia: no tienen ningún interés en demostrar vulnerabilidad ni proteger nuestro vínculo de intimidad. El concepto de «nosotros» se esfuma y se crean dos entes claramente separados («tú y yo»), enemigos en una guerra fría en la que tu objetivo siempre será: «yo gano y tú pierdes».[5]

El «nosotros» es la posición de la unión, mientras que el «tú y yo» nos confronta. Esta última posición es increíble cuando tenemos que enfrentarnos a un león, pero no nos ayuda tanto cuando en el otro bando tienes a tu pareja, tu superior o tu hija. En esos momentos, lo que te hace casi imposible poder mantener la calma no es más que un millón de años de evolución, aderezado con otro potente ingrediente: el trauma. El trauma activa el modo de supervivencia, en el que aprietas los puños con fuerza para luchar o aprietas los dientes con fuerza para protegerte de lo que sea. Cuanto más trauma hayas vivido en tu infancia, con más fuerza se instala la posición del «tú y yo».[6]

Si al leer lo anterior pensaste: «Vamos a ver, yo no sufrí ningún trauma infantil», solo te diré una cosa: me lo dices luego. Profundizaremos en el tema más adelante. Antes de que tomes ninguna decisión,

5. En su versión humana, el sistema límbico/subcortical es, de hecho, bastante avanzado. Otros animales también lo tienen, pero nuestra versión es mucho más compleja incluso en el nivel subcortical. Otras maneras de hacer referencia a este sistema podrían ser: el sistema de las emociones, el sistema rápido, el subcortical, el subconsciente, el límbico, el cerebro donde almacenamos nuestros aprendizajes anteriores y el cerebro reactivo. Nuestra supervivencia como especie está estrechamente relacionada con la conexión con los demás, así como con nuestra habilidad para alejarnos de situaciones peligrosas. Cuando estos dos instintos entran en conflicto, puede que las partes de nuestro cerebro que compartimos con otras especies filogenéticamente más antiguas elijan instintivamente sacrificar la conexión para salvarnos físicamente. Panksepp y Biven, *Archaeology of Mind*; Porges, *Teoría polivagal.*

6. Van der Kolk, *El cuerpo lleva la cuenta*; Fisher, *Healing Fragmented Selves* (trad. cast.: *Cómo sanar la fragmentación interna de los sobrevivientes de trauma y superar la alienación interior*, Ediciones Pléyades, Madrid, 2020); Fisher, *Transforming Legacy of Trauma* (trad. cast.: *La transformación del legado vivo del trauma*, Eleftheria, Sitges, 2023).

¿qué te parece si hablamos un poco sobre el trauma en la infancia? A veces no se necesitan grandes cosas para vivirlo. En función de tu naturaleza y de otra serie de variables, a veces, el huevo solo necesita recibir un ligero golpe para desquebrajarse y que esas grietas se queden ahí para siempre.

¿Cuáles son tus traumas?

Cuando trabajo con parejas, siempre tengo una pregunta importante en mente. Y no es: «¿Cuáles son tus estresores?». Los estresores o factores de estrés —como la pandemia, las dificultades económicas, la descompensación entre libidos, los hijos y los suegros— son importantes, pero una pareja funcional puede gestionar un nivel de estrés bastante alto. La pregunta clave tampoco es: «¿Qué dinámica, qué coreografía se creó entre ustedes?». Esa cuestión también resulta fundamental, pero no es la esencial. Para mí, la pregunta que nos lleva al centro de todo en una sesión es: «¿Con qué parte de ti estoy hablando?».

¿Estoy hablando con tu parte madura, la que está presente en el aquí y ahora? A esa la llamo la «parte sabia», es la que se preocupa por el «nosotros». ¿O acaso estoy hablando con otra parte de ti que reaccionó a algo, con tu conciencia confrontativa del «tú y yo»? Esta parte reactiva ve las cosas con la mirada del pasado. Yo no creo que nadie reaccione de manera exagerada; lo que pasa es que hay personas que reaccionan a cosas que quizá ya no encajan con la realidad que tienen adelante. Uno de los regalos que los miembros de una pareja se hacen entre sí es algo tan fácil y sanador como estar presentes. Sin embargo, para poder ofrecérselo a tu pareja, debes enraizarte en el presente y no dejar que el pasado te secuestre o te bombardee constantemente.

La verdad es que el término «recuerdo traumático» no es muy apropiado. El trauma no se recuerda, sino que se revive. El veterano de guerra que oye el chasquido de un tubo de escape y de repente se gira como si estuviera empuñando un rifle no piensa: «Ahora mismo estoy paseando por esta avenida y esto es un recuerdo de la guerra». En ese momento, cada célula del cuerpo del veterano cree estar de nuevo en el campo de batalla. El pasado se impone en el presente y confunde totalmente al cerebro.[7] Cuando se abre la herida de un trauma, puede que físicamente reaccionemos con el modo de lucha o huida. Hay pacientes que, al enfrentarse a una realidad inesperada y abrumadora, como una infidelidad, por ejemplo, sueltan un grito ahogado y salen corriendo hacia la puerta antes de volver en sí en el pasillo de mi consultorio.

Aun así, la mayoría no suele recrear la experiencia que vive en el episodio traumático, sino que usa la estrategia que desarrolló para afrontarlo en el momento. Si sufriste abandono emocional en tu infancia, puede que ahora derroches carisma y se te dé muy bien llamar la atención de los demás. O quizá tuviste unos progenitores que se entrometían en todo y ahora lo haces todo con mucho cuidado y sin que nadie se entere; para ti, mantener a raya a la gente es lo más normal. A esta parte compensatoria la llamo «parte infantil adaptativa».[8]

Una de mis grandes mentoras, Pia Mellody, describió a esta parte como un «niño disfrazado de adulto».[9] La «parte infantil adaptativa»

7. Van der Kolk, *El cuerpo lleva la cuenta*; Levine, *Trauma and Memory* (trad. cast.: *Trauma y memoria: cerebro y cuerpo en busca del pasado vivo. Una guía práctica para comprender y trabajar la memoria traumática*, Eleftheria, Sitges, 2018); Siegel, *La mente en desarrollo*.

8. En el mundo de la psicología se han ofrecido muchas descripciones parecidas de la división en tres partes de la psique humana: Berne y McCormick, *Intuition and Ego States*; Schwartz, *Internal Family Systems* (trad. cast.: *Los sistemas de la familia interna*, Eleftheria, Sitges, 2016); Mellody, Miller y Miller, *Facing Codependence* (trad. cast.: *La codependencia: qué es, de dónde procede, cómo sabotea nuestras vidas*, Paidós, Barcelona, 2005). Stan Tatkin habla de la diferencia entre las partes «primitivas» y las «diplomáticas» del cerebro en *Wired for Love*. Dan Siegel, en su libro *La mente en desarrollo*, habla de dos estados neurológicos: uno con la corteza prefrontal activa y otra reactiva.

9. Mellody, en su formación «Post-Induction Training».

es la interpretación que hace un niño de una persona adulta, la versión de ti que construiste a falta de una crianza más sana. Aquí tienes una tabla con más detalles sobre los rasgos de la parte infantil adaptativa, en comparación con la parte adulta sabia.[10]

PARTE INFANTIL ADAPTATIVA	PARTE ADULTA SABIA
Blanco y negro	Abierta a matices
Perfeccionista	Realista
Incansable	Compasiva
Rígida	Flexible
Severa	Amable
Dura	Complaciente
Incuestionable	Modesta
Rigidez corporal	Cuerpo relajado

Quiero que mires bien la tabla y te fijes en un par de cosas. Lo primero es que veas que la parte infantil adaptativa es rígida e incuestionable, y piensa en términos de blanco o negro. Una de mis clientas me dijo que su parte infantil era como una fundamentalista que vivía en su interior. Estos rasgos chocan con la flexibilidad, la humildad y la capacidad para ver matices que caracterizan a la parte adulta sabia; cualidades que también reconocerás, a partir de la teoría sobre el desarrollo en la edad adulta, que se asocian a la madurez emocional.[11]

La dureza no tiene nada de bueno

Vamos a analizar con más calma una de las cualidades inmaduras que prevalece en nuestra parte infantil adaptativa: la dureza. Siempre les

10. Gráfico adaptado de Mellody, Miller y Miller, *La codependencia*.

11. Erikson y Erikson, *Life Cycle Completed* (trad. cast.: *El ciclo vital completado*, Paidós, Barcelona, 2000); Arnett, *Emerging Adulthood*; Wrightsman, *Adult Personality Development*.

digo a mis pacientes que si al acabar la terapia conmigo solo se quedan con esta idea, habrá valido la pena. Métetelo bien en la cabeza: la dureza no tiene absolutamente nada de bueno. Siendo duros con las otras personas no conseguimos nada que no podamos lograr si mostramos una actitud firme y amorosa.

Una vez tuve un paciente de unos setenta años, parecido a Clint Eastwood, y de hecho, era un granjero de Wyoming. Le expliqué con detalle por qué ser duro no servía para nada y, de repente, empezó a llorar. Lo hacía con serenidad y solo se veían unas pocas lágrimas, pero la cuestión es que lloró.

Y le dije:

—Estás pensando en lo duro que fuiste contigo mismo todos estos años.

—No —me corrigió—. Estoy pensando en el daño que les hice a mis hijos.

Conocer mejor a tu parte infantil adaptativa

Que tu parte infantil adaptativa sea rígida no quiere decir que siempre tenga una actitud agresiva; incluso es posible que sea muy complaciente y servicial. Puede tener una tendencia hacia la superioridad o hacia la inferioridad, o puede que vaya de un extremo al otro. La cuestión es que, ya sea más dominante o retraída, reaccionará casi siempre igual cuando algo te haga conectar con alguna de tus heridas. Este punto de reacción establecido, ese *modus operandi* relacional, es tu «postura relacional», es decir, el comportamiento que repetirás una y otra vez cuando te estreses.

Veamos el ejemplo de Dan, un hombre que tenía una postura relacional muy clara y concreta: el camino que había abierto y dejado bien marcado su parte infantil adaptativa. Un comportamiento que estuvo a punto de acabar con su matrimonio.

Dan y Julia: el mentiroso que logra transigir

—Le miento —me dice Dan sin una pizca de emoción en su voz en los primeros minutos de nuestra primera sesión.

Julia, su mujer, interviene para explicármelo un poco mejor:

—Y lo hace por todo, ya sean cosas importantes o no. Si le preguntas ahora mismo qué zapatos lleva, te dirá que unos tenis.

«Esa es buena», pienso para mis adentros, pero me doy cuenta de que no está bromeando. Vinieron para hacer un proceso terapéutico de pareja de dos días. Pasaremos juntos dos días enteros y, al final, decidiremos si consiguieron solucionar las cosas o si es mejor que se divorcien. Este a es la última esperanza para las parejas que están al borde del abismo.

Dan es un hombre amable, muy entrañable, pero no quieras sacarle una respuesta directa. Adora a su mujer y, por lo general, siempre intenta hacer las cosas bien. Bueno, entonces, ¿por qué alguien que se supone que tiene la cabeza en su sitio mentiría tan descaradamente? Pues porque algo me dice que Dan no tiene la cabeza en su sitio. Y con esto no quiero decir que esté loco, sino que actúa desde la mentalidad del «tú y yo», desde su parte infantil adaptativa, creyendo que quien lleva las riendas es su parte adulta sabia, capaz de valorar la importancia del «nosotros». Por lo general, la cultura recompensa a la parte infantil de Dan. Sabe que no puede mentir en el trabajo, pero se desvive y se salta sus límites para poder contentar a sus jefes. Trabaja ochenta horas a la semana y ascendió hasta el puesto de mayor responsabilidad en la empresa de informática para la que trabaja.

Como muchos de los pacientes que conozco, Dan tiene una parte infantil adaptativa que lo convirtió en un éxito en el mundo laboral, pero que amenaza con sabotear su vida personal. Esto se debe a que, a grandes rasgos, la sociedad se alimenta de esta parte infantil y se ve amenazada por los adultos maduros. Nuestra sociedad reproduce las cualidades de la parte infantil adaptativa: procesa en términos de blanco o negro, es rígida, perfeccionista e inflexible, y no está conectada con la realidad. Es la cultura del individualismo, de la que hablaré con mucho más detalle en el segundo capítulo.

Dan, un hombre blanco de unos treinta y tantos años, me dice que miente para «no meterse en problemas», mientras mira de reojo a Julia, una mujer negra más o menos de la misma edad, quien está sentada a su lado.

«Quizá —pienso— hay algo más detrás de sus mentiras, pero no lo tengo claro». Mientras trabajamos juntos, Dan me enseñará cómo se desenvuelve en su postura relacional.

—¿Fue Julia quien te hizo venir a terapia? —le pregunto directamente.

—No me obligó, pero sin duda me lo pidió con mucho ímpetu —contesta.

—¿Ya intentaste dejar de mentir por ti mismo?

—Claro, pero bueno... ¿Qué quieres decir exactamente con «intentarlo»?

—¿Llevas muchos años luchando con este problema?

—Luchando, luchando...

Después de tres o cuatro intentos, empiezo a pensar que si le digo a Dan que el cielo es azul, él me dirá que es aguamarina. Es la típica persona que cuando está cayendo un diluvio universal, abre la ventana, saca la mano y dice: «Pues parece que está lloviendo, ¿verdad?».[12]

Como terapeuta de pareja, tengo tres fuentes de información: lo que los miembros de la pareja me cuentan de sí mismos y de la otra parte, el comportamiento que tienen adelante de mí y mis sensaciones al percibir estos comportamientos.

Cuando una persona me dice que hace algo (como mentir) y luego me muestra una versión del problema cuando habla conmigo (evadir las respuestas), me queda claro que su descripción es correcta. Ahora sé que Dan tiene un don para esquivar preguntas: su parte infantil adaptativa lleva las riendas. La parte adulta sabia que hay en nuestro interior no miente de manera incontrolable. Con esta información, la siguiente pregunta es: ¿a qué tuvo que adaptarse la parte

12. Esta frase la adapté de Hammett, *Continental Op.*

infantil adaptativa de Dan? ¿Cómo llegó este hombre a la postura relacional en la que se encuentra ahora?

«Enséñame la huella —les digo a mis estudiantes— y te diré cómo es el dedo». Si Dan es cinta negra evadiendo preguntas, lo aprendió en algún sitio. Lo más seguro es que creciera con alguien que fuera igual de escurridizo y él solo imita el modelo; o, por el contrario, quizá tuvo que aprender a responder con evasivas para afrontar a alguna figura parental muy controladora.

—Dan, ¿quién trataba de controlarte cuando eras pequeño? —le pregunto, intentando confirmar mi teoría.

Se queda pensando un momento y me contesta:

—Mi padre no. Era muy indiferente y casi nunca estaba en casa.

—¿Tu madre era la que llevaba la batuta? —sigo, indagando.

Se le escapa la risa y añade:

— Y no había quién le llevara la contraria.

—¿Y te controlaba...?

—Bueno... Es que yo cumplía muy bien con mi papel —me dice.

—¿Qué quieres decir?

—Que era muy buen niño. Era bueno en los deportes, sacaba buenas calificaciones e iba a misa los domingos. —Vuelve a sonreír y sigue—: En apariencia, todo estaba perfecto.

—¿Y qué pasaba detrás?

Vuelve a sonreír. Esta vez con más ganas.

—Bueno, detrás las cosas no eran tan bonitas.

—¿Cómo?

—Bueno, nada grave. Salía con chicas, bebía, alguna vez fumaba maría o inhalaba coca. Pero ella nunca lo supo.

—Lo escondías todo con mucho cuidado —supongo.

—Sí. Ojos que no ven, corazón que no siente.

«Ese es su lema —pienso—. Se lo podríamos poner en una playera».

—Lo escondías bien —vuelvo a repetir—. Como tu padre.

—Sí —coincide conmigo—. Supongo que sí.

—¿Y qué pasaba si alguien contrariaba a tu madre?

—Uy —me dice, negando con la cabeza—, eso era imposible. Era muy estricta, muy religiosa. Católica.

—¿Nadie le llevó la contraria alguna vez o hizo algo que no quisiera?

—Nadie se atrevía —dijo con impasividad.

Me reclino en mi asiento y lo miro. Julia está sentada junto a su marido, quieta como una estatua.

—Y así es como aprendiste —le contesto.

—¿Aprendí a qué?

—A protegerte. A sobrevivir psicológicamente.

Todas las personas que practican la terapia de vida relacional saben que siempre tienen que ser muy respetuosos con la inteligencia creativa de la parte infantil adaptativa. Mentir a esta madre rígida y dominante era justo lo que necesitaba hacer el pequeño Dan para proteger su identidad y autonomía. Si cuando Dan era pequeño tenía que elegir entre desaparecer, como hacía su padre, o enfrentarse a su madre él solo, el niño no eligió ninguna de esas dos opciones.

—Le daba al César lo que era del César —añade.

—Y tú tomaste lo que era tuyo.

Dan sonríe. Le gustó mi observación.

—Sin que nadie se enterara —le digo.

Sin que nadie se enterara; ese es el problema al que se enfrenta hoy aquí Dan. En su vida personal sigue gastando dinero, coqueteando con mujeres y bebiendo con amigos... sin que nadie se entere. Sin embargo, como decimos en la terapia de vida relacional: «Lo que te ayudó a sobrevivir en su momento, ahora es lo que te ahoga». La misma estrategia que protegió a Dan y su bienestar mental cuando era niño ahora está a punto de acabar con su matrimonio. Es hora de que Dan se dé cuenta de que Julia no es su madre controladora y estricta, y que él ya no es el niño rebelde y astuto que fue. Es hora de que Dan conecte con su parte adulta sabia, esa parte de él que puede hacer frente a la oleada de emociones infantiles que lo sacuden cada vez que ve a Julia como alguien exigente. Esa parte adulta que está anclada en el presente, no en el pasado, no en el sistema límbico, sino en su corteza prefrontal. Es hora de ayudarlo a salir de la mentalidad del «tú y yo» para que empiece a funcionar desde el «nosotros».

Una de las características que delatan a la parte infantil adaptativa del «tú y yo» es que es una respuesta automática, involuntaria. Es algo instintivo, una reacción visceral que te recorre el cuerpo de arriba abajo. Yo digo que es nuestra primera conciencia y la separo en tres respuestas: la de lucha, la de huida o la de reparación. Todos conocemos bien la de lucha. Sobre la de huida, solo quiero aclarar que, aunque alguien se quede sentado a nuestro lado, puede huir igual, lo que pasa es que lo hace internamente. A esto lo llamamos «levantar un muro». Y, por último, no debemos confundir la respuesta involuntaria de reparación con un intento maduro y meditado de querer trabajar en la relación. Lo que mueve a la parte infantil reparadora es una necesidad desesperada de quitarse de encima la tensión de los demás lo más rápido posible. Su lema es: «Me voy a sentir mal hasta que tú no estés bien».

Dan no responde luchando ni reparando, sino que huye, y lo hace con sus mentiras, sus omisiones o sus evasivas. Ahora, en el trabajo que estamos haciendo juntos, se da cuenta de que no tiene por qué acatar sin más o presentar resistencia de una manera pasiva; entiende que tiene más opciones. Quizá sí era una realidad cuando vivía con su madre, pero su matrimonio con Julia no es así. Julia tiene recursos, es amable y comprensiva, cualidades que sin duda le faltaban a la madre de Dan. Además, ahora él también ha cambiado y sabe hacer cosas que de pequeño no podía hacer, como enfrentarse a su mujer, decirle la verdad y asumir las consecuencias. A esto lo llamo «dejar que pase lo malo».

Un día, después de dos meses en terapia, Dan y Julia entran en mi consultorio tomados de la mano y con una sonrisa de oreja a oreja.

—Se ven muy contentos —les digo.

—Es que lo estamos —me contesta Dan.

—Hemos hecho avances —añade Julia.

—De acuerdo —digo—. Cuéntenme qué pasó.

Me dicen que no podía haber sido más fácil.

—Pasó este fin de semana —empieza a explicarme Dan—. Julia me pidió que fuera al súper por un par de cosas y, para variar, volví con casi todo.

De repente, Dan hace una pausa y los dos se miran.

—Y entonces me pregunta: «¿Y dónde está la leche?». —Dan se acerca a mí y me mira con agitación—: Te lo juro... Todo mi ser quería contestarle que ya no había leche, pero respiré hondo y le dije: «Se me olvidó».

En ese momento, Dan voltea para mirar a su esposa y añade:

—Y, en ese instante, Julia se puso a llorar.

—Se lo dije —siguió ella—. Llevaba veinticinco años esperando ese momento.

El trabajo real para las parejas: vencer las respuestas automáticas

Mi mujer, la terapeuta familiar Belinda Berman, tiene un nombre para lo que vivió Dan: lo llama «heroísmo relacional». Es el momento en el que cada célula de tu cuerpo te pide a gritos que hagas lo mismo de siempre, pero gracias a un nivel más alto de conciencia, conexión, disciplina y sabiduría, consigues salirte de tu patrón establecido y encontrar un nuevo camino que te funcione mejor. Dejas de responder de manera automática e involuntaria, desde la mentalidad del «tú y yo», desde tu parte infantil adaptativa, y recurres a algo nuevo, una respuesta más madura enfocada en la relación y la conexión. Respondes desde tu parte adulta sabia, que actúa desde el «nosotros» y enraizada en el presente.

El gran maestro espiritual Jiddu Krishnamurti dijo una vez que encontramos la verdadera liberación cuando nos deshacemos de las respuestas automáticas.[13] En nuestra cultura, la forma en que nos vincu-

13. Michael Mendizza (dir.), *Krishnamurti: With a Silent Mind* (película). Krishnamurti Foundation of America, 1989.

lamos con las relaciones tiende a ser pasiva: tomamos lo que nos corresponde y luego reaccionamos a lo que surge de ahí. Cuando nuestras parejas hacen algo que no nos gusta, la mayoría nos quejamos para intentar conseguir más de ellas, y me parece la peor estrategia del mundo para cambiar un comportamiento, la verdad.

Este enfoque reactivo hacia las relaciones es individualista por naturaleza. Hemos perdido la perspectiva del «nosotros», ya no valoramos la unión, y hemos virado hacia el «tú y yo». Dejamos a un lado nuestra parte adulta sabia y le dimos el control a la parte infantil adaptativa. La parte más madura de nuestro cerebro, la que está en contacto con el presente, la corteza prefrontal, perdió la conexión con el cerebro más rápido y primitivo, el sistema límbico subcortical. Sin esa conexión, perdemos ese momento de pausa entre lo que sentimos y lo que hacemos.

Aun así, lo que quiero transmitirte es que no somos solo copilotos de nuestras reacciones: con tiempo, trabajo y práctica podemos cambiar nuestras respuestas. Podemos dejar de ser individuos reactivos a ser compañeros y compañeras de equipo proactivos que, en cooperación con nuestra pareja, moldeemos a conciencia la transacción entre nosotros. Esta práctica diaria es el mindfulness relacional, gracias al que nos detenemos un instante y volvemos a nuestro centro. Observamos, como en el resto de formas de atención plena, cómo van surgiendo los pensamientos, las emociones y los impulsos, y elegimos otra opción.

En tus relaciones más íntimas, la impulsividad es tu enemiga, y la respiración, tu aliada.[14] La respiración puede cambiar tu frecuencia cardiaca[15] y tu estado mental. En el caso de Dan ese día, lo ayudó a conectar con otra parte de sí mismo que no era la habitual, y así consiguió descartar la expectativa negativa, originada en su infancia, de que Julia iba a ser dura con él. A esto, la neurobiología lo llama «reconsolidación de la memoria», y la psicología, «experiencia emocional

14. Hübl y Real, «Evolutionary Relationships».

15. Porges, *Polyvagal Theory*; Russo, Santarelli y O'Rourke, «Physiological Effects of Slow Breathing».

correctiva».[16] La respuesta amable de su mujer venció a la expectativa que le daba tanto miedo a Dan.

La otra palabra para un momento así es «sanación». Y sí, en nuestras relaciones nos podemos sanar el uno al otro, pero no como normalmente creemos: no intentando controlar a la otra persona ni queriendo que nos den lo que nos faltó de pequeños. La cuestión es que sanamos al aceptar las partes de nosotros que fueron ignoradas. Antes de poder ofrecer experiencias emocionales correctivas para cada persona, necesitamos aprender a tratar y gestionar nuestras partes más inmaduras, nuestra reactividad, nuestras respuestas de evasión y la frustración con la que llevamos luchando tanto tiempo. Debemos convertirnos en expertos del arte del mindfulness relacional y volver a tomar las riendas.

Siempre se dice que las relaciones requieren esfuerzo, pero pocas veces se explica en qué consiste ese esfuerzo. El trabajo real que implican las relaciones no es ocasional, ni siquiera diario, sino que nos exige que estemos ahí minuto a minuto. ¿Qué camino voy a elegir ahora que algo me conectó con una herida? En vez de dejar que la historia de tu pasado te domine, puedes pararte, darte un momento para pensar y

16. «La reconsolidación de la memoria» es un término que se utiliza en neurociencia para hablar del fenómeno en el que los recuerdos que se almacenan en la memoria a largo plazo se adaptan y cambian su estructura basándose en información nueva. Los recuerdos antiguos pueden convertirse en «aprendizajes emocionales» previos y flexibles al cambio cuando se recibe nueva información si se cumplen los siguientes tres requisitos: 1) la mente se siente segura para mantener su integridad y puede compartir información entre diferentes redes neuronales; 2) cuando vivimos la nueva experiencia, la expectativa del conocimiento previo está en nuestra mente consciente y a la vez la hemos interiorizado, y 3) una experiencia nos ofrece una contradicción o alteración del «conocimiento» o de la expectativa que teníamos. Aunque algunas experiencias correctivas conllevarán una reconsolidación de la memoria, no siempre será así. El momento concreto en el que se dan estas experiencias también resulta fundamental, ya que supone la identificación del choque. Ecker, «Memory Reconsolidation»; Ecker, Ticic y Hulley, *Unlocking the Emotional Brain* (trad. cast.: *La reconsolidación de la memoria: desbloqueo del cerebro emocional para la erradicación de los síntomas en psicoterapia*, Octaedro, Barcelona, 2014); Schwabe, Nader y Pruessner, «Reconsolidation of Human Memory».

elegir. Moisés bajó de las montañas y se dio cuenta de que la gente adoraba a dioses falsos. ¿A qué dioses falsos les has estado rindiendo culto tú? ¿Al dinero? ¿A tu nivel social? ¿A la seguridad? Moisés contempló lo que tenía frente a él y dijo: «Hay un camino hacia la vida y otro hacia la muerte. ¡Elige la vida!» (Dt 30, 19). Yo tengo una versión propia de esto: «Hay un camino hacia el "nosotros", hacia la integración, la conexión y la plenitud, y otro hacia el "tú y yo", el trauma, la escasez y el egoísmo. Elige la conexión». Sin embargo, en esos momentos cargados de tensión en los que tienes que elegir, debes saber cómo hacerlo. El caballo desbocado de la reactividad puede arrastrarte hacia donde quiera con una fuerza indomable si no te plantas con firmeza para cambiarlo.

A partir de aquí vamos a emprender un viaje para aprender a dejar atrás la reactividad y asumir la responsabilidad en esos momentos decisivos.[17] Aun así, para unirte a la aventura debes pagar un precio: tendrás que soltar muchas creencias sobre el mundo y sobre ti con las que has convivido y hecho tuyas, empezando por la idea de que somos, sin duda, individuos.

17. Siegel, *Mind: A Journey* (trad. cast.: *Viaje al centro de la mente)*; Siegel, *La mente en desarrollo*; Siegel, *Mindful Therapist* (trad. cast.: *Mindfulness y psicoterapia: técnicas prácticas de atención plena para psicoterapeutas*, Paidós, Barcelona, 2012); Siegel, *Mindsight*; Mellody, Miller y Miller, *La codependencia.*

CAPÍTULO 2

El mito del individuo

Durante siglos, la cultura de Occidente ha estado dominada por la idea del individuo. Y tiene todo el sentido del mundo, ¿no? Existo. Yo, Terry, esta persona encorvada frente a la *laptop* mientras escribe, soy diferente al resto. Soy una entidad delimitada por el perímetro de mi cuerpo. De hecho, la palabra «individuo» viene del término «indivisible».[1] Y yo acabo donde acaba mi piel. ¿O no?

En mi cuerpo está mi cerebro. ¿Ahí es donde también está mi mente? ¿Qué forma tiene mi mente? ¿Queda delimitada por mi cuerpo? El gran antropólogo Gregory Bateson puso el ejemplo de un hombre ciego que se abría paso por la calle con su bastón.[2] Sin duda, el bastón y la información que le daba, argumentaba Bateson, también formaban parte de su mente.

El célebre filósofo y científico cognitivo Thomas Metzinger empezó su exploración de la conciencia a través de la narración del conocido experimento de «la mano falsa», que reprodujo siendo él el sujeto de observación. Esto fue lo que describió:

1. El diccionario inglés Merriam-Webster nos explica la etimología de la palabra «individual»: del latín medieval *individuales*, del latín *individuus*, «indivisible», de la suma de «in-» más *dividuus*, del verbo *dividere*.

2. Bateson, *Steps to an Ecology of Mind, pág. 251* (trad. cast.: *Pasos hacia una ecología de la mente: una aproximación revolucionaria a la autocomprensión del hombre*, Lumen Argentina, Buenos Aires, 1988).

> Los sujetos observaban una mano de goma que reposaba encima de la mesa que tenían adelante, mientras la suya quedaba oculta tras una pantalla. Entonces empezaban a tocar a la vez la mano de goma visible y la mano invisible de los sujetos mediante una sonda... Después de un tiempo (entre sesenta y noventa segundos, en mi caso), surgía la famosa ilusión de la mano de goma. De repente empiezas a sentir la mano de goma como si fuera tuya y sientes cómo te van acariciando una y otra vez en esta mano falsa. Además, sientes que tienes todo un brazo falso, es decir, que algo conecta la mano falsa que tienes adelante con tu hombro.[3]

Quizá la conciencia del filósofo Thomas acababa en la punta de sus dedos, pero ¿cuáles? ¿Los suyos o los de la mano de goma? La ciencia cognitiva nos demuestra que lo que pensamos de nosotros mismos no deriva de una experiencia directa, sino de un *collage* cambiante de imágenes y sensaciones, autorrepresentaciones, la imagen que tenemos de nosotros. Lo mismo sucede con la manera en la que experimentamos el mundo:[4] no lo hacemos de manera directa, sino que lo filtramos a través de nuestro conocimiento previo. Sabemos que un objeto es una silla porque encaja con los atributos característicos de una silla; encaja en la categoría que conocemos. Sin ese conocimiento cultural veríamos el mundo como si fuéramos una criatura recién nacida.[5] Percibiríamos luces, sombras, formas y olores que nos rodean, pero que no tienen mucha definición.

3. Metzinger, *Ego Tunnel, pág. 3* (trad. cast.: *El túnel del yo: ciencia de la mente y mito del sujeto*, Enclave de Libros Ediciones, Madrid, 2018).

4. Cuánto de lo que sabemos viene dado y cuánto absorbemos ha sido un debate acalorado desde la época de Kant. Puedes consultar: *Critique of Pure Reason* (trad. cast.: *Crítica de la razón pura*, Taurus, Barcelona, 2013); Chomsky, *Language and Mind* (trad. cast.: *El lenguaje y la mente humana*, Ariel, Barcelona, 2002); Whittaker, *Theory of Abstract Ethics*; Singer, *Does Anything Really Matter?*; Steup y Sosa, *Contemporary Debates in Epistemology*; Thurow, «Implicit Conception and Intuition Theory».

5. Eagleman, *Brain* (trad. cast.: *El cerebro: nuestra historia*, Editorial Anagrama, Barcelona, 2017); McGilchrist, *Master and His Emissary*

En este sentido, todos somos un poco narcisistas. Nadie se ve a sí mismo tal y como es; la percepción que tenemos de nosotros mismos está tamizada por los conocimientos que hemos adquirido. La mayoría pensamos que somos nuestro cuerpo, nuestra forma física, pero es que incluso esa imagen es un constructo de nuestra mente. La ciencia cognitiva demuestra que lo que entendemos por nuestro yo no es más que un tapiz cambiante de autorrepresentaciones,[6] de imágenes. Lo bueno es que esto significa que, con ayuda, la imagen que tenemos de nosotros mismos y del mundo puede cambiar rápida y drásticamente para siempre.

En psicología se solía pensar que el carácter, una vez desarrollado, era muy difícil de modificar. Se asumía que una vez que se establecía una vía neuronal, se quedaba así. El descubrimiento de la neuroplasticidad cambió todas estas teorías.[7] Con el tiempo nos dimos cuenta de que las conexiones neuronales habituales pueden abrirse y reformarse, es decir, adquirir nueva información y reestructurarse. Hay una frase muy conocida que dice: «Las neuronas que se activan juntas se conectan»,[8] o, como dicen los neurobiólogos, «los estados se convierten en rasgos».[9] En psicoterapia, la neuroplasticidad es la protagonista de la función.[10] En mi experiencia, he visto que la creación de nuevos patrones neuronales puede llevar a cambios muy profundos, conseguir rasgos y comportamientos totalmente nuevos, y a veces esto ocurre en cuestión de minutos.

6. Damásio, *Descartes' Error* (trad. cast.: *El error de Descartes: la emoción, la razón y el cerebro humano*, Ediciones Destino, Barcelona, 2011); Eagleman, *El cerebro*; McGilchrist, *Master and His Emissary*; Panksepp y Biven, *Archaeology of Mind*; Siegel, *La mente en desarrollo*.

7. Ecker, Ticic y Hulley, *La reconsolidación de la memoria*; Levine, *Trauma y memoria*; Radiske *et al.*, «Prior Learning of Relevant Non-Aversive Information»; Schwabe, Nader y Pruessner, «Reconsolidation of Human Memory»; Yang *et al.*, «Novel Method».

8. Hebb, *Organization of Behavior*.

9. Siegel, *Mindfulness y psicoterapia*.

10. Badenoch, *Heart of Trauma*; Cozolino, *Neuroscience of Psychotherapy*; Doidge, Brain That Changes Itself (trad. cast.: *El cerebro se cambia a sí mismo*, Madrid, Aguilar, 2008); Ecker, Ticic y Hulley, *La reconsolidación de la memoria*.

«Eso me haría detenerme de inmediato»

Ernesto, un hombre de orígenes latinoamericanos de cincuenta y seis años, era una persona iracunda. No me refiero a que tuviera la ira, por suerte, sino que gritaba, insultaba y decía todo tipo de barbaridades cuando se enojaba. «Me viene todo de golpe», me dice casi al final de la única sesión de hora y media que habían contratado él y su mujer, Maddy, también de origen sudamericano y unos pocos años menor que él. Ernesto me cuenta lo mismo que muchos otros pacientes agresivos con los que he trabajado.

Después de andarse por las ramas durante casi la primera hora, al fin le hago una pregunta que consigue conectar con él:

—¿Quién te enseñó a ser cruel y agresivo?

—¿Quieres decir... de mi familia? —tartamudea—. Pues mi madre murió cuando yo tenía ocho años y mi padre se volvió a casar. Sí, supongo que fue su otra mujer.

—¿Cómo era?

Ernesto sonríe y sacude la cabeza.

—Uf... Era lo peor. Cruel, horrible...

—Ya veo, fue ella —le digo.

—Sí.

—¿Ella te enseñó a ser así de cruel y agresivo?

—Sí, supongo que sí.

—¿Y cómo te sientes al darte cuenta de esto? —Intento mirarlo a los ojos mientras baja la mirada al suelo. Estoy sentado adelante de él y me parece que está avergonzado, ya que veo que el rubor le sube a la cara—. ¿Ernesto? —interrogo con una voz suave.

Él no responde.

—¿Dónde estás ahora mismo? —le pregunto después de una pausa—. ¿Qué está pasando?

—Ah —dice. Ya no sonríe—. Me da vergüenza saber que alguien me puede ver como yo la veo a ella.

Sacude la cabeza y su mirada se pierde en el horizonte.

—Me siento terrible —admite.

—A esta vergüenza que estás sintiendo ahora mismo se le llama culpa sana o arrepentimiento. Si la hubieras sentido antes, no habrías actuado como hasta ahora. ¿Crees que tengo razón?

Asiente aún cabizbajo.

—¿Tienes alguna foto de la mujer de tu padre?

—¿Aquí? No.

—¿Puedes conseguir una?

—Sí —contesta—. Sí puedo.

—Perfecto. Quiero que hagas lo que te voy a decir. Puedes seguir enojándote con tu mujer y tratándola muy mal, no puedo impedírtelo, pero la próxima vez que estés a punto de explotar quiero que antes saques la foto de esa mujer, que la mires a los ojos y le digas: «Sé que voy a hacer daño, pero ahora mismo ser como tú es más importante para mí que mi mujer». Díselo y luego saca lo que tengas dentro.

Ernesto levanta la cabeza de golpe y me mira.

—Imposible, no lo haría. Eso me haría detenerme de inmediato. Ella no es más importante que mi mujer.

Se queda en silencio y acerca la mano abierta al regazo de Maddy, quien se la toma y lo mira. De eso hace ya catorce años y Ernesto no ha vuelto a perder la calma con su mujer.

Los neurobiólogos aseguran que se necesitan dos cosas para desbloquear y abrir una vía neuronal: la primera es hacer explícito lo implícito. A veces necesitamos ayuda para identificar lo que no vemos y tenemos que estar abiertos a la opinión de los demás. La segunda es que tiene que haber algún tipo de resistencia,[11] algo de rechazo, un «uf, no, creo que no quiero seguir haciendo esto».

11. Para que haya una resistencia, la persona tiene que sentir dos cosas que tienen que ser contradictorias. En el caso de Ernesto, fue confrontarlo al decirle que sus ataques y su abuso eran una manera justificada de liberarse de su enojo y de cualquier otra emoción desagradable y, a la vez, que él pudiera hacer daño a otras personas estaba justificado porque es lo que hizo su madrastra con él, cosa que en realidad es inexcusable, evidentemente. En neurociencia se habla de estas experiencias como «experiencias que desconfirman los aprendizajes previos» o «choques interioriza-

En mi sesión con Ernesto, lo ayudé a explicitar lo implícito al verbalizar que el comportamiento que tenía era una imitación del que tenía su madrastra con él. Ante este descubrimiento, Ernesto sintió rechazo. En este punto, según los estudios, disponía de cinco horas para procesar esta nueva información y empezar a crear un nuevo patrón neuronal: «Por nada del mundo voy a repetir lo que me hicieron pasar a mí de pequeño».

En el momento en el que sintió ese rechazo, Ernesto conectó con la conciencia del «nosotros»: le estaba gritando a la mujer que quería, ¿en qué había estado pensando? Con mi ayuda, consiguió salir de su hemisferio izquierdo y conectarlo con el derecho. Se vio guiado por la capacidad relacional del hemisferio derecho del cerebro, si bien también contribuyó el conocimiento práctico de la parte izquierda.[12] Gracias a la sesión, se acordó del todo del que formaba parte, de la relación en la que estaba, y ese es el estado óptimo para las relaciones.

Ernesto pasó de estar dominado por su parte infantil adaptativa (su parte inmadura que absorbía el enojo de su madrastra y lo escupía hacia fuera) a conectar con su parte adulta sabia. Mi corteza prefrontal lo ayudó a despertar la suya; digamos que, de alguna manera, le presté mi cerebro. Y esto es lo que hacemos los unos por los otros continuamente. Los estudios actuales demuestran claramente que no somos individuos independientes y bien delimitados. Nuestro cerebro humano, como el de la mayoría de los mamíferos, está diseñado para la corregulación.

El cerebro relacional

La neurobiología interpersonal estudia cómo nuestro cerebro y nuestro sistema nervioso central se van desarrollando a través de nuestras

---

dos». Ecker, «Memory Reconsolidation»; Ecker, Ticic y Hulley, *La reconsolidación de la memoria*; Exton-McGuiness, Lee y Reichelt, «Updating Memories».

12. Badenoch, *Heart of Trauma*; McGilchrist, *Master and His Emissary*.

relaciones en la infancia y qué efectos tienen las relaciones en nuestra neurobiología como adultos en la intimidad.[13] Lo que se está descubriendo es que la mente existe en un contexto social. Las parejas en una relación íntima corregulan sus sistemas nerviosos, sus niveles de cortisol (la hormona del estrés) y sus respuestas inmunitarias. En las relaciones seguras se observa un mejor sistema inmunitario y menos enfermedades, por no hablar de los menores niveles de depresión y ansiedad, así como de un mayor bienestar general. Las relaciones inseguras nos estresan y nos pueden hacer enfermar.[14]

Los estudios han confirmado lo que la mayoría de las madres y los padres saben de manera intuitiva: el desarrollo neurológico en las etapas infantil y juvenil de los hijos depende de que exista una interacción social estimulante y amorosa.[15] Desde las primeras semanas de vida, las criaturas buscan conexión. Madres y padres ofrecen lo que un psicoanalista llamó un «ambiente de contención adecuado»[16] para sus hijos. Una niña que se cae de la bicicleta mira la expresión del rostro de quien la está cuidando en ese momento para saber la gravedad de lo que le sucede. Los progenitores se pasan el día calmando a sus hijos, dándoles perspectiva («este dolor se pasará») y modulación emocional. Según el pionero Ed Tronick, investigador observacional infantil, «los investigadores del desarrollo infantil usan el término "neuroarquitectos" para describir las figuras parentales de las criaturas. Las relaciones más tempranas de un bebé

13. Siegel y McNamara, *Neurobiology of «We»*.

14. Badenoch, *Heart of Trauma*; Felitti *et al.*, «Relationship of Childhood Abuse»; Murthy, *Together* (trad. cast.: *Juntos: el poder de la conexión humana*, Crítica, Barcelona, 2021); Sbarra y Hazan, «Coregulation, Dysregulation, Self-Regulation»; Sels *et al.*, «Emotional Interdependence»; Szalavitz y Perry, *Born for Love*.

15. Badenoch, *Heart of Trauma*; Cozolino, *Neuroscience of Psychotherapy*; Panksepp *et al.*, «Neuro-Evolutionary Foundations»; Phillips, Wellman y Selke, «Infants' Ability to Connect Gaze»; Swain *et al.*, «Brain Basis of Parent-Infant Interactions»; Tronick y Gold, *Power of Discord* (trad. cast.: *El poder del conflicto: el secreto de los altibajos en las relaciones y cómo construir intimidad y confianza*, Paidós, Barcelona, 2021).

16. Winnicott, «Theory of Parent-Infant Relationship».

determinan el tipo de conexiones neuronales que tendrá: son las que realmente programarán su cerebro».[17]

Cada día en mi consultorio veo lo que les pasa a las personas que, en su infancia, no tuvieron la ayuda necesaria para modular sus emociones; por lo general, están desconectadas de estas. Sin la ayuda externa del sistema nervioso de una persona adulta no podían (ni pueden) gestionar las emociones, tanto las suyas como las tuyas.

«Me tenía a mí»

Paul, un hombre blanco de cuarenta y ocho años, cruza las piernas y tamborilea con los dedos distraído en la rodilla. Su mujer, Cheryl, también una mujer blanca, de cincuenta y cinco años, está harta de él. Es demasiado reservado, rehúye la intimidad, y ella necesita más. Aun así, Paul me asegura que tuvo una infancia normal y feliz. Nadie le gritó ni le pegó ni lo trató mal, me dice. Esto ya lo he oído antes y, como acabamos de empezar la sesión, es difícil saber si Paul creció en una casa sin amor o simplemente en una casa más reservada.

Así pues, le lanzo una pregunta:

—¿A quién acudías cuando necesitabas que alguien te calmara cuando te hacías daño o tenías miedo?

—Uy —me contesta, sorprendido—, pues no me acuerdo de acudir a nadie. Me tenía a mí.

—¿Desde cuándo?

—¿Cómo?

—¿Cuántos años tenías cuando aprendiste a arreglártelas tú solo?

—Pues no lo sé —me contesta—. Que yo recuerde, siempre.

—De acuerdo —le digo—. Hace tanto tiempo que cerraste la puerta a las emociones que ya ni te acuerdas. Aun así, te aseguro que cuando naciste, no eras así. Aunque tu memoria no lo recuerde en este momento, sí intentaste acercarte a tus padres una o dos veces para que

17. Tronick y Gold, *El poder del conflicto*.

te ayudaran y su respuesta te hizo entender que no era buena idea depender de ellos en el plano emocional.

Paul se reacomoda en su asiento mientras me escucha.

—Como no había nadie más para ayudarte a regular tus emociones, de niño tomaste una decisión muy inteligente: te desconectaste de ellas. Cerraste la puerta a tus sentimientos.

Paul es un clásico caso de alguien que rehúye el afecto, alguien que, en la jerga psicológica actual, entraría en el estilo de apego evitativo. Paul vive detrás de un muro porque creció en una familia en la que todos vivían detrás del suyo, así que era lo más normal. Estar desconectado de su mundo emocional es lo más normal para él. Y si viviera solo, no habría problemas, pero el caso es que no es así: vive con su mujer y sus hijos, y todos lo necesitan. El problema para Paul es que las personas no podemos cortar por lo sano con nuestras emociones con un bisturí. Si conectas con una emoción, las demás también emergen. Cheryl está golpeando su puerta con fuerza, pero si le abre el corazón a ella, también estará reabriendo la que cerró a piedra y lodo cuando era pequeño. Las emociones lo sacuden cada día, pero le faltan las herramientas para identificarlas.

—Tú te desconectaste de tus emociones —le digo en otra sesión posterior—. Ellas nunca te abandonaron. Siempre han estado ahí, dentro de ti. Lo único que necesitas es ayuda para reconectar con ellas y saber identificarlas.

Tengo que enseñar a Paul a sentir sus emociones; lo necesita para compartir con su mujer. Ya lleva tiempo aburrida de su matrimonio, confiesa más tarde en la sesión. Paul tiene que compartir su mundo emocional con Cheryl y debe interesarse por el de ella. Todo esto necesita acompañamiento porque cuando el pequeño Paul se cayó de la bici, los adultos miraron para otro lado o lo miraron sin expresión alguna.

Le hablo a Paul del maltrato pasivo, del abandono emocional. El problema no es que hubiera algo (como energía sexual o ira) que no debería haber existido en su infancia, sino que le faltaban las cosas que sí necesitaba, como acompañamiento, apoyo y conexión. Se sacan a más niños de sus casas por maltrato de abandono que por violencia. Si quieres ver claramente lo que les pasa a los bebés y niños cuando no les ofrecen la conexión que necesitan, busca cualquier video del doctor Ed Tronick en YouTube sobre el experimento de la cara inexpresiva (*still face*).[18]

—Esto es lo que vas a ver —le digo a Paul después de recomendarle un video de Tronick—. Todo empieza de maravilla: ves a la madre con su hijo de un año y medio o dos en el regazo. El niño tiene un brontosaurio de juguete y hace ver que el dinosaurio le da de comer a la madre, y ella a su vez hace como si se comiera lo que le dan. La madre y el hijo interactúan. Entonces, de repente, ella voltea y deja de mostrar cualquier expresión. No es hostil, no le manda ninguna señal al niño, simplemente permanece inexpresiva. Dos minutos. No dura más.

»Pero te aseguro que son dos minutos agonizantes. Al principio, el niño intenta llamar su atención para conectar con ella de diferentes maneras, y lo hace cada vez con más desesperación. Hace ruiditos y levanta el dinosaurio hacia la madre para darle de comer, para volver a conectar. Cuando ve que nada funciona, pasa al «comportamiento de queja». Se pone a gritar, a chillar, y arquea la espalda, hasta que, al final, el pequeño se desregula y empieza a balancearse de un lado a otro, llora, se le cae la baba y le da golpes con la cabeza a su madre una y otra vez.

»Son dos minutos —le digo a Paul—. ¿Cuántos crees que tuviste que pasar tú?

Paul, de pequeño, no estableció una sincronía. Cuando un cuidador interactúa repetidamente con una criatura, provoca una fuerte respuesta biológica, ya sea para calmar el estrés o generar placer. La conexión inunda al niño de oxitocina y de una cascada de opioides endógenos de su propio cuerpo, lo cual asegura el apego entre ambos. Todo esto suena genial, pero, como el doctor Tronick ha repetido

18. Tronick, «Still Face Experiment».

hasta el cansancio, las relaciones de verdad son más complicadas. Entre el cuidador y la criatura se genera un ciclo repetitivo e infinito de armonía, desconexión y reparación.

Es más, la conexión no es algo unidireccional. En uno de los videos de Tronick, una criatura desregulada arquea la espalda y berrea. Vencida por la situación, la madre se frustra y mira al bebé que tiene en sus brazos. Instintivamente, la criatura se tapa la cara con los brazos para protegerse de la expresión de enojo de la madre. La escena no dura más de treinta y cinco segundos. Al igual que el sistema nervioso de las criaturas responde a sus progenitores, el de los progenitores también reacciona al comportamiento de sus hijos, como saben la mayoría de los padres y madres que tienen más conciencia de sí mismos. Podría haber un dicho que dijera: «Dime lo feliz que es tu hijo más triste y sabré lo feliz que eres tú».

Este tipo de sincronía neuronal no es única entre padres e hijos humanos, sino que hay muchas otras especies que la establecen con otros miembros de su especie. Si inyectas una sustancia irritante en la pata de un ratón, por ejemplo, el animal se la lame para aliviar el dolor.[19] Cuanto más potente es el irritante, con más fervor se lame. Es un proceso sencillo, ¿no? Pues sí, hasta que a este ratón le enseñas a otro de su especie, los separas con un cristal y también lo inyectas en la pata para darle la misma sustancia. Sin excepción, el primer ratón sincroniza su ritmo con el del segundo. Si este último se lame menos la pata, el primero siente menos dolor, del mismo modo que si el segundo está muy descontrolado, el primero se lamerá la pata más rápido. El dolor que experimenta el primer ratón dependerá del dolor que perciba que siente el otro animal.

Y debe remarcarse que esto solo sucede si los dos ratones se conocen. Si no han compartido jaula, esta situación no se da. Es más, la sincronía al lamerse es más predecible y se reproduce con más exactitud si los dos ratones están apareados. Parece que la idea de «siento tu

19. Langford *et al.*, «Social Modulation of Pain»; Sapolsky, *Behave*, págs. 224-225 (trad. cast.: *Compórtate*, Capitán Swing, Madrid, 2018).

dolor» va unida a «te siento en todos los sentidos». Cuanto más íntima es la relación, más fuerte se da esta imitación. ¿Demuestra esto la empatía entre ratones? ¿O el amor de esta especie?

Cada vez hay más y más publicaciones que hablan del carácter interpersonal de nuestro cerebro y nuestro sistema nervioso.[20] ¿Somos individuos? Sí, en cierta manera, pero al mismo tiempo somos inexorablemente interdependientes y estamos interconectados en el plano neuronal. Somos individuos, sí, pero vivimos para conectar entre nosotros. Como dice el neurobiólogo Dan Siegel, «el cerebro es un órgano social, y las relaciones que construimos entre nosotros no son un lujo, sino un nutriente esencial para nuestra supervivencia».[21] Somos individuos cuya existencia se basa en el sentimiento de pertenencia.

A principios de la década de 1950, al psiquiatra René Spitz le pidieron que acudiera a una serie de orfanatos donde había una tasa de mortalidad excepcionalmente alta en las criaturas que crecían allí.[22] Allí les daban de comer, las cambiaban, las tapaban bien para que no pasaran frío y hacían que eructaran con regularidad. Sin embargo, Spitz se dio cuenta de que nadie les hablaba, las abrazaba ni jugaba con ellas: en otras palabras, ningún adulto había forjado una sincronía emocional con ellas. El diagnóstico oficial que se le dio a estos casos fue «síndrome de crecimiento fallido» u «hospitalismo», pero, hablando claro, esos bebés murieron de soledad.

Nuestro sistema nervioso no se ha diseñado para autorregularse. Todos filtramos nuestros sentimientos de estabilidad y bienestar a tra-

20. Badenoch, *Heart of Trauma*; Badenoch, *Brain-Wise Therapist*; Beckes y Coan, «Social Baseline Theory»; Cozolino, *Neuroscience of Psychotherapy*; McGilchrist, *Master and His Emissary*; Murthy, *Juntos: el poder de la conexión humana*; Panksepp, *Archaeology of Mind*; Porges, *Polyvagal Theory*; Szalavitz y Perry, *Born to Love*; Sapolsky, *Compórtate*; Siegel, *Viaje al centro de la mente*; Siegel, *La mente en desarrollo*; Siegel, *Mindfulness y psicoterapia*; Siegel, *Mindsight*.

21. Siegel, *Mindsight*, pág. 211.

22. Spitz, «Hospitalism».

vés de la conexión con los demás. Y, sin embargo, la cultura del individualismo impregna nuestra sociedad. La idea de la persona fuerte individualista e independiente es una historia cultural que nos hemos inventado y que poco tiene que ver con la realidad.

Si quieres saber cómo es una persona totalmente privada de cualquier interacción social, solo hay que analizar el cerebro de alguien que haya estado durante mucho tiempo en aislamiento en la cárcel.

El 19 de julio de 2012, Craig Haney, profesor de Psicología de la Universidad de California (Santa Cruz), dijo lo siguiente al subcomité judicial del Senado de Estados Unidos sobre la Constitución, los Derechos Civiles y los Derechos Humanos: «Las condiciones de aislamiento [para los ochenta mil reclusos estadounidenses que a menudo se someten a un confinamiento en solitario durante largos periodos] son demasiado graves para justificar cualquier tipo de objetivo penológico».[23] A algunos presos puede llevarlos directamente a la locura. La revista *Monitor* de la Asociación de Psicología Estadounidense (APA) hizo las siguientes afirmaciones:

> El exconvicto Anthony Graves, quien fue sentenciado a pena de muerte y pasó dieciocho años en la cárcel, diez de ellos en aislamiento por un asesinato que no cometió, confirmó las palabras de Hanley. «Veía a personas totalmente sanas llegar a la cárcel y en tres años ya no vivían en el mundo real», dijo. Graves explicó que otro preso «salía al patio, se desnudaba, se tumbaba y se meaba encima. También defecaba y se restregaba las heces por la cara».

¡Ahí lo tienes: esa es una persona totalmente independiente! Si nos privan de cualquier tipo de conexión social, vamos a pique y podemos llegar a enloquecer.

23. Dingfelder, «Psychologist Testifies».

Están surgiendo todo tipo de estudios para explorar los límites que nos separan, las maneras en las que el estado emocional de una pareja, a menudo de manera implícita, incluso inconsciente, afecta a la otra persona.[24] De los miles de descripciones que existen sobre nuestro cerebro social, para mí, la más sencilla y elegante es la teoría de referencia social de Lane Beckes y James A. Coan, dos investigadores de la Universidad de Virginia.[25]

Años antes de conocer esta teoría, pude ser testigo en primera línea de su contenido cuando estuve de safari en la reserva natural del Serengueti. Mi amigo Rick Thomson, un líder con experiencia en este campo, y yo nos escapamos al amanecer en busca de una presa. Una leona de pelaje rubio oscuro avanzaba agazapada entre la hierba, ocultándose bien entre la maleza. A unos cuantos metros se encontraba lo que ella esperaba que fuera su desayuno, un jabalí despreocupado que removía la tierra con el hocico en busca de una jugosa larva. Como si actuaran en un perfecto unísono, la leona y el jabalí levantaron la cabeza y salieron disparados, la felina arremetiendo contra su presa. Después de ese increíble ímpetu, que apenas duró unos segundos, los dos animales (de nuevo al unísono) se detuvieron en seco. La leona se recostó y empezó a lamerse las patas como si nada; el jabalí, en cambio, se puso a sacudir el trasero como si bailara diciendo: «Toma eso, leona. Esta mañana, ayunas».

Le pregunté a Rick por la sincronía que había visto. ¿Qué les había hecho pararse en el mismo momento a ambos? «La conservación de energía —me explicó—. Aquí, la ley está marcada por el entorno: haz el menor esfuerzo posible, conserva tu energía y mantente con vida. Lo que acabas de presenciar fue la línea que ambas bestias cruzaron y les avisó que de que seguir con ese objetivo no tenía sentido: la leona no iba a alcanzar a su presa».

24. McGilchrist, *Master and His Emissary*; Overall, «Attachment and Dyadic Regulation»; Sapolsky, *Compórtate*; Sels *et al., Emotional Interdependence*; Siegel, *Viaje al centro de la mente*.

25. Beckes y Coan, «Social Baseline Theory».

El término que se usa en biología es «economía de acción»,[26] el principio de ahorro de calorías que está bastante extendido en el reino animal. No se come todos los días.

Nuestros cerebros queman combustible —al parecer, bastante—, y los estudios demuestran sin lugar a dudas que el mayor consumo viene de la corteza prefrontal, donde tienen lugar las funciones ejecutivas del cerebro que se desarrollan en último lugar y que emergieron más tarde en la evolución humana. La corteza prefrontal es un aparato de análisis extraordinario, muy flexible e inteligente, compuesto de miles de millones de neuronas.[27] Es la compleja computadora central que necesitamos para actuar de manera intencionada, reflexiva y argumentada gracias a las capacidades de nuestra parte adulta sabia. El pequeño inconveniente es que nos supone una gran inversión de energía.[28] Los científicos saben desde hace muchos años que el cerebro delega las tareas más rutinarias (como controlar la respiración y la frecuencia cardiaca) a partes del sistema nervioso menos reflexivas, más automáticas y con un menor gasto de energía. Sin embargo, Beckes y Coan revisaron una gran cantidad de estudios y dedujeron que la absorbente corteza prefrontal no solo le pasa, por así decirlo, las funciones menos exigentes al sistema nervioso, sino que también se las ingenia para delegar algunas funciones cerebrales al cerebro de otra persona para ahorrar energía.[29]

Estudios anteriores demuestran que las personas buscan a otros individuos para corregularse.[30] La teoría de referencia social va un

26. *Ibid.*

27. Herculano-Houzel, «Remarkable».

28. Clore y Ortony, «Cognition in Emotion»; Gailliot y Baumeister, «Physiology of Willpower»; Kurzban, «Does the Brain Consume»; Van der Kolk, *El cuerpo lleva la cuenta*; Sapolsky, *Compórtate*.

29. Beckes y Coan, «Social Baseline Theory».

30. Overall, «Attachment and Dyadic Regulation»; Panksepp, *Affective Neuroscience*; Reis, Clark y Holmes, «Perceived Partner Responsiveness»; Sbarra y Hazan, «Coregulation, Dysregulation, Self-Regulation»; Sels *et al.*, «Emotional Interdependence»; Uchino, Cacioppo y Kiecolt-Glaser, «Relationship between Social Support».

paso más allá y afirma que, al margen del tipo de cultura, «la proximidad a recursos sociales es el supuesto estándar para el cerebro humano».[31] Nuestro cerebro asume que somos parte de una red interdependiente, rica y conocida en la que una variedad de lo que en su momento pudieron ser funciones neuronales individuales se repartieron y ahora se entiende que son del grupo. Vamos a poner un sencillísimo ejemplo: yo me encargo del fuego y tú vigilas que no nos ataquen.

Hay investigaciones que parecen indicar que la multitarea no es más que una invención creativa.[32] De hecho, no podemos gestionar dos tareas a la vez, aunque nos digamos que sí. Lo que sucede en realidad es que cambiamos nuestro foco de atención y vamos alternando entre las dos tareas; así logramos hacer ambas cosas, pero lo hacemos peor que si las hubiéramos gestionado por separado.

Volvamos al ejemplo del fuego. Si yo estoy preparando el fuego y a la vez estoy atento por si veo algún animal que me quiera atacar, estoy obligando a mi corteza prefrontal a hacer horas extras. Sin embargo, si yo me ocupo del fuego y confío en que mi compañero de caverna, Ralph, nos protegerá a los dos, mi corteza prefrontal puede relajarse y centrarse en mi actividad. Y este descubrimiento es lo que originó la teoría de Beckes y Coan, quienes estudiaban los procesos neurológicos relacionados con la autorregulación. Ambos empezaron su investigación con la idea de que cuando las personas entran en un espacio social de interacción, su corteza prefrontal ejecutiva se activa. Hay muchísimas señales sutiles que debemos interpretar cuando estamos con más gente. Sin embargo, para su sorpresa, lo que descubrieron fue que, en la mayoría de los casos, nuestra corteza prefrontal se ralentizaba y se calmaba cuando interactuábamos con otras personas.[33]

31. Beckes y Coan, «Social Baseline Theory», pág. 976; Gross y Medina-DeVilliers, «Cognitive Processes Unfold», pág. 378.

32. Sapolsky, *Compórtate*.

33. Beckes y Coan, «Social Baseline Theory».

¿Cómo se explica esto? Hay nuevos estudios que nos enseñan que las personas nos ayudamos las unas a las otras a regular emociones intensas como la ira, el miedo y el dolor, pero Beckes y Coan fueron más allá. La aportación que hicieron fue revolucionaria porque demostró que el quid de la cuestión no era que, cuando las personas interactuamos en sociedad, nuestras cortezas prefrontales lo dan todo por gestionar emociones negativas o que se ayudan entre sí.[34] No, lo importante es que, al interactuar con otros, no se genera tanto estrés emocional. El reparto de la carga emocional y la eficiencia de la «mente de grupo» hace que la corteza prefrontal de cada individuo tenga mucho menos trabajo que si estuviera sola. La seguridad que proporciona la «mente de grupo» (yo hago el fuego y tú vigilas que no venga un oso) hace que tengamos menos cosas por las que regularnos, por lo que no necesitamos ni tanta autorregulación ni la corregulación. Nuestros cerebros toman como referencia una competencia social compartida. Esto es lo que aseguran los autores:

> La cercanía social puede compensar muchos de los costos asociados a la [corteza prefrontal]. Por ejemplo, las personas que han iniciado una nueva relación romántica puede que empiecen a usar menos su propia actividad personal para regular su comportamiento porque percibirán el entorno como un lugar menos amenazador, menos peligroso y difícil de gestionar, y porque, además, su pareja mostrará comportamientos (por ejemplo, tomarlas de la mano para apoyarlas), que las ayudarán a conseguir efectos regulatorios sin tener que autorregularse ellas mismas.

Cuanto más íntimo es el vínculo, mayor es el grado de relajación. Si te están operando y un desconocido te toma de la mano, sientes

34. *Ibid.*; Coan, «Social Regulation of Emotion»; Cozolino, *Neuroscience of Psychotherapy*; Overall, «Attachment and Dyadic Regulation»; Panksepp, *Affective Neuroscience*; Porges, *Polyvagal Theory*; Siegel, *La mente en desarrollo*; Sbarra y Hazan, «Coregulation, Dysregulation, Self-Regulation»; Sels *et al.*, «Emotional Interdependence»; Uchino, Cacioppo y Kiecolt-Glaser, «Relationship between Social Support».

una mayor seguridad y disminuyen tu dolor y tu ansiedad. Si te agarra de la mano un amigo o amiga, el efecto es más potente, aunque el mejor analgésico de todos es que te dé la mano una persona a la que ames.[35] Todo esto llevó a Beckes y Coan, y a muchos otros investigadores desde entonces, a cuestionarse si era inteligente seguir considerando al individuo como único sujeto de estudio en la psicología humana.[36] Los arduos procesos de autorregulación parecen costosos y torpes a la luz de la idea de que la conexión social reduce la cantidad de estrés con el que tienen que lidiar las personas conectadas entre sí.

Las personas que estamos en relaciones estables desde hace mucho tiempo puede que entendamos de manera instintiva que esto es así y, a la vez, todo lo contrario. Sí, tener una fuerte conexión social nos protege de las bestias en las que nos convertiríamos, por ejemplo, si viviéramos en aislamiento. Sí, al conectarnos nos invade la sensación de que estamos a salvo. Y pese a todo, sabemos muy bien por experiencia que pocas cosas nos pueden alterar más o removernos tanto por dentro como lo hacen las relaciones de pareja. El amor es como una depuradora: te pasará por filtros y más filtros para ver qué sale, y sacará a la superficie cualquier herida y brecha que se haya quedado sin sanar en tu cuerpo. No hay nada que estimule más el dolor que el amor. Como todo el mundo acaba dándose cuenta, nos casamos con nuestros asuntos pendientes y, por eso, en lo bueno y en lo malo, nuestros estados neurológicos se interconectan.

35. Astbury, «Hand to Hold»; Berscheid, «Human's Greatest Strength»; Ciechanowski *et al.*, «Influence of Patient Attachment Style»; Coan, «Social Regulation of Emotion»; Cozolino, *Neuroscience of Psychotherapy*; Younger *et al.*, «Viewing Pictures of a Romantic Partner».

36. Badenoch, *Heart of Trauma*; Beckes y Coan, «Social Baseline Theory»; Keverne, Nevison y Martel, «Early Learning and Social Bond»; Cozolino, *Neuroscience of Psychotherapy*; Kern *et al.*, «Systems Informed Positive Psychology»; Sbarra y Hazan, «Coregulation, Dysregulation, Self-Regulation»; Szalavitz y Perry, *Born for Love*; Siegel, *La mente en desarrollo*; Siegel, *Viaje al centro de la mente*; Wang, «Why Should We All Be Cultural Psychologists?».

La parte adulta sabia, la corteza prefrontal dirigida por el hemisferio derecho de nuestro cerebro, reconoce la unidad y entiende lo interdependientes que somos. Sin embargo, cuando estamos sometidos a estrés (para muchos, la mayor parte del tiempo), la parte infantil adaptativa toma fuerzas y agarra el timón. Entonces pasamos a dirigir con el hemisferio izquierdo, que es especialmente lógico y práctico (su objetivo es acabar la tarea que está haciendo en ese momento). Por eso perdemos la perspectiva que nos da la corteza prefrontal, porque nos posee nuestra parte más emocional y primitiva: el sistema límbico. En ese punto, la conexión relacional ya no nos importa.

Lo que de verdad nos complica la vida es que la parte infantil adaptativa, con su visión más orientada hacia el hemisferio izquierdo, encaja muy bien con la cultura individualista de nuestra sociedad. Cuando nos dirige «la izquierda» (la mitad izquierda del cerebro), impera la lógica y la instrumentalidad.[37] Se prioriza la tarea que estamos ejecutando por encima de las relaciones que podamos tener. Este principio se aplica tanto a nuestra parte infantil adaptativa como a la mayoría de la sociedad. Hace muy poco que el mundo empresarial se despertó y fomenta un nuevo tipo de liderazgo, uno basado en las relaciones en vez de en las jerarquías.

A Summit, un joven informático autónomo, no le estaba yendo demasiado bien en su vida profesional, a pesar de que era extremadamente inteligente y tenía muchísimo talento. Lo que más le molestaba era que siempre daba más de lo que le pedían en los proyectos en los que participaba y, aun así, no conseguía que le dieran el trabajo o no lo volvían a llamar. Mientras hablábamos de su carrera profesional, vi que había un patrón: Summit se dio cuenta de que lo que creía que era su fuerte, de hecho, era su punto débil. Lo normal era que se quedara hasta muy noche trabajando para presentar un programa de *software* más elegante, complejo y versátil de lo que le habían pedido. En vez de darles un Ford a sus clientes, él les presentaba un Lamborghini, pero

37. McGilchrist, *Master and His Emissary*.

el problema era que nadie le había pedido un Lamborghini. Por eso, en vez de felicitarlo como él esperaba, le solían contestar así: «¿Y no puedes hacer algo más sencillo?». Su hemisferio izquierdo le hacía priorizar el proyecto y olvidarse de la gente que lo iba a utilizar realmente. Su parte infantil adaptativa diseñaba un producto prácticamente perfecto sin pedirle opinión a la parte adulta sabia, que sí hubiera escuchado e intentado satisfacer las necesidades del paciente en vez de las suyas.

Como, en general, trato casos extremos, casi todo el mundo al que he conocido vivió la mayor parte de su vida usando la parte infantil adaptativa de su cerebro, creyendo equivocadamente que eran adultos sabios. Pese a todo, el mundo los recompensó muy bien por lo general. Puesto que la parte infantil refleja muy bien los valores culturales, las personas que viven principalmente desde la perspectiva de la parte infantil adaptativa suelen cosechar grandes éxitos en el mundo profesional y económico, aunque luego, en su vida personal, las cosas sean un desastre.

Un principio básico del individualismo es que yo y la naturaleza somos dos entidades separadas, o, mejor dicho, que el ser humano está por encima de la naturaleza. Al principio de los tiempos, según el Génesis, Dios le dio a Adán el dominio sobre todas las cosas que caminaban, nadaban o reptaban por la Tierra (1, 26-28). Dios no se lo pensó muy bien... Los dioses griegos eran más humildes. Para ellos, creerse por encima de la naturaleza demostraba soberbia, orgullo y arrogancia, y significaba el trágico final para cualquier héroe.[38] Aun así, la dominación —la fantasía de la obligación y el derecho a ejercer control— es un pilar central de la masculinidad tradicional y la cultura patriarcal. La mayoría no se pasa el día controlando los elementos,

38. «Porque los griegos tienen una palabra para el error (*harmartia*), pero no para el pecado, algunos poetas, sobre todo Hesíodo (en el siglo VII a. C.) y Esquilo (siglo V a. C.), usan la soberbia para describir las malas acciones dirigidas en contra del orden divino. Este uso fue lo que acabó dando forma al término actual y su relación con la irreverencia». Palabra *hubris* en inglés, *Enciclopedia Británica*.

pero puede que sigas aplicando el mismo concepto de dominación sobre tu mujer, tus hijos e hijas, tu cuerpo, alguien de tu equipo en el trabajo o el mundo en general.

La falsa ilusión de control de la que hablamos será la base de cualquier programa de gestión del estrés en el ámbito hospitalario en el que puedes acabar después de sufrir un ataque de corazón. Se corrige mediante los doce pasos que se siguen en alcohólicos anónimos, el principio básico que se expresa en su Plegaria de la Serenidad. La visión individualista, lineal y newtoniana que tenemos del mundo posiciona al hombre por encima de la naturaleza y le da el derecho a manipularla y doblegarla a su voluntad, con la misma impunidad que un cirujano abre un cuerpo o que un mecánico despedaza un coche. Estamos hechos a la imagen y semejanza de Dios Todopoderoso, como se decía en la Ilustración.[39] Vivimos por encima del sistema y lo moldeamos como queremos.

Si gestionar el mundo es un componente esencial de la masculinidad tradicional, la gestión del gestor es un requisito central en el papel femenino tradicional —el arte de liderar a los líderes—. Pero como sabe cualquiera que haya trabajado con problemas como la llamada codependencia, la «acomodación», aunque sea una postura totalmente abnegada, es, de hecho, otra forma de control; es el intento de «no enfurecer al otro». Para mí, el comportamiento codependiente se da cuando evitamos a toda costa un comportamiento totalmente razonable, como decir la verdad, por miedo a la respuesta desmedida de tu pareja. Tanto la manipulación masculina tradicional sobre la naturaleza como la manipulación femenina tradicional sobre el hombre son intentos de control, asumiendo que alguien pueda ejercer su voluntad sobre los demás o sobre el mundo.

Desarrollar una conciencia relacional, en cambio, implica tener una conciencia ecológica. Disipa la falsa ilusión de dominación y ofrece la idea de que somos parte de la naturaleza y no estamos por encima de ella, sino que convivimos en armonía. Esta perspectiva se basa en la

39. Paley, *Natural Theology*; Abersold, «Words to Live by».

humildad ecológica: lo único que podemos controlar de la naturaleza es a nosotros mismos, y eso si tenemos suerte. Pasar de una visión más arrogante a una más humilde se puede comparar a cuando supimos que el centro del sistema solar era el Sol y no la Tierra.

Mientras nuestra especie pasa de un modelo que intenta dominar la naturaleza a uno que nutre y cuida de la naturaleza, nos daremos cuenta de que el agua que seguimos inundando de plástico es la misma que bebemos, y que el aire que contaminamos es el que nos llena los pulmones. Si es que sobrevivimos... Que aún está por verse. El COVID-19 es nuestra primera experiencia en que la naturaleza arremetió contra nosotros a escala global. ¿Nos servirá para aprender y cambiar las cosas? Lo dudo. A esta pandemia la seguirán otras. Esta vez tuvimos que usar cubrebocas, la siguiente quizá sean máscaras de gas. Nuestras acciones son tan autodestructivas que rozan lo suicida. Y pese a todo, nos empeñamos en seguir como hasta ahora.

Y lo que hacemos fuera, lo repetimos en casa. El mismo drama de dominación que vemos en el planeta se extrapola a nuestra vida personal. En nuestras relaciones nos colocamos en otro plano, uno superior. Queremos controlar a nuestras parejas, a nuestros hijos, nuestros cuerpos e incluso nuestra manera de pensar («no puedo ser tan negativo»). Si te paras a pensarlo fríamente, te darás cuenta de que no tiene ningún sentido intentar gestionar tus relaciones desde el control y el poder. Aun sabiéndolo, en cuanto las emociones se ponen a flor de piel, las partes más reactivas de nuestro cerebro se apoderan de nosotros, cambiamos el chip y entramos en modo: «Tengo razón y tú no. Yo gano y tú pierdes. O me muestro vulnerable, o me protejo».

Tanto en el plano colectivo como en el personal, necesitamos desesperadamente un cambio de paradigma. La respuesta relacional a la pregunta de «¿quién tiene razón y quién se equivoca?» es «¿qué más da?». Lo que de verdad deberíamos preguntarnos es: «¿qué vamos a hacer como equipo para afrontar este problema y encontrar una solución que nos funcione a ambas partes?». Quizá pasar de una mentalidad individualista a una mentalidad relacional te parezca al principio una utopía maravillosa, pero te aseguro que cada día veo el potencial transformador que tiene en mi consultorio.

Te voy a dar otro ejemplo de lo más normal.

Stan: ¿Quieres llevar la razón o seguir casado?

—¡No me escucha! —grita Lucy, una mujer blanca de unos treinta y tantos años. Se sienta en el borde del sillón con los brazos bien abiertos, como pidiéndome ayuda.

—No la entiendo —confiesa Stan, también un hombre blanco de cuarenta y tres años. Se tapa la cara con las manos, derrotado, agotado. Su postura parece decir: «Haga lo que haga...».

Y ahí estoy yo, observándolos, escuchándolos. El matrimonio de Lucy y Stan está al borde del fracaso. ¿Y por qué? Todo por un malentendido.

El pasado fin de semana fue un desastre.

—Se suponía que iba a ser un momento para conectar, para estar juntos y solos en la casa que tenemos en el Cabo —empieza a contarme Lucy—. Los dos teníamos muchas ganas porque lo necesitábamos. —Hace una pausa y se mira las manos—. Pues casi no llegamos. Casi me doy la vuelta en mitad de la carretera y me voy a casa.

¿Qué pasó?

—Es una tontería —dice—, pero...

«Pero...», pienso para mis adentros, cuántas veces habré escuchado ese «pero...» cargado de emociones. Es una tontería, pero... una por la que vale la pena batallar hasta el final. La obra de teatro de la vida doméstica se representa en un escenario pequeño, pero nos regala grandes emociones.

—¿Qué pasó?

—Es una locura —suelta Stan, sin poder dejar de mover la pierna, lo que me demuestra su impaciencia y molestia.

—Nos fuimos cada uno en un coche —lo interrumpe Lucy para seguir con la historia—. Ambos íbamos cargadísimos con bolsas, tanto que me tapaban el espejo de atrás, así que ya estaba nerviosa. Además, tampoco me gusta conducir de noche, así que le pedí a Stan que no se alejara mucho por si... yo qué sé, por si me perdía o giraba donde no tocaba.

—Quería que estuviera pendiente de ella —me dice Stan, para aligerar la cosa—. Y lo hice.

—¡Claro que no! —lo corrige Lucy.

—Claro que estuve pendiente de ti. —Stan voltea para mirarme a mí, el árbitro—. Estaba avanzando un poco entre los coches...

—Ese es otro tema —lo vuelve a interrumpir Lucy.

—Vamos a ir paso por paso, calma —le digo para intentar calmarla.

—Sé que Lucy está dos coches más atrás...

—Pero yo no lo veo —vuelve a meterse su mujer.

—Yo la veo claramente por mi retrovisor —sigue contándome Stan, y se nota que está agobiado.

En este punto, ya me huelo por dónde va a ir esto.

—Entonces me llama, histérica, enojadísima: «¡Me dijiste que te quedarías cerca!». Y se pone a gritarme.

—Por favor, Stan —le espeta Lucy, como si le hablara a un niño que está exagerando.

—Lo siento, cariño, pero es que perdiste la razón, me dijiste...

—¡Me dejaste sola! ¡Me dijiste...!

—Estabas justo detrás. Si es que solo había un par de coches adelante. Estaba contigo, cariño. No tenías por qué...

—¿Por qué no podías ir más despacio para que...?

—Muy bien —los interrumpo—. Creo que ya tengo idea.

Stan y Lucy están enredados en la clásica batalla de «quién tiene la razón», y todo porque cada uno entiende de una manera ligeramente diferente lo que quiere decir «quedarse cerca». Los dos tienen razón en decir que es una tontería, pero luego ya vimos que la importancia de la situación ha escalado con el famoso «pero...». Esos peros pueden acabar con cualquier matrimonio. Esos peros pueden acabar en divorcio.

Para Lucy, «quedarse cerca» significa estar justo a su lado, mientras que para Stan significa estar pendiente de ella. ¿Quién tiene la razón objetivamente? No te molestes en responder, es una pregunta trampa.

A las parejas con las que trabajo les digo que tendrán que aceptar cosas que no les harán gracia. Lo primero: «La objetividad no tiene sentido en las relaciones personales». La objetividad real es muy útil para que los trenes vayan a su hora o para desarrollar una vacuna importante, pero si lo que queremos es averiguar cuál es el punto de vista «válido» en una transacción interpersonal, no nos servirá de nada. Solo conseguiremos entrar en batallas de objetividad. ¿El problema es que Lucy exagera o que Stan no la toma en cuenta? Estas discusiones en círculos no tienen final, son como el pez que se muerde la cola: no encontraremos la respuesta porque nos estamos equivocando al partir de la base de que hay unos hechos objetivos.

En las relaciones de pareja, la meta nunca es que ambas personas se pongan de acuerdo en una única realidad, sino que negocien sobre sus diferentes realidades subjetivas. Entre tú y yo, empatizo más con Lucy. Como ya dije, a diferencia de otros tipos de terapia, en la terapia relacional nos posicionamos. Objetivamente, Stan tiene razón por lo que cuenta, pero se equivoca en el plano relacional. ¿Cumplió su promesa de vigilar a Lucy para asegurarse de que no le pasaba nada? Sí, sin duda. Y si hubiera sido él el que hubiera pedido el favor, ese comportamiento habría sido perfecto. El problema aquí es que Stan no se casó con Stan. Lucy quería que Stan la hiciera sentir segura y por eso lo necesitaba a su lado, quería verlo. Su mujer no quería que estuviera pendiente de ella, sino saber que estaba ahí, junto a ella. En este ejemplo, como en muchos otros, me asegura Lucy, Stan «no lo entiende». No entendía el problema porque no pensaba de manera relacional. Como muchos otros hombres con los que trabajo, Stan era práctico, se centraba en lo que tenía que hacer, no en las emociones subjetivas de su pareja. Él la tenía localizada y estaba atento para que no le pasara nada, pero no estaba satisfaciendo las necesidades emocionales de Lucy.

La famosa lingüista Deborah Tannen habló de esto en el libro que publicó en 1990, *Tú no me entiendes*, donde habla del «discurso informativo» de los hombres a diferencia del «discurso de entendimiento»[40] de las mujeres. «Objetivamente», Stan tenía toda la razón, pero al mismo tiempo también estaba muy claro que era incapaz de ponerse en los zapatos de su mujer y lo que había vivido ella. Y lo peor es que, cada vez que Lucy intentaba explicarle lo que le había molestado, cada vez que intentaba construir un puente para encontrarse, Stan se aferraba más a su postura y la certeza de que él tenía la razón.

—A ver si te puedo ayudar —le digo al final a Stan—. Vamos a intentar que cambies tu perspectiva. Cuando Lucy habla, tú, Stan, tienes dos referencias, dos puntos de vista de los que partes. El primero es la realidad objetiva. ¿Estuviste por ella como te pidió? ¿Tiene sentido que se haya enojado? Si buscas la respuesta correcta, yo lo veo complicado, la verdad. ¿Sus argumentos son válidos? ¿Cuáles son los hechos? ¿Tiene razón o no? Lo siento mucho, Stan, pero creo que a nadie le importa. Estás tratando la situación como si fuera un caso de estudio, y estamos hablando de tu relación. Aquí las cosas no funcionan así.

»Y tu segundo punto de referencia, por la cara que estás poniendo, fuiste... tú mismo. Piensas: «Pero por el amor de dios... ¿por qué tengo yo que aguantar esto?».

Stan se remueve en el sillón, pero no lo discute, así que prosigo.

—Me gustaría que probaras a cambiar tu punto de referencia. Inténtalo. Siento decirte que aquí la respuesta no está en narrar los hechos exactos ni en tu punto de vista, ni en lo mucho que te molesta toda esta situación. Lo importante aquí es Lucy, sus emociones, su realidad... su experiencia subjetiva. Párate un momento y pregúntate: ¿qué prefiero, seguir luchando hasta que me dé la razón o hacer las paces con mi mujer y ayudarla a que se sienta mejor?

—¿Qué quieres decir? —me pregunta reticente, aunque sé que le está llegando el mensaje.

—Aquí viene la frase del millón, Stan. ¿Preparado?

El hombre asiente con la cabeza. Entonces, me giro hacia Lucy y hago ver que soy él. Lo primero que hago es relajar mi expresión y mi tono de voz:

40. Tannen, *Tú no me entiendes*.

—Cariño —le digo con ternura—, siento mucho que te hayas sentido así. No quería hacerte daño. ¿Puedo hacer o decir algo para que te sientas mejor?

Entonces me giro hacia Stan.

—«Siento mucho que te hayas sentido así» —vuelvo a repetir—. «¿Puedo hacer o decir algo para que te sientas mejor?» —le digo—. Escríbelo en una nota y colócala en el espejo donde te afeitas por las mañanas.

Stan no abre la boca, sigue ahí, sentado en el sillón, dándole vueltas a lo que le acabo de decir. A su lado, Lucy está llorando.

—Si esas lágrimas pudieran hablar —le digo mientras la miro—, ¿qué dirían?

—Es que... —empieza, pero no se acaba de atrever—. Es que...

Da igual que en este momento no pueda hablar; sé perfectamente por qué llora. Antes de acudir a mí, Lucy había ido con su marido a tres terapeutas y ninguno se había enfrentado a él como yo. Esas lágrimas son de alivio.

Aunque están a las puertas del divorcio, Stan no es mala persona. El punto de vista que defendía con tanta vehemencia y que lo hacía ponerse tan a la defensiva era totalmente válido en el mundo newtoniano, individualista y lineal en el que vivimos. Sin embargo, para estar presente para su mujer en el plano emocional, lo que necesita es cambiar su visión del mundo por un paradigma totalmente distinto. Mira, los pacientes que acuden a mi consultorio no vienen para mejorar la comunicación con su pareja, aunque es lo que muchos alegan al principio, ni para mejorar algunas de las dinámicas que se establecieron en la relación. Las mujeres como Lucy traen a hombres como Stan a terapia para que les enseñe a comportarse de forma más relacional.

Lo que Lucy quiere es nada más y nada menos que un Stan completamente diferente. La mayoría de los terapeutas de pareja no se marca metas tan temerarias, pero en la terapia de vida relacional es a lo que aspiramos.

—Me dedico a trasplantar personalidades —le digo a Lucy, y luego me giro para encarar de nuevo a Stan—. ¿Quieres que te haga una demostración?

—¿Cómo? —me pregunta, visiblemente preocupado.

Le sonrío.

—Mira a tu mujer y dile algo que te salga del corazón.

Lo animo y me alegra ver que, con un poco de apoyo, lo intenta.

—Lucy —empieza a decirle y la toma de la mano—. Lo siento, de verdad. Me duele pensar que te sentiste tan sola ese día.

—Y te duele saber que no la entendiste —añado.

—Sí, claro —asegura Stan—. De verdad que me siento muy mal. Ojalá hubiera podido ver lo que necesitabas.

Stan mira la cara llena de lágrimas de su mujer.

—¿Quieres darle un abrazo? —le pregunto, y Lucy se abalanza sobre él—. No hay prisa —les digo mientras su marido la mece en sus brazos—. Tienen todo el tiempo del mundo.

La necesidad que sentía Stan por «aclarar las cosas», aunque detrás hubiera una buena intención, no era la respuesta. Él quería encontrar la realidad correcta de los hechos (es decir, la que coincidía con su visión del mundo), y eso era lo que impedía a la pareja vivir momentos como el que se dio en mi consultorio: momentos de sanación. A casi todas las parejas que trato en momentos críticos, como Stan y Lucy, les falta un mecanismo de corrección. Creen que los problemas no se deben esconder bajo la alfombra, sino que sienten que tienen la obligación de arreglar las cosas. El problema es que el modelo que siguen para resolverlas es llegar a un acuerdo; descubrir la respuesta correcta y llegar a la misma conclusión. Es un deseo comprensible, profundo y común. Sin embargo, por desgracia, para la mayoría de las parejas, la versión correcta de la historia es, bueno, la mía (y mi pareja, que es muy necia, piensa lo mismo de la suya). La paradoja es que solo encontrarán la solución si sueltan esa fantasía y entienden que tú y tu pareja no van a ver las cosas iguales. Y esto sí es una realidad.

Pero no te preocupes, que no tiene nada de malo. Cada persona puede experimentar la realidad de diferentes maneras, lo que puede hacer que sienta emociones diferentes. Cuando Stan dejó de defenderse y se preocupó por los sentimientos heridos de su mujer, Lucy se sintió entendida, con lo que el abismo que se abría entre los dos se cerró y ambos pudieron respirar tranquilos. Ese momento nos hace ver algo esencial: el comportamiento relacional no implica que las dos personas vean las cosas igual ni que piensen o sientan lo mismo. El comportamiento relacional no es una especie de fusión en la que no hay límites que diferencien a cada persona, sino más bien lo contrario: para mostrar una actitud relacional se necesita un sentimiento de «yo». La diferencia es que este «yo» forma parte de un contexto más amplio. Al reconocer que Lucy puede tener una visión legítima de la realidad que es diferente a la suya, estoy invitando a Stan a aceptar lo que lo diferencia de su mujer; no intento que se parezca más a ella, solo que sepan identificar y valorar las diferencias que vive cada integrante del matrimonio.

De lo que me gustaría que nos diéramos cuenta es de que cambiar esta visión del mundo lineal e individualista por una visión relacional puede ser realmente transformador.[41] Cuando mis pacientes aprenden a pensar y actuar de manera relacional, su carácter, su nivel de desarrollo emocional evoluciona, y muchas veces lo hace exponencialmente. Por fin viven, la mayor parte del tiempo, en su parte adulta sabia, gestionada por el hemisferio derecho y gobernada por la corteza prefrontal. En otras palabras, cuando aprendemos a pensar y a comportarnos de manera relacional, crecemos.

Steve: «¿Lo entiende, doctor?»

Steve, un hombre alto, negro, de cuarenta y tantos años, se describe a sí mismo en una de nuestras primeras sesiones como una personalidad «triple A». Me asegura que una «A» le queda chica. Y la verdad

41. Badenoch, *Heart of Trauma*; Siegel, *La mente en desarrollo*.

es que parece uno de esos privilegiados que tienen todo lo que desean en este mundo: es atractivo e inteligente, tiene un cuerpo atlético, estudió en los mejores sitios, tiene un trabajo estupendo en finanzas, se le puede considerar rico para lo que son los estándares, y como solo tiene cuarenta años, aún le queda mucho más por conseguir.

También tiene unos mellizos de ocho años con síndrome de Martin-Bell, con un retraso de desarrollo severo. Ambas criaturas son entrañables y todo el mundo los adora, menos Steve. Avergonzado y testarudo, me confiesa en una de nuestras sesiones, aunque no se lo diría a nadie más que a su terapeuta, que lo que siente por esos niños es odio. Son una mancha en su impecable expediente, un error por parte de Dios. ¿Qué hizo él para merecer...?

Después de escuchar todo esto, creo que sería muy bueno para Steve que trabajáramos en su capacidad empática, y es lo que hacemos. Durante semanas, animo a Steve a practicar lo que llamo en un tono burlón «empatía curativa».

—Antes de que digas nada —le pido—, quiero que te pares a pensar. Pregúntate: «¿Cómo le hará sentir lo que voy a decir a la persona con la que estoy hablando?».

A las tres semanas de práctica, Steve entra en mi oficina con una gran sonrisa.

—Doctor, lo de la empatía... —empieza, y cierra el puño con el pulgar en alto en señal de aprobación—. Ya lo tengo dominado.

—Muy bien —le contesto—. Entiendo que lo dirás por algo concreto. Cuéntame, ¿qué pasó?

—El sábado pasado llevé a uno de los niños a un partido de beisbol. Yo no sé usted, pero yo si llevo a mi hijo a Fenway Park, le compro el helado, los *hot dogs* y los dulces que quiera. Tiro la casa por la ventana.

Como tengo dos hijos, sé de lo que me habla y le doy la razón.

—Bueno, pues cuando volvíamos a casa —sigue contándome—, el niño se empieza a sentir mal en el coche. —De repente, voltea para mirarme y me explica alarmado—: Se había tapado la boca con la mano, Terry. Se estaba aguantando el vómito porque me tenía miedo.

Steve empieza a llorar.

—Miré a mi hijo y vi el miedo en sus ojos. Me quedé horrorizado. Yo me horrorizaba de mí mismo. Y le dije: «Cariño, puedes vomitar, no te preocupes por el coche...». —Steve se yergue y prosigue—: Y entonces me di cuenta: lo importante no soy yo. No es el pinche coche. Es él, ¡es él! —el hombre me mira sonriendo, conmovido, emocionado—. ¿Lo entiende, doctor? —me pregunta.

—Lo entiendo —le contesto.

Lo que te quiero decir es que, después de trabajar como terapeuta durante más de treinta años, creo sin duda que Steve subió unos cuantos peldaños en la escalera de su desarrollo esa tarde mientras volvía de Fenway Park. Al cambiar su forma de entender el mundo y aprender a pensar de manera relacional, se convirtió en un hombre diferente, en una versión mejor de sí mismo. La desconexión nos hace enfermar, mientras que la reconexión nos sana.

Aprender a pensar de manera relacional significa levantarte cada día sabiendo que tu relación es tu biosfera emocional, el entorno en el que vives y del que dependes. Sin duda, como sabemos, podemos decidir contaminarla tirando un poco de mala vibra. Sin embargo, luego eres tú quien las pagará por otro lado cuando tu pareja te trate con frialdad. Yo a mis pacientes no les enseño a ser altruistas, sino a proteger sus intereses de una manera consciente.

—Te conviene a ti que tu pareja sea feliz —les digo—. Lo primero es que la quieres. Pero es que lo más importante es que vives con tu pareja, ¿no? Si tu pareja está feliz, todos felices.

Tu pareja y tú están conectados; no hay escapatoria. Y las películas que nos contamos de que no tiene por qué afectarnos, pase lo que pase, no solo implican que estamos adoptando una visión insensible ante la situación, sino que directamente pueden ser peligrosas. La gente a la que conocemos y queremos está literalmente dentro de nosotros. La otra persona es la que me protege de los osos mientras yo enciendo el fuego, la que pone la mesa mientras yo llamo a los niños. La gente a la que conocemos y amamos nos hace conectar con nuestras heridas e inseguridades más profundas, y al mismo tiempo son las personas que nos ofrecen más apoyo y seguridad. Creer que podemos separar todo esto o mostrarnos indiferentes no es más que una ilusión, y creérnosla puede tener consecuencias desastrosas. Para lo bueno y lo malo, no somos independientes en lo que respecta a cómo nos tratan y cómo tratamos a los demás, en lo que respecta a la propia estructura de nuestro cerebro.

CAPÍTULO

3

Cómo nos olvidamos del «nosotros» y nos posee el individualismo

Cuando en una relación de pareja pasa algo que nos conecta con una herida traumática, nuestra parte adulta sabia desaparece y la parte infantil adaptativa toma el control de la nave. Lo vemos como una especie de «posesión» y queremos evitarla por las malas.[1] Cuando la gente descubre esta parte infantil adaptativa, su primera reacción suele ser querer dominarla, y la ven como algo negativo.

—¡Odio gritarles a mis hijos! —exclama Daniel, un hombre asiático de cuarenta y tres años en una de nuestras primeras sesiones—. Me consigo retener el noventa por ciento de las veces, pero de vez en cuando las cosas van escalando hasta que... —toma aire por la boca y lo deja escapar— hasta que exploto.

La parte infantil adaptativa no es una fuerza tóxica de la que tengas que deshacerte o a la que tengas que destruir. Es una parte de ti más joven que aprendió a gestionar la situación a la que se enfrentaba de la mejor manera que supo. Lo que necesita es una figura parental amorosa que la ayude, y la única persona que puede hacerlo en este punto eres

1. Una manera más precisa de explicar esto es que la corteza prefrontal y el sistema límbico subcortical dejan de comunicarse entre sí. Al no recibir la modulación, el alivio, de la corteza prefrontal, las emociones se reciben como estímulos imposibles de procesar, son inmediatas y parecen no tener fin. Badenoch, *Heart of Trauma*; Siegel, *Viaje al centro de la mente*; Stevens, Gauthier-Braham y Bush, «Brain that Longs to Care for Itself».

tú. Aquí trabajamos con un principio espiritual: para sanar una parte de ti, lo primero que tienes que hacer es conocerla bien y hacerte su amiga.[2]

Cuando me encuentro con la parte infantil adaptativa de alguien por primera vez, su versión de la mentalidad del «tú y yo», lo que intento es entender por qué apareció, averiguar sus orígenes. La parte infantil adaptativa de Daniel hacía berrinches. Sí, les gritaba a sus hijos y a su marido, pero la cosa no queda ahí: tira platos, da golpes a las paredes e incluso una vez llegó a romper una silla. La actitud disfuncional de Daniel es la ira; esa es su manera de presentarse al mundo, la posición que adopta.

A medida que lo escucho, me hago una mejor idea de su actitud. En momentos de crispación, siente que es la parte ofendida. Es una víctima agresiva en toda regla. El idiota que estaba en la fila del súper, que iba como tortuga, hizo que llegara tarde; el imbécil que lo recogió del aeropuerto lo tuvo esperando un cuarto de hora y, además, casi no se le entendía; la tapa del frasco de mayonesa lo sacó de quicio porque se negaba a abrirse. Daniel vive en un mundo que está en su contra, pero lo que está claro es que está dispuesto a luchar con uñas y dientes para ganar.

Este ángel justiciero tiene un doctorado en lo que una de mis mentoras más importantes, la maravillosa pionera en trauma y sanación Pia Mellody, llama «atacar desde la posición de víctima».[3] Atacar desde aquí nos permite hacer daño mientras nos sentimos la víctima en esa situación. «Como me dañaste, ahora yo te la voy a devolver, y con más fuerza. Y, además, no voy a refrenar mi ira porque yo soy la víctima». Y así se crea un círculo vicioso. Cada generación reacciona como puede en virtud de sus heridas; los progenitores pasan a sus

2. La aceptación de aquellas partes de nosotros mismos que intentamos negar por nuestra parte adulta sabia siempre ha sido un pilar fundamental de la terapia de vida relacional. Sobre todo gracias a mi colega y amigo Richard Schwartz, he podido entender con toda claridad que no sirve de nada luchar contra partes de nosotros mismos y lo útil y sanador que resulta aprender a construir una relación en la que nos mostramos firmes y amorosos con cada aspecto de nuestra personalidad.

3. Mellody, Miller y Miller, *La codependencia*.

hijos una versión de su propio dolor. Podemos pararlo e intentar hacerlo mejor, pero primero tenemos que aprender a gestionar la reactividad de nuestro cerebro, la mentalidad del «tú y yo», nuestra parte infantil adaptativa, el filtro que no nos deja ver una gran parte del mundo que tenemos adelante.

Párate un momento e intenta identificar tu postura disfuncional. Te aseguro que, a menos que seas un ser perfecto, tendrás una. De acuerdo, seguramente el resto de los 364 días del año actúas desde tu parte adulta sabia, aprovechando al máximo tu corteza prefrontal, pero ¿y ese día de descanso? ¿Qué haces? Tu postura relacional disfuncional es la que tu parte infantil adaptativa sigue repitiendo de forma poco constructiva en tus relaciones: quizá buscas al otro, te apartas, le consientes todo, te quejas sin parar o intentas controlarlo.

Si te cuesta identificarla, no te preocupes: ¡pregúntale a tu pareja y verás qué rápido lo solucionamos! Pondría la mano en el fuego a que no le importará ayudarte. Una postura disfuncional nunca te ayudará a conseguir lo que quieres. Enojarse para conseguir algo, por ejemplo, es una postura disfuncional. Es raro que logres más conexión con tu pareja si te enojas con ella por lo distante que está. Enojarte para conseguir lo que quieres es un oxímoron. Como les digo a los pacientes con este comportamiento: «Tengo malas noticias para ti: enojarse cuando no te dan lo que quieres no resulta muy atractivo».

De seguro se te ocurren un montón de posturas disfuncionales si te detienes a pensar un rato. Hacerse el mártir es una; actuar como un tirano es otra; hacerse la víctima es otra más... Una vez que identifiques la tuya, intenta describirla con más precisión. Pregúntate: «Cuando entro en el papel de víctima, ¿qué siento? ¿Indefensión? ¿Ira? ¿Y cuando encarno el papel de tirano?». Y así sucesivamente.

Cuando el terapeuta de vida relacional ve la postura disfuncional de cada persona de la pareja, la siguiente pregunta es: «¿Por qué desarrollaste este comportamiento?». Háganse esa pregunta tú y tu pareja: ¿a qué se estaba intentando adaptar ese niño o esa niña? Si ya tienes más clara la postura disfuncional que repites, aquí te propongo tres preguntas más:

- ¿A quién viste comportarse así?
- ¿Quién se comportaba así contigo?
- ¿Con quién te comportabas así y no te ponía un alto?

La última pregunta suele ser fundamental. En la familia de Daniel nadie perdía la cabeza, solo él. Por lo que me cuenta, lleva toda la vida teniendo estas explosiones de ira.

—¿Y qué hacían tus padres cuando te ponías así?

Daniel se encoge de hombros.

—Nada. Me daban lo que quería.

—Y por eso sigues haciendo lo mismo con cuarenta y tres años —le hago ver.

Alguien me dijo una vez que los niños se parecen al gas: se expandirán por todo el perímetro del recipiente que los contenga. Cuando Daniel era pequeño, no tuvo figuras que lo contuvieran. Por eso se desbordaba en su entorno, y lo seguía haciendo cuando lo conocí. Una persona de a pie no sabría decirte que la parte infantil adaptativa de Daniel se forjó a raíz de un trauma, pero yo sí lo veo. Y no es que sea mago, sino que simplemente tengo una descripción más amplia y formada de la que probablemente tengas tú. Daniel, por ejemplo, sufrió un «abandono psicológico por falso empoderamiento».

Quizá te acuerdas de que al principio pedí a aquellos lectores escépticos que esperaran un poco hasta que pudiéramos hablar más en profundidad sobre el trauma para decidir si tienen alguno o no. De acuerdo, pues aquí vamos. Lo prometido es deuda.

Trauma relacional

Cuando pensamos en un trauma, solemos imaginar lo que en el campo de la sanación del trauma se le llama un trauma con «T» mayúscula: algún evento puntual catastrófico que puso en riesgo la vida o la seguridad de una persona; un tsunami, un huracán, una batalla. En la terapia de vida relacional, somos muy cuidadosos y trabajamos con este tipo de Gran Trauma, pero también somos muy conscientes y detectamos los «pequeños traumas» o el trauma relacional.[4] No hablamos de esa vez que tuviste que apartar a tu madre del balcón para que no saltara del décimo piso, sino de las mil veces que te dijo que eras una carga para ella. Los psicoterapeutas rara vez encuentran un único evento fatídico, como un caso de incesto. Lo más normal es que se den interacciones de menor envergadura, pero no por ello menos corrosivas, que se repiten una y otra vez en la vida diaria de una criatura.[5]

Joey y Linda: nadie a quien contárselo

—Me pasa lo mismo cuando Joey se pone agresivo. Solo quiero... quiero desaparecer —me dice Linda.

Estamos los tres sentados, al inicio de una sesión demostrativa adelante de una sala llena de terapeutas. Linda, una mujer de treinta y tres años, se presentó al grupo como cheroqui nativa americana.

—¿A qué te refieres cuando dices «agresivo»? ¿Cómo describirías su comportamiento?

—Joey se empeña en hablarlo todo —dice, siguiendo con su historia e ignorando mi pregunta—. Y yo solo quiero que me deje en paz. Me encierro en la habitación y se pone a golpear la puerta y a gritar, pero yo ya no estoy allí.

—Levantas un muro —le digo.

—Sí, uno bien alto —me asegura.

4. Fisher, *La transformación del legado vivo del trauma*; Basham y Miehls, *Transforming the Legacy*; Johnson, *Emotionally Focused Couple Therapy* (trad. cast.: *La práctica de la terapia de pareja focalizada en las emociones*, Desclée de Brouwer, Bilbao, 2020); Ogden, Minton y Pain, *Trauma and the Body* (trad. cast.: *El trauma y el cuerpo: un modelo sensoriomotriz de psicoterapia*, Desclée de Brouwer, Bilbao, 2009).

5. Basham y Miehls, *Transforming the Legacy*; Felitti *et al.*, «Relationship of Childhood Abuse»; Fisher, *La transformación del legado vivo del trauma*; Johnson, *La práctica de la terapia de pareja focalizada en las emociones*; Ogden, Minton y Pain, *El trauma y el cuerpo*.

—Así que en esos momentos estás pensando: «Por mí puedes hacer las maletas, largarte de aquí y que te atropelle un coche. ¡Me importa un carajo lo que te pase!». ¿Así más o menos?

—Sí, así.

—Pues vaya muro te construiste.

—Sí, la verdad es que sí —coincide. Tiene la espalda erguida y las manos apoyadas en su regazo mientras mira a su marido, Joey, un hombre corpulento con una densa cabellera afro que metió como pudo debajo de una gorra de cuero.

Dejo pasar unos segundos y le pregunto:

—¿Y cómo acaba la cosa? ¿Cuándo desaparece el muro?

—¿Que cuándo hacemos las paces?

—Sí.

—Pues cuando Joey se calma, cuando cambia el tono y su lenguaje corporal se suaviza.

Me giro hacia Joey, un hombre negro de veintisiete años, unos cuantos años más joven que su mujer. Él corrobora lo que contó Linda. Sí, cuando se pone agresivo, ella se aleja. Lo que pasa es que, según Joey, lo que ella no mencionó es que él se pone así porque ella ya está distante.

—Pero ¿lo que explicó Linda funciona? —le pregunto, para aclarar las cosas—. Cuando te calmas y suavizas tu comportamiento, ¿desaparece el muro?

—Sí, vaya que funciona —dice—. Cuando funciona, funciona.

—¿Y cuánto suele tardar…?

—Dos o tres días —contesta, como si fuera lo más normal del mundo.

Se hace una pausa bastante larga.

—Evidentemente, no lo puedo asegurar, Joey —le digo por fin—, pero supongo, lo que deduzco, como solemos decir, es que al otro lado del muro que levanta Linda hay un niño dentro de ti que se siente muy solo, abandonado y superado por la situación.

Joey asiente con energía.

—¡Exacto!

—Exacto —le digo mirándolo, aunque él mira hacia otro lado—. ¿Me puedes decir...?

Y, de repente, de la nada, me cuenta algo en lo que rara vez piensa y que no habla con nadie.

—Es que —me interrumpe—. De pequeño abusaron de mí.

—Quieres decir...

—Me violaron. —Ahora agacha la mirada y la entierra en sus pies—. Mi tía.

—Y tú tenías...

—Siete años —me contesta—. Nadie lo sabía. No se lo dije a nadie.

Y este hombre empieza a llorar. Aprieta los puños y se tapa los ojos mientras sigue llorando.

—Lo siento —le digo—. Lo siento muchísimo.

Hago otra pausa y le digo:

—Por eso, el niño al otro lado de la puerta, cuando Linda se encierra...

—Es como... —empieza a explicarme Joey aún con lágrimas en los ojos—. Es como si no hubiera nadie. No hay nadie en casa, nadie a quien contárselo, como si a nadie le importara mi historia.

Fíjate en cómo describe Joey lo que siente cuando Linda le levanta un muro: «Como si no hubiera nadie a quien contárselo, como si a nadie le importara mi historia». Su niño interior siente esa soledad que cuando tenía siete años debió de sentir en su familia. Si no se hubiera sentido tan solo, le habría contado a alguien lo que pasó con su tía. Confirmo mi hipótesis cuando, más tarde, Joey habla de su madre y la presenta como una persona adicta a los fármacos y me explica que su padre siempre estaba fuera con alguna de sus numerosas novias. Quizá otro terapeuta, y con razón, se centraría en el caso de abuso sexual, porque, sin duda, también necesita nuestra atención. Pero, a mí, lo que me llama la atención fue esa soledad tan arrolladora que sentía ese niñito. Su tía abusó de él una vez; sus padres lo abandonaban 365 días al año. A eso lo llamamos «trauma relacional». El trauma que se vive cada día en nuestra infancia. Fíjate que, en la relación con Linda, lo que emerge no son sentimientos de sentirse usado o de ahogamiento (emociones que asociaríamos al incesto de su tía), sino que vemos sentimientos mucho más dolorosos de abandono.

El trauma relacional deja huella.

Y la huella es profunda y suele darse en las primeras fases del desarrollo infantil. Cuando Joey se plantaba frente a la puerta de Linda, tenía siete años otra vez; no es que conectara con la emoción, sino que se convirtió en ella.

El abandono es un estado del yo infantil.

—A las personas adultas no las abandonan —le explico a Joey—. A los adultos los dejan, o incluso podemos decir que los rechazan, pero sobreviven. Abandonar a alguien significa: «Si me dejas, me muero». Por eso decimos que solo podemos abandonar a los niños. Cuando conectas con esa emoción de desesperación y bloqueo, ya no eres tu yo adulto, sino que entras en tu estado de yo infantil.

Joey quiere que Linda cuide a ese niño de siete años que sufre tanto y está tan furioso. Es lo que todos queremos, que nuestras parejas vean las heridas que nos hicieron en la infancia y las curen con su amor. Pero, hasta cierto punto, siempre nos fallan porque son humanas y, por ende, imperfectas. Porque resulta que el día que más necesitas a tu pareja, le duele la cabeza y no está para tonterías. Porque en ese momento en el que cada poro de tu piel vibra de deseo, ella se la pasó comiendo y bebiendo y solo quiere dormir. La dura realidad es que la única persona que puede estar ahí para contener y cuidar a nuestro niño interior en todo momento somos nosotros. Y no pasa nada. Con eso basta. Una vez que sepamos cómo hacerlo.

Hacia el final de la sesión, Joey, con mi ayuda, conoció y habló con el niño que vive en su interior. Llora por no haberlo podido proteger entonces y el niño lo perdona. Ahora promete que, a partir de este momento, cuidará de esa parte vulnerable de sí mismo.

—Ya no tendrás que estar solo nunca más —le dice al niño. En ese momento, este hombre corpulento, enorme, con los ojos cerrados, sienta a la criatura en su regazo, la abraza y llora—. Estoy aquí contigo —le dice con lágrimas en los ojos—. Estoy aquí contigo.

Llegamos a la madurez cuando sabemos cuidar de nuestro niño interior y no esperamos que nuestra pareja lo cuide y lo sane por nosotros.

El gráfico del trauma:[6] cuatro tipos de heridas

El abuso sexual de Joey es lo que solemos asociar con el trauma: una violación física y emocional. Sin embargo, ese solo es uno de los cuatro tipos de trauma psicológicos. Cada tipo produce una clase de daños predecibles, a los que luego se le suman las adaptaciones particulares de cada persona.

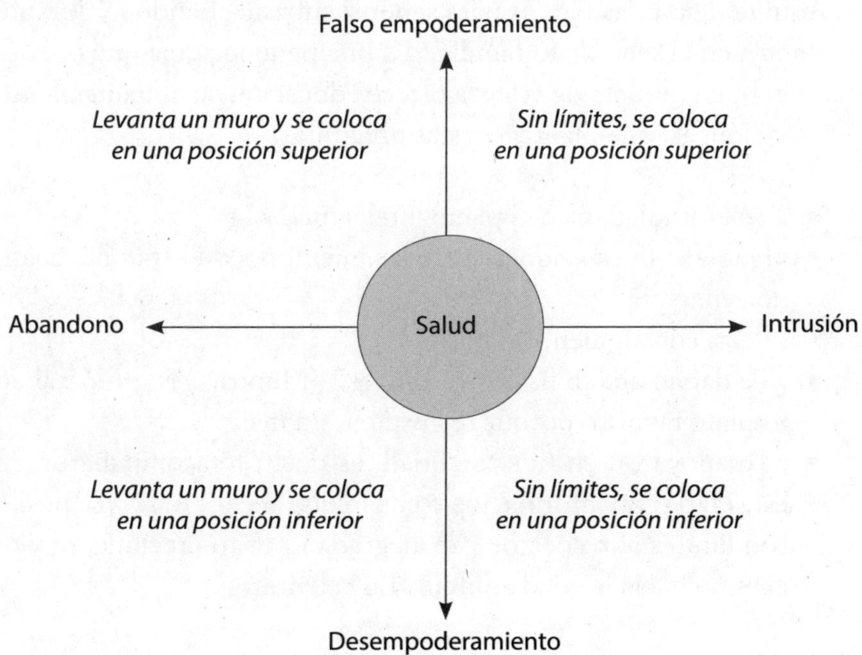

6. El gráfico del trauma está extraído del libro de Real, *The New Rules of Marriage.*

Tenemos que ver el gráfico del trauma como una cruz. La línea vertical representa la autoestima, de muy alta a muy baja, y la línea horizontal representa los límites, desde los demasiado estrictos a la izquierda a los inexistentes a la derecha. Profundizaremos en esto un poco más adelante.

El tipo de trauma que sufrió Joey de pequeño a manos de su tía es el que todos entendemos como abusivo: el comportamiento intrusivo de la violación de límites. Desgraciadamente, pasa muy a menudo en familias complicadas. Aun así, también puedes sufrir si te ocurre lo contrario: si te dejan solo. Aunque lo que le hizo su tía fue horrible y le abrió una herida traumática, lo que desencadenaba la agresividad de Joey era el trauma de su abandono repetido día a día: «Como si no hubiera nadie en casa. Como si a nadie le importara mi historia». En la relación de pareja de Joey, el abandono pasaba por encima de la intrusión.

Aquí te dejo unas pautas para saber si sufriste abandono durante tu infancia en el seno de tu familia.[7] Es una pequeña guía que puedes usar. Un buen modelo de crianza ofrece educación, acompañamiento y contención, así que plantéate estas preguntas:

- ¿Te estimulaban en el plano intelectual?
- ¿Había conversaciones entre los miembros de la familia cuando cenaban?
- ¿Leías con alguien?
- ¿Te daban afecto físico? ¿Abrazos? ¿Mimos? ¿Te preparaban tu plato favorito porque te gustaba, sin más?
- ¿Te apoyaron en tu sexualidad, es decir, te acompañaron en esta etapa con información o con lo que necesitaras? ¿Te pusieron límites al respecto? ¿Se alegraban por tu crecimiento y tu camino hacia la edad adulta? ¿Lo celebraron?

7. Esta discusión del maltrato pasivo y los cinco dominios psicológicos se los debo a Mellody, en su formación «Post-Induction Training».

Y ahora van las preguntas del terreno emocional:

- ¿Sentías que tu familia enriquecía tu vida emocional?
- ¿Te parecía que ellos la tenían?
- ¿Tenías a alguien a quien recurrir cuando te sentías vulnerable?
- ¿Alguna de tus figuras parentales te enseñó a relacionarte con tus emociones, cómo expresarlas y cómo no hacerlo? ¿O te las tuviste que arreglar por tu cuenta?

Muchas personas con este tipo de trauma pasivo o abandono creen que han tenido infancias estupendas, pero, si fuese así, ¿por qué les cuesta tanto expresar sus emociones?

Así que vimos dos cosas: la primera es que el trauma relacional que se repite o se mantiene en nuestras vidas puede hacernos tanto daño como un trauma causado por un suceso catastrófico puntual. Es como el agua que acaba erosionando la piedra. Y la segunda es que el trauma pasivo puede infligir, cuando menos, el mismo daño que la violación intrusiva.

Si te fijas en la línea horizontal del gráfico del trauma, verás que puede ser intrusivo, por falta de límites, o por abandono o distanciamiento. En la línea vertical encontramos el espectro del grado de poder, y en el centro, la salud. Las interacciones sanas no hacen sentir a la criatura ni superior ni inferior a nadie. Y así es como construiríamos una autoestima sana. Cuando hablamos de trauma infantil, lo que nos viene a la cabeza son esas interacciones en las que nos hemos sentido humillados, o bien las palabras o conductas que hicieron sentir a la niña o al niño inferior, impotente e indefenso. Este maltrato por desempoderamiento coloca a quienes lo sufren en una posición de vergüenza crónica toda su vida a menos que trabajen para superarlo.

En cambio, si ensalzas a tu hijo o hija y lo colocas en una posición de superioridad, decimos que lo estás dotando de un falso empoderamiento.[8] Si la crianza basada en el desempoderamiento genera problemas de vergüenza, el falso empoderamiento desencadena ilusiones de grandiosidad. ¿Y cómo se consigue este falso empoderamiento? Si conviertes a tu hija en la heroína de la familia, en la estrella, o la tratas como tu confidente para contarle los problemas que tienes con tu pareja. Yo les pregunto a mis pacientes: «¿Cuáles son las once palabras más dañinas que nos pueden decir? Y la respuesta es: «Ay, cariño, tú sí me entiendes, no como tu padre».

Cuando se dan este tipo de situaciones en las que una de las figuras parentales ensalza al niño o niña, y al mismo tiempo lo usa, decimos que existe un «amalgamamiento».[9] Esto significa que la energía va de la criatura al padre o la madre, en lugar de hacerlo al revés, que sería lo adecuado y necesario.[10] El niño se convierte en el cuidador del padre, lo que lo hace sentir especial y, al mismo tiempo, exhausto. El incesto es el caso más extremo: «Eres tan guapa que no pude resistirme». Dan escalofríos, ¿verdad? Esa sensación tan desagradable es la que genera la combinación de la violación sexual encubierta con el falso empoderamiento: «Eres tan especial que tuve que abusar de ti».

Aun así, no es necesario que activamente hagas sentir especiales a tus hijos para que estos tiren hacia la grandiosidad. Una criatura puede recibir un falso empoderamiento a través del abandono, como pasa cuando a los niños los crían grupos de pares a falta de personas adultas que los eduquen. Las criaturas necesitan límites y contención. Las egoístas tendencias de grandiosidad propias de los niños necesitan del acompañamiento y la guía de algún adulto para que se adapten adecuadamente.

8. Mellody, Miller y Miller, *Facing Love Addiction* (trad. cast.: *La adicción al amor: Cómo cambiar su forma de amar para dejar de sufrir*, Ediciones Obelisco, Barcelona, 2006).

9. Minuchin, *Families and Family Therapy* (trad. cast.: *Familias y terapia familiar*, Editorial Gedisa, Barcelona, 2009); Minuchin y Nichols, *Family Healing* (trad. cast.: *La recuperación de la familia: relatos de esperanza y renovación*, Paidós, Barcelona, 1994); Adams, *Silently Seduced*.

10. Mellody, Miller y Miller, *La adicción al amor*.

Cuando mi hijo mayor Justin tenía cuatro o cinco años, invitó a un amigo de la escuela a casa por primera vez. Como creció en Boston, donde todo el mundo adora al equipo de los Bruins, lo primero que hizo fue preguntarle a su amigo: «¿Quieres que juguemos al *hockey*? ¿Qué te parece? Toma un palo, vamos. ¿Salimos a la calle? ¡Vamos a darlo todo!». Cuando su compañero se fue, el pequeño Justin se me acercó y me preguntó: «¿Crees que se la pasó bien?».

Mi hijo me miraba desde abajo, lleno de ilusión, y yo tuve que respirar hondo y decirle que no. El pobre no se esperaba esa respuesta. Recuerdo que le dije:

—Mira, cariño, si quieres hacer lo que a ti te gusta, no invites a nadie. Cuando le abres tu puerta a alguien, tienes que interesarte al menos por lo que le gusta.

Y mi angelito me miró otra vez y resumió mi comentario así:

—Me pasé con el *hockey*, ¿verdad?

De acuerdo, volvamos a avanzar veinte años: ahora me encuentro con mi paciente Chris, un hombre de cuarenta años, y su mujer, Linda. Su matrimonio está a punto de dinamitar. Chris se fue con Linda cuatro días al Caribe para descansar y desconectarse porque lo necesitaban. Según Linda, los cuatro días se podrían resumir en: «Oye, ¿quieres que lo hagamos? ¿Nos acostamos? ¿Tienes ganas de sexo?».

¿Se la pasó bien? Su respuesta es contundente: «No».

Chris, pobrecito, no lo puede creer.

Ahora que soy su terapeuta, ¿qué hago con él? Pues muy fácil: le cuento la anécdota de Justin.

—Lo que le di a Justin ese día tiene un nombre —le digo a Chris—, y se llama educación. Es lo que tú también te merecías, pero nadie te la dio. Eso es abandono, Chris, abandono emocional. Ahora tienes que venir hasta Boston y pagarme un dineral para que te instale un chip emocional que te deberían haber puesto cuando tenías tres, cuatro o cinco años, así que lo siento mucho.

Hay interacciones dañinas que identificamos claramente como desempoderadoras («¡No vales para nada!») y otras que, sin duda, son un falso empoderamiento («¡Eres lo único bueno que tengo en mi vida!»). Sin embargo, en la mayoría de los casos, el trauma relacional empodera y desempodera al mismo tiempo.

Earl, un hombre gay de casi treinta años que sigue viviendo su sexualidad en secreto, tiene un temperamento como su padre. Este solía gritarle y lo ridiculizaba cuando era pequeño, un comportamiento que desempoderaba al niño, lo hacía sentir pequeño e incapaz. Además, el padre de Earl también le estaba transmitiendo otro mensaje: «Cuando crezcas y te enojes, así es como lo tienes que expresar». Su padre le ofreció un falso empoderamiento, al ejercer de ejemplo de alguien con un pensamiento y un comportamiento grandilocuentes.

De acuerdo, ahora ya pasamos de entender el trauma como una única cosa a dividirlo en cuatro tipos. El trauma puede ser:

- Intrusivo y desempoderador; por ejemplo, si nos insultan o nos pegan.
- Intrusivo y con un falso empoderamiento; por ejemplo, un caso de incesto o de intercambio de responsabilidad emocional (al regular a una figura parental).
- De abandono y desempoderador; por ejemplo, con frases como «no vales para nada», o convirtiendo a la criatura en chivo expiatorio.
- De abandono y falso empoderamiento; por ejemplo, haciendo creer a la criatura que es un héroe («no nos necesitas»).

¿Sigues creyendo que tu familia lo hizo tan bien que no te creó ningún tipo de trauma? Quizá sí, ¿eh? Siempre ha habido familias muy amorosas, y puede que la tuya haya sido una de esas familias abiertas en las que hay muchísima comunicación y los miembros muestran su vulnerabilidad y sus emociones, en las que casi no hay faltas de respeto y se pide perdón sin problema cuando hace falta. Puede que hayas crecido en una familia en la que los problemas se hablan y, a fin de cuentas, padres y madres muestran un poder jerárquico compasivo. Una familia en la que se reparan los daños cuando se infligen y en la que se recibe a todo el mundo con los brazos abiertos. Quizás creciste en una familia con ese nivel de madurez e inteligencia emocional; en ese caso, tienes mucha suerte porque la sociedad en la que vivimos no suele generar grupos familiares con este tipo de habilidades.

En palabras de Leo Tolstói: «Las familias felices son todas iguales; las infelices son infelices cada una a su manera».[11] Las peculiaridades de las limitaciones y disfuncionalidades de tus progenitores se convirtieron en el «ambiente de contención»[12] imperfecto al que te tuviste que adaptar. Esa adaptación, y los ajustes que implicó, se convierte en tu versión personal de tu mentalidad del «tú y yo», la huella que deja tu parte infantil adaptativa en tu sistema límbico.

Tu parte infantil adaptativa casi siempre es una representación de una amalgama, una mezcla de tus diferentes maneras de reaccionar a la intrusión o al abandono que sufriste en tu infancia. Es muy normal resistirse a la intrusión o al abandono a la vez que lo interiorizamos: asimilas las visiones disfuncionales que te transmitían tanto de ti como del mundo. Esas dos fuerzas (reacción e imitación) se combinan para construir tu parte infantil adaptativa.

Reacción

La tercera ley de Newton es tan cierta en psicología como en física: toda acción genera una reacción de igual intensidad, pero en sentido opuesto. Enséñame la huella y te diré cómo es el dedo. La madre de Tom era intrusiva. No respetaba sus límites, su intimidad, ni siquiera la privacidad de su diario. Ahora Tom evita el amor a toda costa y vive detrás de un gran muro. Janie sufrió abandono por parte de su madre, una madre soltera muy estricta que trabajaba hasta tarde y llegaba a casa demasiado cansada para cuidarla, por lo que su hija debía arreglárselas sola con su mundo emocional. Janie ahora se aferra a su nuevo novio como si fuera su bote salvavidas.

11. Tolstói, *Anna Karenina*, pág. 1.
12. Winnicott, «Theory of Parent-Infant Relationship».

Vuelve a mirar el gráfico del trauma porque quiero que te fijes en algo:

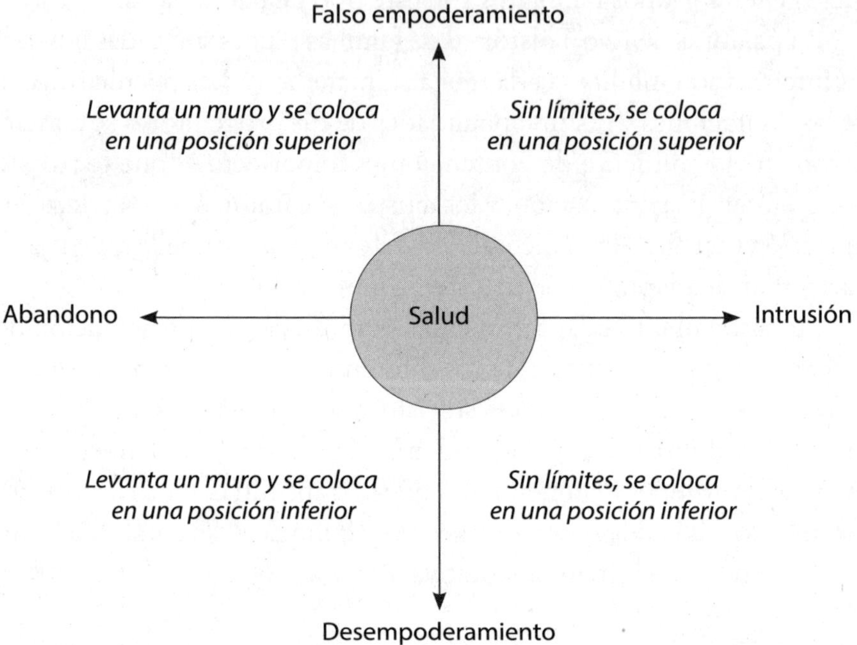

Fíjate en que cada tipo de trauma tiende a provocar una reacción opuesta en la parte infantil adaptativa. Tom tuvo una madre intrusiva (sin límites) y ahora se protege detrás de un gran muro. Él no es intrusivo con su pareja ni sus hijos, sino lo contrario, está creando un trauma por abandono. Y lo mismo sucede con Janie, que se sentía abandonada por sus padres (distantes y fríos), y ahora es una mujer muy absorbente en el plano emocional y sufre ansiedad, lo que no creará una situación de abandono, sino lo contrario, una relación intrusiva y agobiante. En modo reactivo, nuestra parte infantil adaptativa tiende a hacer lo contrario a lo que vivimos. La intrusión nos lleva a levantar muros; el abandono nos lleva a la intrusión. Esa es la manera que tenemos de oponer resistencia. Es el rasgo rebelde de nuestra parte infantil, que se niega a aceptar lo que le han dado.

Aun así, la reacción es solo la mitad de la ecuación.

Imitación

Mientras que la reacción al trauma tiende a resistirse a este, el segundo modo en el que construimos a nuestra parte infantil adaptativa, la imitación, suele interiorizarlo.[13] Todos hacemos las dos cosas. Cuando una persona sufre un trauma en su juventud, reacciona a él y también lo repite. Cuando imitamos un comportamiento, nos identificamos en ciertos aspectos con el agresor. En la imitación, no te resistes a las costumbres disfuncionales de tu familia, simplemente las repites. Te ves con los mismos ojos con los que te veían los demás e interiorizas ese comportamiento inadecuado como algo normal. Y así, esa grandiosidad descarada va pasando de generación en generación, hasta que alguien en esa familia tiene la suerte y el valor de hacerle frente y cambiar las cosas.

¿Qué puedes hacer para transformar esa herencia? ¿Qué puedes hacer para pasar a la siguiente generación una serie de automatismos y de herramientas mejores que los que te dieron a ti en tu infancia? El trabajo hay que hacerlo ahora, aquí, en el momento presente. Detente un momento y respira profundamente. La próxima vez que notes que la temperatura emocional empieza a subir, pregúntate: «¿Cuál de mis partes está al timón ahora mismo?». La parte infantil adaptativa es la que suele aparecer cuando algo nos remueve. Se trata de un estado del yo inmaduro, que dejó de crecer en el momento en que se originó la herida (ya fuera por intrusión o abandono). La mayoría suele entrar y salir de estos estados con mucha frecuencia. Muchos de los pacientes con los que trabajo conocen a su parte adulta sabia, esa parte que entiende las relaciones, la visión del nosotros. Aun así, hay gente que viene a mi consultorio y no tuvo mucha relación con ella, y suele ver las cualidades extremas de su parte infantil adaptativa como algo bueno.

13. Frey, «Stockholm Syndrome»; Dewey, «Stockholm Syndrome»; Danylchuk y Connors, *Treating Complex Trauma*; De Bellis y Zisk, «Biological Effects of Trauma»; Perry *et al.*, «Childhood Trauma».

Quiero pedirte que observes un momento a tu parte infantil adaptativa y te centres en tu relación de pareja actual. Olvida por unos instantes la relación que tienes con tus compañeros de trabajo o con tus hijos, olvídate de tu yo de hace diez años y piensa en quién eres ahora en esta relación. ¿Sueles colocarte en una posición superior, con un sentimiento de grandiosidad, o en una inferior, en la que sientes vergüenza e inferioridad? ¿Tu parte infantil adaptativa suele insistir y agobiar, o más bien es evitativa? ¿Tienes clara la postura disfuncional que sueles adoptar y la que suele adoptar tu pareja?

En mi libro *The New Rules of Marriage* [Las nuevas normas del matrimonio], identifico estas cinco estrategias de fracaso a las que suele recurrir nuestra parte infantil adaptativa:[14]

- Querer tener la razón.
- Controlar a la pareja.
- Expresarse sin límites ni filtros.
- Tomar represalias contra la pareja.
- Distanciarse de la pareja.

Detente a pensar qué estrategia es la que usa tu parte infantil adaptativa e intenta identificar la de tu pareja. Un día que estén de buen humor, los animo a que jueguen juntos a adivinar las estrategias; se la pasarán bien. La idea es decirle a la otra persona lo que piensas y comparar sus opiniones. A ver si se conocen tanto como creen.

Algo que diferencia la terapia de vida relacional de otros tipos de terapia es la atención que ponemos en la grandiosidad en las parejas. Durante más de cincuenta años, la psicoterapia se ha desvivido por ayudar a las personas a superar los sentimientos de vergüenza e inferioridad. Pero ¿qué pasa con el otro extremo del trastorno de la autoestima? Hasta el momento lo hemos hecho muy mal con las personas que tienen un complejo de superioridad y gran-

14. Real, *The New Rules of Marriage*, pág. 293.

diosidad. La superioridad y la inferioridad son dos caras de una misma moneda, y la mayoría de la gente sufre ambas. En nuestra cultura solemos unir los dos extremos, ya que vemos la grandiosidad como una defensa para tapar el sentimiento de vergüenza. La gente que maltrata tiene heridas muy grandes. Algo que tenemos muy claro es que si alguien aprendiera a querer y a sanar la esencia de sus inseguridades, los comportamientos y pensamientos que denotan su grandiosidad desaparecerían solos. Pero a ver quién lo consigue... Hay dos tipos de personas que creen firmemente que cuando abracemos al niño o a la niña herida que llevamos dentro, la grandiosidad se desvanecerá: las mujeres codependientes y los psicoterapeutas.

La idea de sanar la grandiosidad a través de la aceptación de las heridas infantiles me recuerda a los miles de personas alcohólicas que antes de ir a Alcohólicos Anónimos se hundieron en los sillones de sus psicoanalistas intentando llegar a la raíz de su problema con la bebida. Poder soltar ese mito es uno de los regalos que nos han dado las asociaciones de A. A.: «Señor Martínez, usted bebe porque es alcohólico. No hay más. Así que, antes de ponernos a mirar su pasado, vamos a tratar su alcoholismo». Y yo hago lo mismo; no quiero buscar y buscar por dentro, ni por encima ni alrededor. Yo le digo: «Señor Martínez, tiene problemas de grandiosidad. Vamos a trabajar en ello». Los estudios demuestran que la mitad de las personas diagnosticadas como narcisistas está motivadas por un sentimiento de vergüenza interna.[15] La otra mitad simplemente se creen mejor que el resto. Los rasgos grandilocuentes de superioridad pueden ser una manera de lidiar con el sentimiento de no ser suficiente, pero también puede que sea la respuesta a una crianza de falso empoderamiento.

15. Akıncı, «Relationship Between Types of Narcissism»; Brookes, «Effect of Overt and Covert Narcissism»; Howes *et al.,* «When and Why Narcissists»; Rose, «Happy and Unhappy Faces»; Zajenkowski *et al.*, «Vulnerable Past, Grandiose Present».

El falso empoderamiento, un regalo envenenado

Cuando tenía siete u ocho años, un día me pusieron una mala calificación en la escuela. Estaba muerto de miedo porque, al llegar a casa, tendría que enseñársela a mi padre, que se enojaba por cualquier cosa y que a veces incluso llegaba al maltrato físico. En esos momentos, el conflicto familiar ya estaba teniendo consecuencias en mi comportamiento escolar. Nadie sabía cómo iba a reaccionar mi padre. Esta vez, sin embargo, en vez de enojarse, se echó a reír, tiró la calificación al suelo y me dijo con tono altivo: «¡Lo que pasa es que eres tan listo que estos ineptos no saben qué hacer contigo!». Recuerdo sus palabras como si fuera ayer porque fueron el mantra que me repetí durante toda mi infancia y adolescencia. En el bachillerato, iba a clase un par de días y me parecía bien ir aprobando con suficientes o bajas calificaciones. Al final acabé teniendo que estudiar un año en un centro de estudios superiores para conseguir las calificaciones que necesitaba para entrar en la universidad estatal. Es más, hasta el día de hoy sigo afrontando las consecuencias de las lagunas que hay en mi educación.

Las palabras de mi padre no me hicieron ningún favor. De hecho, este tipo de falso empoderamiento es un tipo de maltrato. Sí, el incesto es maltrato; contarle a tu hijo o tu hija tus problemas matrimoniales también, y ponerlo en un pedestal como el héroe o la heroína de la familia para que ilumine e inspire a los demás, también es un tipo de trauma.

Si tú o alguien a quien quieres están luchando con problemas de grandiosidad, te voy a pedir que te dediques un momento para abrir un poco el corazón. Intenta visualizarte a ti o a tu pareja en su infancia. Nadie quiere que le inculquen delirios de grandeza, es algo que te cae encima por culpa del falso empoderamiento y, por lo general, se suele aprender al seguir el ejemplo de una figura parental con ese mismo comportamiento. Acuérdate de que, mediante la reacción, rechazamos la manera en la que nuestra familia nos veía y, a través de la imitación, interiorizamos esta idea.

Mientras me formaba como terapeuta familiar, descubrí lo que eran las herencias transgeneracionales. Los primeros pioneros en el campo de la terapia familiar se dieron cuenta del traspaso de heridas tan faulkneriano que se hacía entre generaciones.[16] El tatarabuelo era un alcohólico, la abuela también, la madre se casó con un alcohólico, y un largo etcétera. Violencia, fobias y adicciones sexuales... parecía que todo se llevaba en la sangre. Aun así, hasta que di con el trabajo de Pia Mellody no entendí el mecanismo real de estas transmisiones: las herencias transgeneracionales se van pasando de generación en generación a través del trauma.[17] Cuando mi padre se echó a reír y me dijo que mis profesores eran unos ineptos, me estaba pasando su legado de grandiosidad, lo quisiera yo o no.[18] Cuando me pegaba con el cinturón de pequeño, hacía que su depresión y su vergüenza se metieran en mi cuerpo con cada golpe, y así me animaba (a menos que yo trabajara duro para evitarlo) a comportarme como él. Cuando se enojaba, yo me convertía en el recipiente de su ira y me desempoderaba, aunque a la vez me generaba un falso empoderamiento a través de la imitación.

Freud entendía todos los síntomas neuróticos como el punto medio entre la expresión y la represión de los impulsos ilícitos.[19] Yo veo a nuestra parte infantil adaptativa como el punto medio entre la interiorización del sistema familiar en el que hemos crecido (la imitación) y el rechazo de este sistema (la reacción). Lo que diferencia a tu parte infantil adaptativa, tu versión única de la mentalidad del «tú y yo», es en gran parte una respuesta al trauma que sufriste. ¿Te abandonaron en el plano emocional porque eras tan increíble y lo hacías todo tan bien que no necesitabas ayuda? (En ese caso te abandonaron y te criaron a través del falso empoderamiento). ¿Sufriste abandono emocional porque tus padres tenían cosas más importantes que hacer que cuidarte? «Acabo de prepararme esta bebida y voy, cariño». (En este caso, te

16. Bowen, *Family Therapy in Clinical Practice*; Whitaker y Malone, *Roots of Psychotherapy*; Boszormenyi-Nagy y Framo, *Intensive Family Therapy*.

17. Mellody, Miller y Miller, *La adicción al amor*.

18. Si quieres saber más sobre el tema, lee el libro de Real, *I Don't Want to Talk About It*.

19. Freud, *History of Psychoanalytic Movement*.

abandonaron y te desempoderaron). ¿Alguno de tus padres te usó para ensalzarte y convertirte en la niña de papá o el marido que le gustaría tener a mamá, mientras te decían lo especial que eras? (Tuviste una crianza intrusiva basada en el falso empoderamiento). ¿Quizá te regañaban y te controlaban muchísimo? (Resulta que tuviste una crianza intrusiva y desempoderadora). ¿Acaso te relacionabas con cada figura parental de formas muy diferentes? Eras la princesita de papá (intrusión y falso empoderamiento) y el mayor incordio y la enemiga de mamá (intrusión y desempoderamiento).

Reacción e imitación: cómo funcionan juntas

Muchas criaturas ven respuestas diferentes de cada uno de sus progenitores. En esos casos, el niño o la niña elige: ¿debería ser un martillo como papá o un yunque que aguanta los golpes como mamá? La mayoría imitará a la figura con la que más se identifique, con aquella a la que se sienta más unida (no tiene por qué ser la de su mismo sexo), y reaccionará a la otra figura de una manera muy similar a la que reacciona su pareja.

De niño, Ryan tuvo una madre intrusiva y un padre introvertido y pasivo, así que aprendió que la mejor manera de responder cuando su madre lo intentaba controlar era a través de la resistencia pasiva, igual que su padre. Imitaba el comportamiento de su padre para reaccionar frente a la intrusión de su madre. Ahora, ya de adulto, instintivamente, se pone la coraza cuando su pareja intenta crear más intimidad porque interpreta esas situaciones como una intrusión. Lo que pasa es que ve a su pareja con los lentes del amalgamiento que tuvo con su madre y reacciona con las tácticas de imitación (inconsciente, por lo general) que le ofreció su padre. Esta doble estacada le da forma a nuestra parte infantil adaptativa: rechazamos con la reacción e interiorizamos con la imitación.

Si viviéramos siempre en la mentalidad del «tú y yo», nos iría de maravilla en la vida profesional, pero nuestras relaciones serían un completo desastre. Por suerte, las personas somos más complicadas y tenemos más capas. Desde el momento en que recibo por primera vez a alguno de mis pacientes, mi trabajo consiste en abrirme paso entre los mecanismos de defensa, las certezas y los miedos de su parte infantil adaptativa, y en conectar con la parte adulta sabia para despertar su mentalidad del «nosotros». Lo difícil es que la única parte que quiere crear intimidad de verdad es la adulta; las partes infantiles lo que quieren es protegerse de la vulnerabilidad que les supone conectar. Sabiendo esto, ¿me puedes decir con qué parte de ti estoy hablando? ¿Qué parte de ti está leyendo esto ahora mismo?

Yo les digo a mis pacientes que cada vez que su niño o niña interior haga un berrinche, que lo sienten en su regazo, que lo abracen, que escuchen con compasión lo que les tienen que decir, y después podrán quitarle las manitas del volante. No son ellos los que llevan el coche, sino que eres tú, con tu corteza prefrontal, la parte adulta sabia.

Cuando mi mujer Belinda se me acerca enojada, tomo a mi parte infantil adaptativa, el Terry de ocho añitos, y en mi cabeza, lo aparto y lo pongo detrás de mí, para que pueda agarrarse bien de mi camisa si se asusta. Además, le prometo algo para que se quede tranquilo; le digo: «Tú quédate aquí y yo te protejo. Seré como Superman y pararé el golpe con mi capa. Ya me encargo yo del enojo de Belinda». Así, el dolor o la molestia que trae mi mujer tendría que atravesarme para llegar hasta mi parte infantil adaptativa. «Yo te prometo que te protegeré, y tú, a cambio, me tienes que prometer que no te meterás en medio. Que no vas a intentar enfrentarte a Belinda, ¿de acuerdo? Sería un caos. Yo sé cómo tratar con ella mejor que tú».

Si esta forma de hablar y de imaginar a tu niño o niña interior te desagrada un poco, te pido que recuerdes que imaginarse o personificar a tu parte infantil no es más que invocar un estado del yo reactivo y traumatizado que se creó con la edad en la que te hicieron la herida. Es la personificación del punto en el que tu desarrollo se frenó en seco. Como ya dijimos, el trauma no se recuerda, sino que se revive. Un hombre al que su mujer le grita no recuerda el niño de once años al que le pegaban, sino que los gritos reactivan su trauma. Enseñar a una persona a gestionar a su niño o niña interior cuando algo lo conecta con su herida es una manera útil y fácil de trabajar con sus estados de trauma activados. Fomentar la práctica continua de reconocimiento de estos estados (las criaturas que llevamos dentro) y trabajar con ellos nos permite transformar a las personas y sus relaciones.

Hay momentos en los que nuestra pareja se une a la causa y trabaja también su parte. En otros momentos nos sentimos muy solos en nuestro camino hacia esa madurez tan difícil de alcanzar. Nuestra pareja no da su brazo a torcer, dado que su parte infantil adaptativa tomó el control y no parece que tenga ninguna intención de conectar con nosotros. Me encantaría poder decir que busques el apoyo de otras personas en esos momentos de crisis para que te den consejo y sostén, como quizá sí sucedería en algunas culturas más tradicionales. Sin embargo, me temo que, en nuestra sociedad individualista, es más probable que la gente simpatice más con la parte infantil adaptativa que con el intento sensato de crear intimidad.

La sociedad de Occidente lleva siglos premiando el individualismo, ya desde los albores del Renacimiento. Esa fuerte tendencia a ir hacia lo individual y evitar las relaciones ha proliferado enormemente en la psicoterapia y, de hecho, en todos los métodos de crecimiento y desarrollo personal. Desde los albores del movimiento de crecimiento personal en la década de 1970, el crecimiento personal se ha basado en el crecimiento del individuo, no en el crecimiento de las relaciones. Hasta ahora nos hemos centrado en el contexto familiar y de desarrollo de las heridas y la adaptación.

Parémonos un momento y analicemos la sociedad individualista y narcisista en la que vivimos.[20] ¿Cuándo, dónde y cómo le dimos la

20. Lasch, *Culture of Narcissism* (trad. cast.: *La cultura del narcisismo: La vida en una era de expectativas decrecientes*, Capitán Swing, Madrid, 2023); Putnam, *Bowling Alone* (trad. cast.: *Solo en la bolera. Resurgimiento de la comunidad norteamericana*, Galaxia Gutenberg, Barcelona, 2002).

espalda a la capacidad de relacionarnos? ¿Cuándo empezamos todos como colectivo a dar más valor a las habilidades individuales de nuestro hemisferio izquierdo que a la sabiduría relacional e intuitiva del derecho? La idea del individuo, como cualquier otra idea, se puede enmarcar en un momento concreto de la historia. Nos ofrece muchas ventajas, pero también conlleva muchos problemas. Puede que la clásica imagen del vaquero estadounidense, alejándose en el horizonte en mitad de un atardecer con nada más que su pistola y su caballo, tenga su encanto, pero no encaja en absoluto con la vida moderna; ahora incluso puede parecer algo casi arcaico.

Hasta ahora hemos analizado las fuerzas del desarrollo y de la familia que forjan nuestra mentalidad del «tú y yo», nuestra parte infantil adaptativa. Ahora profundizaremos en la cultura para entender por qué es tan difícil mantener relaciones sanas en un mundo antirrelacional, sin herramientas y tremendamente individualista.

CAPÍTULO 4

El individualismo en casa

—Ya no sabemos qué hacer —me dice Brit al empezar nuestra primera sesión. Esta mujer blanca de treinta y tantos años, de cuerpo robusto y fuerte, tiene la cabeza ligeramente desplazada hacia delante, como si un viento fuerte la empujara desde atrás—. Ya probamos con tres terapeutas y seguimos igual de infelices.

Su marido, Jim, un hombre del estado de Carolina, también blanco y con un aspecto físico envidiable, se deja caer en la silla y cruza sus largas piernas. Va vestido muy elegante, se nota que es un señor de la cabeza a los pies.

—Siempre acabamos igual. Empezamos con algo pequeño y se nos va de las manos —me dice—. Es horrible.

—Una pesadilla —añade Brit, para darle más dramatismo.

—Bien —les contesto—. Explíquenme un poco más.

—¿Qué prefieres? —me pregunta Brit con una amable sonrisa—. ¿Que te hable de la teoría crítica de la raza o de los problemas que tenemos con los pañales?

—¿Porque el problema es el mismo? —deduzco que está queriendo decir.

—Todo es por lo mismo —me confirma, impaciente.

Miro a Jim, que nos escucha con atención.

—Bueno —le digo a Brit—. Pues empecemos por los pañales.

—No los cambia. Ni siquiera los toca —me explica.

—Bueno, a ver... —empieza a decir Jim mirando hacia otro lado.

—¿Alguna vez...? —empiezo yo.

—Nunca —me contesta Brit antes de que pueda acabar la pregunta—. Ni una vez. Ni siquiera cuando su mujer estaba enferma con fiebre.

—Mira, cariño...

—Ni siquiera cuando creíamos que yo tenía COVID —sigue insistiendo Brit y subiendo el volumen.

Jim se queda allí sentado, confundido.

—¿Cómo te sientes al escuchar esto? —le pregunto a él, por fin.

—Bueno, la verdad es que ya lo oí antes —me contesta, dándome una respuesta sincera, pero restándole importancia.

—No me estás respondiendo a lo que te pregunté —insisto.

Entonces se gira para mirarme fijamente.

—Ya lo he oído antes —me repite, plantándose en su postura—, muchas muchas veces.

Y empiezo a entenderlo mejor, a ver cómo afronta las situaciones, a ver de qué está hecho, como diría mi padre. Me dan ganas de darle un guantazo para que cambie esa cara inexpresiva que tiene, en la que se entremezclan la rebeldía y el sufrimiento; es una respuesta que tiene muy ensayada para expresar su papel de hombre indignado.

—¿Puedo hablar? —me pregunta, sin necesidad alguna.

—Por supuesto, adelante.

—Mire —me dice—. Sí, tenemos dos peques, y dan mucho trabajo, sin duda. Pero no nos faltan recursos: tenemos una casa grande y, si Brit necesita ayuda, la puede conseguir en un santiamén. Pero que no me pida a mí...

—Este buen hombre —me explica Brit— dice que no se le dan bien los niños.

Jim sonríe con timidez.

—Es que no conecto con ellos —se intenta justificar—. Cuando crezcan, ya será otra cosa, pero ahora son... bebés. Es probable que los deje caer y se hagan puré.

—Lo dudo, cariño —lo contradice su mujer, aunque sin mucho convencimiento, como si ya no creyera que la fuera a escuchar y ya eso ni siquiera le hiciera daño—. Jim es de la vieja escuela. Es un hombre chapado a la antigua, un hombre de los pies a la cabeza, no tiene ningún interés en deconstruirse.

Jim suelta un resoplido, entre cansado y divertido.

—Entró en la residencia de la Universidad de Harvard con su equipo de pesca y un rifle —sigue—. «Por aquí no se pesca ni se caza, ¿o qué?» —se burla.

—¿Qué te hizo elegir Harvard? —le pregunto a Jim—. Habría dicho que habías ido a Duke o...

—Quería conocer otros mundos. —Me lo dice también con una gran sonrisa, aunque se le nota más tenso y su expresión es menos amable que la de Brit—. Ver cómo vivía la otra mitad.

Al decir eso, casi me guiña el ojo. Señala hacia arriba con el dedo, como diciendo «ya sabes... la otra mitad, los del norte», y después voltea hacia su mujer y le pone la mano en la pierna, como marcando su propiedad.

—Pero al final acabé trayéndome un trozo del norte a casa —me explica, todavía sonriendo.

Brit aprovecha la oportunidad para decirme:

—Quizá crees que esta tensión es por la rivalidad entre la bandera roja y azul de Estados Unidos, pero en realidad yo creo que aquí el problema va de azules y grises.

—¿Y pasa lo mismo con la teoría crítica de la raza? —me aventuro a preguntar.

—Es que no me gusta que nadie desprestigie a Estados Unidos —exclama Jim.

—Y eso incluye a cualquiera —lo interrumpe Brit— que recuerde que esclavizamos a millones de personas durante cientos de años...

—Yo no niego la historia —intenta argumentar con calma su marido.

—O que el racismo sistemático sigue colándose en prácticamente todos...

—¿Ves? Ahí es donde nuestros puntos de vista chocan —le dice.

Y entonces, para mi disgusto, los dos se callan, lo que sin duda es una recreación de lo que hacen cuando están solos. Los tres nos quedamos allí callados durante unos segundos que parecen horas. Me planteo qué hacer en este punto y decido lanzarles una pregunta.

—¿Esto es lo que pasa en casa?

Los dos levantan la cabeza.

—¿Se pelean así y luego se callan?

—Cada uno se va a su rincón —me explica Jim.

—Y nos odiamos en la distancia —añade Brit.

Ninguno de los dos se mira. Ni siquiera me miran a mí.

—Tengo derecho a que me traten de forma civilizada —masculla Jim a nadie en particular, quizá a un jurado invisible en alguna parte. Se muestra taciturno y lleno de resentimiento.

—Y yo tengo derecho a expresarme. ¿Para qué estar juntos si no podemos ser honestos el uno con el otro? —le replica Brit.

Individualismo: rudo y romántico

La fuerza que deforma de manera tan sustancial, e incluso amenaza, el matrimonio de Jim y Brit no es nada más ni nada menos que la cultura del individualismo. Y no solo el individualismo en sí, sino dos versiones distintas y, en cierta manera, opuestas. Jim es lo que se conoce como un «individualista rudo».[1] Este tipo de individualismo surge directamente de la filosofía de la época de la Ilustración, de los escritos de Thomas Hobbes y John Locke, de las mismas raíces filosóficas que las de la Revolución estadounidense y poco después la Revolución francesa. La doctrina del derecho divino de los reyes desapareció para siempre y se sustituyó por la idea de un contrato social, en el cual el Gobierno quedaba al servicio de las personas y no al contrario. Y cuando digo «personas», estos autores hablaban de una unidad que

1. Hoover, «Principles and Ideals».

no había existido en épocas anteriores: el individuo con independencia y autodeterminación.[2]

Una persona y no una cualquiera, sino una persona que nace con ciertos «derechos inalienables». «A la vida, la libertad, la búsqueda de la felicidad», estos y otros derechos quedan reflejados en la declaración de independencia de Estados Unidos y en la declaración francesa de los Derechos del Hombre y del Ciudadano. Sin duda, estos derechos, la esencia de las personas, no se daban por sentados en épocas anteriores.

Según uno de los primeros y más importantes observadores de la democracia moderna, el aristócrata francés Alexis de Tocqueville, «la aristocracia conecta a todo el mundo, desde el campesino al rey, en una larga cadena. La democracia rompe esa cadena y libera a cada eslabón».[3] Cuando cada eslabón —refiriéndose a «cada hombre», ya que las mujeres no estaban incluidas en esa democracia— consigue su libertad, ¿qué puede hacer exactamente con ella?[4] Pues puede «perseguir su propio objetivo». Pero ¿qué principio lo guía? ¿Qué moral?

La Ilustración arrasó con la autoridad de la fe que se había impuesto en el camino y trajo los nuevos dioses de la razón, la ciencia y el empirismo, además de convertir al individuo en una unidad política: el individualista rudo independiente. Poco después, se generó una segunda ola de individualismo en Alemania que llegó a extenderse por

2. Hinchman, «Idea of Individuality», pág. 773; Binkley, *Concept of the Individual*; Locke, *Two Treatises of Government* (trad. cast.: *Segundo ensayo sobre el gobierno civil*, Unión Editorial, Madrid, 2022); Lukes, *Individualism*.

3. Tocqueville, *Democracy in America*, pág. 508 (trad. cast.: *Democracia en América*, Alianza Editorial, Madrid, 2017); Arieli, *Individualism and Nationalism*, cap. 10; Lukes, *Individualism*, pág. 26.

4. «La autodeterminación individualista y la interpretación social, sin embargo, impiden que el hombre pueda apreciar realmente hasta qué punto su libertad, su independencia y su felicidad dependen de los sacrificios no correspondidos de las mujeres». Turner, «American Individualism and Structural Injustice». Si quieres leer más sobre los temas del individualismo y la libertad, te recomiendo que consultes: Beres, «Commentary»; Grabb, Baer y Curtis, «Origins of American Individualism»; Winthrop, «Tocqueville's American Woman».

toda Europa.[5] Mientras que la mayoría de los pensadores de la Ilustración se centró en lo abstracto y lo general, esta nueva corriente ponía el foco en lo concreto y lo personal. El movimiento conocido como el Clasicismo de Weimar, liderado por el gran Johann Wolfgang von Goethe, abrió paso a un nuevo tipo de individualismo que era más emocional que racional, más artístico que científico. La época del individualismo romántico había empezado.[6] Goethe dijo: «Todo lo que tiene vida tiende hacia el dolor, la individualidad, la especificidad, la efectividad y la opacidad. Todo lo que se aleja de la vida se acerca al conocimiento, la abstracción y la generalidad».[7]

La estética romántica emergió, como un reto del hemisferio derecho del cerebro, arremetiendo contra la inhumanidad y la lógica incansable propia del hemisferio izquierdo. En las fábricas de pegamento de Francia, por ejemplo, despedazaban vivos a los caballos que iban a sacrificar.[8] Los gritos de las bestias se veían como meras exhalaciones de aire y gas que salían propulsados de sus cuerpos. Quizá el filósofo moderno más intelectual, René Descartes, había demostrado valiéndose de la lógica que los seres humanos eran los únicos seres sensibles, por lo que era imposible que estos animales sintieran algo.

Si en la Ilustración el individuo «pensaba», el individuo romántico «sentía». En 1774, con la novela de Goethe *Las penas del joven Werther*[9] surgió un nuevo ideal: el hombre capaz de mostrar un sentimiento profundo, una gran sensibilidad.[10] Los individualistas rudos como

5. Bellah, *Habits of the Heart*; Hinchman, «Idea of individuality».

6. Beiser, *Romantic Imperative* (trad. cast.: *El imperativo romántico*, Sequitur, Madrid, 2018); Berlin y Hardy, *Roots of Romanticism* (trad. cast.: *Las raíces del romanticismo*, Taurus, México, 2015).

7. Goethe, *Wisdom and Experience*, pág. 134; Goethe, *Zur Farbenlehre* (trad. cast.: *Teoría de los colores: las láminas comentadas*, Editorial GG, Barcelona, 2019).

8. Serge Sobolevitch (Universidad Rutgers), conversación personal con el doctor, enero de 1974.

9. Dye, «Goethe and Individuation», págs. 159-172; Goethe, *Sorrows of Young Werther* (trad. cast.: *Las penas del joven Werther*).

10. «El objetivo primordial de la educación estética, ya sea en la tradición romántica o leibniziana-wolffiana, era la cultivación de la sensibilidad. Normalmente

Jim creen en el código del individualismo, en la reivindicación de los derechos inalienables de la persona. Por el contrario, a los individualistas románticos como Brit no los mueve el individualismo, sino la expresión única de la individualidad, con lo que entienden y manifiestan la «genialidad» particular y única de cada persona.[11] Ahora diríamos algo así como que las personas quieren descubrir su voz y poder expresarla.[12]

¿Y qué tiene que ver todo esto con los pañales y el problema de Jim y Brit?

Mientras los escucho, me doy cuenta de que los hombres de la generación de mi padre no solían tener problemas si decían: «No conecto con los bebés». Sin embargo, he de admitir que hacía muchos años que no escuchaba a un hombre intentar poner esa excusa para desentenderse de la crianza de sus hijos. En parte, supongo que debe de ser algo regional: en Massachussets, de ideología liberal, no suele haber muchos señores de mentalidad más clásica. Sin embargo, yo estaba acostumbrado a trabajar con pacientes de todas partes. Cuando Jim se negaba a ayudar a su pareja aun cuando estaba en apuros, aunque no lo expresase así, estaba defendiendo sus derechos como individuo, luchando contra lo que él entendía como una represión de su libertad a hacer lo que quisiera, como si satisfacer las necesidades de su familia fuera una obligación. En el mundo de Jim, Brit había ocupado el lugar del gobierno general, mientras que Jim formaba

---

contrastada con la razón, la sensibilidad se definía en un sentido muy amplio para incluir la fuerza del deseo, de las emociones y de la percepción. La premisa subyacente al programa de la educación estética era que la sensibilidad era algo que podía desarrollarse y pulirse con disciplina de igual manera que se conseguía con la razón». Beiser, *El imperativo romántico.*

11. «El individualismo expresivo afirma que cada persona tiene una parte emotiva e intuitiva única que debe buscarse o ser expresada si es que se quiere ejercer la individualidad de la persona». Bellah, *Habits of the Heart*, págs. 333-334. Véase también Lukes, *Individualism*, págs. 30-33; Siedentop, *Inventing the Individual*; Simmel, *Sociology of Simmel*; Vareene, *Americans Together.*

12. Gilligan, *In a Different Voice.*

parte del movimiento del *Tea Party*. Y ser miembro de un partido así puede ser difícil.

Y luego estaba el problema con el porche. La casa de Jim y Brit, en Charleston, está situada en una colina cerca del puerto y siempre se queda maltrecha después de la temporada de huracanes. Las mallas protectoras de aluminio que protegen las puertas están destrozadas y Brit le pidió a su marido que las arreglara. Jim, a quien se le dan bien estas cosas, podría arreglar los desperfectos, pero prefiere esperar a que lleguen unas nuevas de acero inoxidable de alta calidad para cambiarlas todas de golpe. Evidentemente, a Jim no le importa esperar. Tampoco parecen importarle los mosquitos, ni que su mujer esté llena de picaduras y rojeces. Como las puertas del porche no la protegen de los insectos, Brit le pidió a Jim que, hasta que arregle el porche, entre y salga de casa por la otra puerta y que no utilice la del porche. Él, por su parte, se compromete a hacerlo así, pero luego se le olvida una y otra vez.

Me animo a realizar una inmersión en la infancia de Jim, ya que tengo mis sospechas. Si fuera director de cine, a esta exploración la titularía *Jim hace lo que le da la gana*.

—Jim, ¿tienes una teoría de por qué le dices a tu mujer que vas a hacer algo, como quitarte los zapatos, o entrar y salir por la otra puerta, y luego se te olvida completamente? Eres un hombre inteligente, ¿qué crees que es lo que pasa?

Él se encoge de hombros sin parecer muy intrigado. La indiferencia que demuestra conmigo en la sesión confirma la descripción que Brit me da de su actitud en casa, una especie de despreocupación paternal sin malicia, un rechazo sutil y suave.

En este punto, si yo no hubiera estado ahí, Brit lo habría presionado para intentar sonsacarle una respuesta. Ella aún no ha entendido que si quieres que alguien se abra, no lo conseguirás atacándolo. Brit es la definición de una niña que se enoja para conseguir lo que quiere y que lo expresa a través de la queja. Cayó presa de la tercera estrategia del fracaso: expresarse sin límites ni filtros. «Hoy hiciste esto. La semana pasada hiciste lo mismo. Acuérdate de lo mal que lo hiciste el año pasado. Me hiciste daño. Estoy destrozada. Es que siempre... Nunca...».[13]

Creo que los dos tienen signos de grandiosidad a su manera. Él de una manera más pasiva, y ella, más evidente. Mi mujer suele decir: «Ojo con los hombres "buenos" que tienen mujeres "malas". Al final resulta que son asesinos». Los gritos, los insultos, así como echar la culpa o intentar ridiculizar a la otra parte son formas de maltrato relacional, pero también lo es llegar a un acuerdo y romperlo una y otra vez, como hace Jim. Este es un patrón muy común entre las parejas heterosexuales, en las que el hombre es pasivo-agresivo y la mujer es extremadamente explosiva.

En general, las mujeres con grandiosidad son incluso más difíciles de tratar que los hombres con el mismo problema. No siempre, pero sí en muchos casos, estas mujeres saben muy bien cómo atacar desde la posición de la víctima: «Me hiciste daño, así que no me avergüenzo ni voy a tener miramientos a la hora de devolvértela aún con más fuerza porque yo soy la víctima».[14] Las mujeres con grandiosidad suelen actuar desde el papel de la víctima enojada, adoptando el rol de un ángel vengador indignado, que tiene toda la razón del mundo para estarlo. Son un caso difícil para los terapeutas porque, a menos que el terapeuta vaya con mucho cuidado, enfrentarse a una mujer con grandiosidad puede convertirlo en su nuevo abusador.

A menudo confronto directamente a los hombres con grandiosidad: «Eres un maltratador verbal», les puedo decir. «Vociferar, gritar, ridiculizar a alguien son distintas maneras de maltratar verbalmente. ¿Qué sientes al escuchar esto?». Sin embargo, con las mujeres suelo buscar una manera más sutil. Recuerda: cualquiera puede asestar un golpe a su paciente con la verdad, pero un terapeuta que conecta a través de la verdad acompaña al paciente y lo ayuda a ver dónde se salió del camino. Para aceptar la confrontación del terapeuta, el paciente debe sentir que este está de su lado. Eso es lo que queremos

13. Real, *The New Rules of Marriage*; Real, *Fierce Intimacy*.
14. Mellody, formación «Post-Induction Training».

decir cuando hablamos de «conectar con él/ella».[15] Y lo mejor que puede hacer un terapeuta para que la mujer con grandiosidad se sienta escuchada es enfrentarse a su pareja para demostrarle que puede ayudarla.

Así pues, decido centrarme en Jim.

Jim hace lo que quiere

—¿Cómo fue tu infancia? —le pregunto—. ¿Eras la estrella, el héroe?

—Pues no lo sé...

—¿O eras el rebelde sin causa? —sigo—. Puede ser tanto una cosa como la otra.

—La verdad es que nunca le he dado muchas vueltas...

—Lo que quiero saber, Jim, es si hacías lo que te daba la gana.

Se me queda mirando.

—En tu casa —añado—. Cuando eras pequeño.

—Pues... no —consigue decir finalmente después de pensarlo unos segundos—. De hecho, en mi casa eran muy estrictos. Mis padres eran muy religiosos.

—¿Dónde vivían? —le pregunto.

—En Charleston —me responde Brit—. Heredó el negocio familiar y está consiguiendo un gran éxito.

—¿Evangélicos? —le pregunto, centrando mi atención en Jim.

De nuevo me dedica esa mirada.

—¿Renacidos?

—Sí —me contesta—, y estrictos.

—Y con prejuicios —añade Brit.

Jim hace un pequeño mohín.

—Sin duda era una familia tradicional. Se notaba de dónde eran y la época en la que crecieron, pero no estaban locos como los de ahora. Quiero decir, que no creían que los demócratas fueran por ahí vendiendo niños.

15. Real, «Matter of Choice».

—¿Y eran padres restrictivos?

—Sí.

—¿Y uno ejercía más control que el otro?

—Mi padre era una presencia más de fondo. Mi madre era la que no me dejaba en paz.

—¿Y qué hacía?

—Pues lo normal, supongo —dice con un tono altivo—. Me gritaba, me tiraba cosas, me pegaba...

—¿Te pegaba?

Jim asiente.

—¿Con qué?

Me observa sin expresión durante un segundo y luego vuelve al presente.

—Con lo que tuviera a mano: un cinturón, un palo, un zapato.

En este punto noto que empieza a agitarse.

—¿Te vino alguna emoción concreta?

Jim niega con la cabeza.

—Sigamos —me ordena con cansancio e impaciencia.

—¿Y dónde estaba tu padre? ¿Por qué no te protegía?

—Estaba fuera. Siempre estaba en el trabajo, en la iglesia o con sus amigos. Era listo, mantenía las distancias. Salíamos a cazar y a pescar juntos de vez en cuando.

—¿Y cuando estaba en casa?

—Ignoraba a mi madre —me dice—. Estaba en sus cosas e ignoraba todo lo demás.

«Todo lo demás —repito para mis adentros— incluyendo a su hijo».

—¿Bebía?

—No mucho.

—¿Drogas?

—Tampoco.

Me acerco a Jim y nos sostenemos la mirada durante unos segundos.

—Te botó —le digo— y tuviste que arreglártelas solo con tu madre.

—Uf... hizo algo mucho peor —me confiesa con esa tensa sonrisa.

—¿Qué quieres decir?

—Vamos, hombre —añade, haciendo una mueca—. Tú eres el terapeuta.

Le doy unos segundos.

—Me dejó con ella, sí, pero también me enseñó algo, ¿no? Me enseñó a lidiar con ella.

—¿Podrías ser más específico? —le pido.

—Le daba todo lo que quería, mentía cuando era necesario y siempre ponía una sonrisa y asentía, pero por dentro nunca cedía. —Me mira, y en sus ojos veo una mezcla de superioridad y desesperación—. ¿Me explico mejor ahora? —añade con ironía.

—Las mismas estrategias que ahora usas en tu matrimonio.

Asiente.

—Y —ahora que ya se soltó va a decir algo que lo va a meter en la boca del lobo— cuando me veo en el mismo tipo de situación en la que me exigen sin sentido...

—Jim, detente un segundo —le digo con la mano en alto para que me escuche bien.

A mi izquierda, Brit empezaba a enojarse, pero cuando le pongo un alto a Jim, parece que se calma.

—De acuerdo, Jim —le digo—, te voy a hacer un par de preguntas cuya respuesta creo que ambos sabemos. Primero, ¿cómo respondes cuando Brit se queja por algo que hiciste? —Noto como el enojo de Brit vuelve a resurgir y me corrijo—. Cuando te dice que es infeliz.

—Bueno —baja la mirada—, al principio intento ser razonable...

—A ver si esto te recuerda algo —interrumpe Brit con enojo—. Te pones a la defensiva, me tratas como si fuera una mala mujer por molestarte como si no valorara todo lo que me das a mí o a los niños. Sí, es verdad, y sí, te estamos muy agradecidos, pero ese no es el problema.

—¡Yo lo que no veo —exclama Jim, indignado— es que realmente haya algún problema!

—¡Este —exclama su mujer—, precisamente este es el problema: tu superioridad, tu desprecio, tu sarcasmo! —El enojo de Brit sigue en aumento—. ¡Esta actitud pasivo-agresiva de mierda!

—Está bien, Brit —intento decirle para que se calme.

—No, la verdad es que no está bien. —Ya no hay marcha atrás—. ¿Y sabes lo que de verdad no está nada bien?

—¿Tener que escuchar tus quejas día y noche? —replica Jim.

—¡Por Dios! —Brit está furiosa.

—Puedo intentar ayudarla —le digo a Jim—, pero tienes que dejar de meter el dedo en la llaga.

—¿Meter el dedo? No estoy...

—Estás discutiendo con ella —le explico—. En vez de escucharla, estás...

—No creo que...

—¿Y ahora te vas a poner a discutir conmigo sobre la discusión?

Jim suelta un resoplido de indignación, pero luego se relaja, me mira y sonríe.

—Te puedo enseñar a calmarla y a ser el hombre bueno y compasivo que sé que también eres. ¿Te interesa?

—De acuerdo —me dice con esa sonrisa forzada aún en la cara.

¿Y QUÉ PASA CONMIGO?

Jim y Brit se encuentran en una espiral infinita porque piensan en ellos como si fueran dos personas independientes en vez de entender que son un equipo. Jim no escucha a Brit; él adopta una postura pasivo-agresiva para negarse a hacer lo que ella le pide, porque, al igual que su padre, es alérgico a que su mujer o alguien lo controle. Aunque no lo admita, o ni siquiera lo sepa ver, su mantra es: «No te atrevas a pisarme». O quizá: «Vive libre o muere». Y resulta difícil vivir con un hombre que basa su vida en una creencia tan tajante y unidimensional. Quizá le cuesta verlo así, pero, para los individualistas rudos como Jim, lo importante son sus derechos, sus libertades: por eso cambiará o no cambiará pañales según su voluntad; por eso entra y sale de su casa por donde le da la gana. Es la personificación del individualismo rudo de la era de la Ilustración. No le gusta que nadie le diga que tiene que ponerse un cubrebocas, odia que el gobierno general malgaste su dinero y detesta que su mujer se pase el día diciéndole lo que tiene o no tiene que hacer. A Jim lo que le importa es la justicia, y, desde su punto de vista, lo están tratando de manera injusta. ¿Por qué Brit no puede dejarlo en paz y disfrutar de los frutos que él ha cosechado con su esfuerzo? Y de su cuenta bancaria.

—¿Te das cuenta —le pregunto— de que sigues discutiendo? ¿Me permites que te enseñe que las cosas se pueden hacer de otra manera?

Me recuesto en la silla y miro a Brit:

—Elige un tema para hablar, algo que no te guste, algo sin mucha importancia —le pido—. Un detallito.

—Quiero dinero —me suelta—. Mucho.

«Dios mío... empezamos bien», pienso.

—Quiero tener mi propio dinero y abrir un estudio de arte —me explica.

Para mi sorpresa, Jim no se pone a la defensiva, ni muestra desprecio ni intenta discutir. Me mira, sonríe y, para darme una lección en psicología, le pregunta:

—¿Qué significaría para ti tener tu propio dinero? ¿Qué te aportaría abrir el estudio?

«¡Así se hace, Jim! —me digo para mis adentros—. Me alegra ver que puedes demostrar que tienes curiosidad».

—Mira —empieza su mujer—, si quiero cualquier cosa, ya sea grande o pequeña, tengo que pedírtelo. Y luego revisas todas mis tarjetas.

«Te estás pasando», pienso, así que intervengo:

—Brit, ¿me permites que te haga un apunte?

—Por supuesto.

—Verás, es que Jim no te hizo la pregunta para que le digas cómo te sientes ahora que no tienes el dinero. Lo que quiere saber tu marido es qué significaría para ti tenerlo. ¿Ves la diferencia?

Asiente no muy convencida.

—Perfecto —le digo—. Intenta que tu respuesta sea positiva y no te centres en lo que hace mal, sino en cómo te gustaría que fueran las cosas.

Brit se para un momento para pensar y entonces me mira y me sonríe:

—Me acabo de dar cuenta de que me resulta mucho más fácil decir lo que no quiero que lo que sí quiero.

Nos reímos juntos.

—Y aún más difícil es conseguirlo y permitirte recibirlo —le aviso.

Porque si Jim es un individualista rudo de pies a cabeza, Brit es una individualista romántica empedernida que está igualmente cegada por la idea de que tiene que expresar y hacer escuchar su voz única. Si, en el caso de Jim, el valor indispensable para una buena relación es la libertad del individuo, para Brit lo primordial es el ideal romántico de la expresión personal, de la autenticidad, de mostrar «su esencia más pura».

Los individualistas rudos como Jim temen sobre todo la pérdida de su libertad. En cambio, los románticos como Brit van más allá y se sienten con el derecho de compartir lo que piensan y sienten con los demás, de manifestar todo su potencial. Lo que resuena en su interior no es tanto el individualismo como la idea de individualidad: lo que nos hace únicos, nuestra esencia, nuestra personalidad.[16] La peor pesadilla del individualista rudo es que lo dominen; el temor más horrible para el romántico es la resignación a lo establecido, es sentirse atrapado, reprimido y silenciado.[17]

Como un buen individualista rudo, Jim reivindica su derecho fundamental a que lo dejen tranquilo y a perseguir su felicidad a su manera, aceptando que eso puede incluir o excluir el cambio de pañales. En cambio, Brit, una individualista romántica, está comprometida a encontrarse a sí misma y, además, a ejercer su derecho fundamental a dejarle claro a Jim lo que piensa de todo y cómo le hace sentir. Los dos

16. Bellah, *Habits of the Heart*, págs. 333-334; Beiser, *El imperativo romántico*; Lukes, *Individualism*, págs. 30-33; Simmel, *Sociology of Georg Simmel.*

17. Bellah, *Habits of the Heart*, págs. 75-80.

luchan por sus derechos individuales con pasión y se olvidan del conjunto. Y eso nos lleva a un hecho histórico fundamental: hace siglos, sin importar qué tipo de individualista fueras, rudo o romántico, el mero hecho de considerarte un individuo implicaba que eras blanco, hombre y rico. Las mujeres y los niños no eran individuos. Los esclavos, los pobres, la gente de otras razas... ninguno de ellos era considerado individuo. En el momento en el que se originó el concepto, el término «individuo» era sinónimo de «nobleza».[18]

La inconsciencia del privilegio

Jim no considera que pertenezca a un club exclusivo. Cree firmemente que cualquier estadounidense debería tener las mismas posibilidades y que, en general, esto es así. Muchos hombres que encajan en la misma etiqueta del individualismo rudo son víctimas de lo que llamo la «inconsciencia del privilegio». Como la mayoría de este colectivo, Jim se limita a ignorar la existencia de aquellos que quedan excluidos. Como se considera un ser independiente, ni siquiera se da cuenta de lo mucho que depende de su asistenta sudamericana que prepara todas las comidas, del jardinero afroamericano que cuida sus flores o del «inmigrante» que limpia la calle. Jim valora a las personas que trabajan para él; las trata bien, e incluso tiene gestos amables con ellas. Sin embargo, la cuestión es que no las ve como individuos. No es consciente de cuánto depende de esas personas o de la opresión diaria a la que están sometidas. Cuando sale a correr por el barrio sin miedo a que la policía lo detenga o le dispare, no se da cuenta de que su rutina es un privilegio por ser blanco.

18. «La individualidad, después de todo, es un lujo solo disponible para la casta dominante. La individualidad es la primera distinción que le falta al grupo estigmatizado». Wilkerson, *Caste*, pág. 142 (trad. cast.: *Casta: el origen de lo que nos divide*, Paidós, Barcelona, 2021). Puedes leer también Beres, «Commentary».

Como deja claro en las siguientes sesiones, Jim entiende la sociedad como una meritocracia. Si luchas por lo que quieres, podrás conseguirlo. Si vales, llegarás a lo más alto. Si tienes éxito, es porque te lo ganaste y, si no lo tienes, es porque algo estás haciendo mal (quizá te falta motivación, no eres lo suficientemente inteligente o te falta alguna otra habilidad). Los hombres como Jim creen en lo que se conoce como el sueño americano: el mito del hombre que puede conseguir lo que quiere, como si todos partiésemos de la misma base, como si los problemas derivados del sexismo, el racismo y el clasismo se pudieran, y se debieran, superar simplemente con determinación. Podríamos decir que no tenía el corazón sentimental de un debilucho de izquierda.[19]

Brit, la individualista romántica de este matrimonio, una mujer llena de emociones, sí que era sentimental. Las personas con dificultades, las que no pueden votar, sí, ella sí empatiza con ellas y «siente su dolor». Sin embargo, en el plano neuronal, como observó el biólogo Robert Sapolsky, la respuesta de empatía y la de acción son dos circuitos psicológicos claramente diferentes y separados el uno del otro.[20] Aunque Brit conecta con el dolor de quienes tienen menos privilegios, desgraciadamente eso no implica que vaya a hacer mucho por la causa. Durante años, a los progresistas como Brit los han apaciguado y acostumbrado a la autocomplacencia. La mayoría creyó que nos encaminábamos hacia la igualdad social, que, aunque no fuera perfecta, permitiría avanzar lo suficiente como para que un hombre negro acabara en la Casa Blanca, como para defender los derechos de las mujeres y reconocer el matrimonio homosexual. Y, de pronto, llegó el año 2016. Y no solo pasó en Estados Unidos, sino que lo mismo se ha ido extendiendo por todo el mundo: nacionalismo dirigido por hombres duros, racismo y xenofobia... Trump, sin duda, pero también

19. Gerth y Mills, «Introduction», págs. 59-60; Gustavsson, *Problem of Individualism*; Turner, «American Individualism and Structural Injustice».

20. Sapolsky, *Compórtate*, cap. 14.

Boris Johnson, Viktor Orbán, Recep Tayyip Erdoğan, el resurgimiento de la derecha en Alemania, y la supremacía blanca de Estados Unidos.

Puede ser tentador decir que el individualismo rudo de la política de la Ilustración se convirtió en la derecha moderna, mientras que el individualismo romántico expresivo sería ahora la izquierda. Aun así, eso no sería del todo cierto. La reticencia de Jim a ponerse el cubrebocas durante la pandemia es un ejemplo de la confluencia entre sus «derechos» y su visión política de «derechas». Sin embargo, la conexión entre el individualismo romántico y la política de izquierdas no es tan obvia. La celebración de la individualidad en el caso de, por ejemplo, la comunidad LGBTQ o el empoderamiento de la mujer es fácil de ver.

Hay otros puntos en común entre el individuo romántico y expresivo y la izquierda, como el rechazo que sienten por la conformidad y sus ganas de rebelarse. Sin embargo, en el fondo, el desarrollo de la individualidad no es una preocupación compartida. El individualismo romántico expresivo no acaba de encajar del todo con la política de izquierdas porque prioriza las necesidades personales por encima de las colectivas. Ni Jim ni Brit creen que su realización personal esté relacionada con su compromiso con la comunidad, a menos que sea su cohorte privilegiada. Ninguno de los dos sale ahí fuera para relacionarse e incluir a los marginados, a los desfavorecidos.

El triunfo de lo terapéutico[21]

En mi época, la década de 1960, surgió una oleada de individualismo romántico expresivo que rechazaba la conformidad y la desvalorización del individualismo rudo de la generación anterior. Para aquellos que lucharon contra la impopular guerra de Vietnam y la amenaza del

21. Dworkin, «Rieff's Critique of Therapeutic»; Rieff, *Triumph of Therapeutic.*

reclutamiento universal, la batalla por la libertad de expresión iba mano a mano con la crítica política de la sociedad. Cuando acabó la guerra, el ejército de voluntarios se centró en los pobres y las minorías, con lo que los privilegiados se quedaron solos.

Al mismo tiempo, hubo un cambio en la gran mayoría de mi generación, que pasó de centrarse en preocupaciones más colectivas a unas más individualistas. El desarrollo personal, el crecimiento, o *Bildung*, como lo llaman los individualistas románticos alemanes, se convirtió en la meta más elevada.[22] Solo hay que ver la popularidad del movimiento de autoayuda y de líderes «motivadores» tan dispares como Werner Erhard, Tony Robbins o John Bradshaw, el auge de la psicoterapia, los innumerables programas de doce pasos. Mi generación cambió el foco de atención y pasó de la acción social al crecimiento personal. Y cuando hablo de «crecimiento personal» es exactamente eso, y no «crecimiento relacional». Le pregunté a mucha gente por todo el mundo: «¿Qué es lo que valoran tanto la cultura general como casi todos los movimientos supuestamente contraculturales?». ¿Te lo digo? Que todos priorizan al individuo.

Como muchos sociólogos y observadores culturales ya se dieron cuenta, el individualismo político de la Ilustración se convirtió en la derecha moderna, mientras que el individualismo expresivo romántico pasó a ser... la parte terapéutica.[23] La izquierda siempre ha surgido para lidiar con asuntos sociales, con los derechos de los trabajadores, de los ciudadanos y de las mujeres. En cambio, el crecimiento personal se centra en la persona y no en el colectivo, como si pudiéramos realizarnos como individuos en un contexto social que le niega ese

22. «No es una exageración decir que el *Bildung*, la educación de la humanidad, era el objetivo principal, la mayor aspiración, de los primeros románticos. Todas las figuras más destacadas de ese círculo tan carismático —Friedrich y August Wilhelm Schlegel, W. D. Wackenroder, Friedrich von Hardenberg (Novalis), F. W. J. Schelling, Ludwig Tieck y F. D. Schleiermacher— veían en la educación su esperanza de redimir a la humanidad». Beiser, *El imperativo romántico.*

23. Bellah, *Habits of the Heart*; Veroff, Douvan y Kulka, *Inner American*, págs. 529-530.

mismo derecho a tantas otras personas. Y así es como el discurso individualista (tanto rudo como romántico) nos aleja de los problemas que nos afectan como colectivo y nos impiden movilizarnos en conjunto. Como bien dice el sociólogo Robert Bellah:

> A falta de un criterio objetivo de lo que es el bien y el mal, lo correcto y lo incorrecto, nuestro yo y sus emociones son lo que se convierte en nuestra guía moral [...]. Lo correcto es simplemente lo que le presenta a la persona el reto más interesante o lo que mejor la hace sentir [...]. La obligación se ve sustituida por la utilidad; la autoridad desaparece para dar paso a la libertad de expresión. «Ser buena persona» se convierte en «sentirse bien».[24]

Así es como la cultura del individualismo minimiza la desigualdad social y prioriza las necesidades de cada persona para que cada una luche por ellas, con lo que se justifica y se reafirma el *statu quo*. Y así hemos estado durante siglos.

Apostar por el bien común

¿Qué podemos hacer para reconciliar el individualismo con el bien común? Los historiadores explican que, al menos al principio de la democracia de Estados Unidos, las personas llevaban una vida que no giraba en torno a sí mismas ni a la nación. Antes de la industrialización, la vida se regía por las costumbres de las pequeñas ciudades, los pueblos y las granjas, lo que los historiadores llaman «comunalismo local» o «colectivismo en un grupo más pequeño».[25] Quizá la gente que vivía codo a codo con sus vecinos podía recordar mejor que, tal como dijo Thomas Paine, «el bienestar general no va en contra del

24. Bellah, *Habits of the Heart*, pág. 77.

25. Grabb, Baer y Curtis, «Origins of American Individualism»; Daniels, «Brief History of Individualism»; Lukes, *Individualism*, pág. 7.

bienestar del individuo. Todo lo contrario, es la suma del bienestar de cada uno. Es el bienestar de todos».[26]

Puede que hubiera sido más fácil adoptar la mentalidad del «nosotros» en una comunidad local en la que uno interactuara con sus vecinos cada día. Sin embargo, la revolución industrial y la expansión de los centros urbanos cortaron esa conexión. Es difícil seguir defendiendo la idea de que una persona no se puede sentir realizada en solitario ahora que tantas personas viven aisladas entre sí. Hoy en día, hombres como Jim, de mentalidad más cerrada, que se aferran tanto al amor declarado hacia la libertad y a los privilegios implícitos de su clase, se enfrentan a una realidad que los desafía más que nunca. Los hijos ahora luchan por seguir su camino y las mujeres como Brit exigen más, tener más voz, más poder para decidir, más democracia. Ir más allá de la mentalidad del «tú y yo», de nuestra parte infantil adaptativa y del individualismo, significa superar siglos de un sistema patriarcal: el privilegio de ser hombre, el racismo, el privilegio de ser blanco, la xenofobia y la homofobia.

Jim podría haber reculado, podría haber intentado imponerse por la fuerza y hacer lo que él quisiera. Pese a todo, al final tomó la decisión correcta y se dio cuenta del precio que hubiera tenido que pagar, y demostró tener la flexibilidad necesaria para cambiar. Se dio cuenta de que no era menos hombre por satisfacer las necesidades de su mujer. Empezó a salir y entrar por la otra puerta.

—¿Por qué? —le pregunto en nuestra última sesión. Y lo que quiero saber es por qué ha cambiado su privilegio de hacer lo que quiera por una actitud más complaciente con su mujer.

Me mira un momento con la mano descansando en el respaldo de la silla de Brit.

—Digamos que es un acto en favor del bien común —me contesta con una sonrisa de oreja a oreja, que no tiene nada de forzada—. ¿De qué nos sirve tener una crisis constitucional en casa?

—Nos escucharon —dice Brit mirando a su marido y le sonríe, negando con la cabeza—. Por fin escucharon al pueblo.

26. Paine, *Dissertations on Government*; Lukes, *Individualism*, pág. 53.

—¿Ya arreglaste el porche? —le pregunto.

—Todo a su debido tiempo —me asegura.

—Lo va a hacer —me confirma Brit, que toma de la mano a su marido.

En cada pareja que viene, la terapia de vida relacional va transformando el patriarcado, va transformando el individualismo. Quiero que dejes atrás el patriarcado y la cultura del individualismo en tu relación, incluso en tu manera de pensar. Si Jim pudo convertirse en un nuevo tipo de hombre fue por deferencia al nuevo tipo de mujer con la que se había casado, una mujer con la que no se aburriría, como me dijo una vez. La historia nos demuestra que perpetuar el individualismo, sea del tipo que sea, implica la supresión de otras voces menos privilegiadas. El apoyo social implícito de estas dos formas de individualismo se hace a través de la clase, el privilegio y la exclusividad. La mentalidad del «tú y yo» se basa en la competición, como si los recursos fueran limitados y reinara la ley del más fuerte. En cambio, la mentalidad del «nosotros» tiene en cuenta el conjunto y reconoce la conexión que tenemos con las personas invisibles, las huérfanas, las exiliadas. En cuanto incorporamos la perspectiva de los excluidos (en este caso, Brit), hay un cambio de prioridades.

Unión o tragedia

Hoy en día, las cosas están cambiando de forma arrolladora y con rapidez. La fuerza de la mentalidad del «nosotros» no puede refrenarse para siempre. No fue la cultura del individualismo lo que llevó a miles de personas blancas a unirse a las protestas, haciendo frente a la policía armada y a una pandemia, para unirse al movimiento de Black Lives Matter (Las vidas de las personas negras importan). Los hombres que se unieron a la manifestación del Día de la Mujer en Washington no lo hicieron por individualismo, ni tampoco las personas heterosexuales que celebraron el Orgullo.

Antes de firmar la Declaración de Independencia, Benjamin Franklin dijo con ingenio: «Debemos mantenernos unidos, o nos colgarán por separado».[27] Dadas las limitaciones de su época, la mentalidad del «nosotros» de Franklin empezó y acabó con una oligarquía formada por hombres blancos nobles con tierras. Quizá si hubiera nacido en esta era, también hubiera incluido en su «nosotros» al resto de los hombres, a las mujeres y a las personas no binarias, sin importar el color de su piel, su religión, su procedencia, su identidad de género o su orientación sexual. Porque la visión del «nosotros» implica un compromiso con la unidad, y también la lucha, siglos más tarde, por conseguir una verdadera democracia. Democracia entre las personas de los colectivos, democracia en los matrimonios, en nuestras familias y en nuestra mente. La democracia no como un ideal, sino como un principio básico, una práctica personal, un mapa para saber cómo vivir nuestra vida. La democracia es la cura a esa enfermedad persistente de la humanidad: la gran falacia de que un colectivo o alguien puede ser mejor que otro, la falsa idea de que alguien puede ganar o perder desconectado de los demás.

Una vez que parejas como Jim y Brit empiezan a pensar priorizando la relación, se dan cuenta de que si uno gana y el otro pierde, ambos pierden. Cuando dejamos atrás mitos individualistas como la supervivencia del más fuerte y somos plenamente conscientes de nuestra interdependencia, entendemos que nuestra determinación por negar que estamos conectados tiene consecuencias tanto para aquellas personas a las que se niega esta conexión como para las personas que la niegan. El precio que hay que pagar por la desconexión es la desconexión. Si la mentalidad del «nosotros» une, la del «tú y yo» desune, y eso afecta a nuestras comunidades, a nuestras relaciones personales y a nosotros mismos. Como veremos más adelante y profundizaremos en detalle, el legado que nos deja el individualismo es la soledad.

«No soy un mecanismo», escribió el individualista romántico expresivo arquetípico, D. H. Lawrence, en su poema «Sanar»: «Mi dolor no surge del malfuncionamiento del sistema. / Mi dolor procede de las heridas de mi alma, de mi yo emocional más profundo». ¿Y de

27. More, *Benjamin Franklin*, pág. 110.

qué herida está hablando? De un error «que la humanidad decidió santificar».

Y el crítico error que la humanidad ha consagrado es la idea del individuo como un ser independiente, un yo que se antepone por encima de todo, por encima de la naturaleza, por encima de los grupos que marginamos, por encima de las parejas y de nuestros hijos e hijas a los que intentamos controlar por todos los medios, por encima de los demás contra los que competimos y por encima del planeta al que maltratamos. Ese es nuestro mayor error. Si no reaccionamos, seguiremos dejando solo miseria a las futuras generaciones. Si no aprendemos, seguiremos destrozando. El mundo no está hecho para las personas. Las personas estamos hechas las unas para las otras.

CAPÍTULO

5

Empezar a pensar como un equipo

—Te lo digo en serio, doctor —empieza a decirme Rick, aunque ya le he dicho por teléfono que no soy doctor. En nuestra primera sesión, Rick me está respondiendo a la pregunta que suelo hacer al empezar: «Si al salir de la sesión dijeras: "Fue una sesión increíble", ¿qué crees que habrías conseguido?»—. Terry, soy un hombre sencillo —me explica.

Rick es un hombre blanco, lleva el cabello rubio bastante corto y con alguna cana, viste *jeans* y una sudadera, tendrá unos cincuenta años y se le intuye un poco de pancita. Tiene el aspecto del constructor de éxito que es.

—Creo que, para mí, irme satisfecho significaría que, entre tú y yo, de alguna manera, habríamos conseguido que tuviera sexo.

Hago una pausa y analizo bien a la persona que me acaba de decir esto.

—No tienes la vida sexual que te gustaría —deduzco con brillantez.

—No, no —me corrige—. Mi vida sexual es estupenda, pero la tengo solo, y de vez en cuando, tengo suerte y mi mujer se une. —«Ahora es cuando suenan las risas enlatadas», pienso, pero antes de poder contestarle, se acerca un poco más y añade—: Y tiene que ser mucha suerte, ¿me entiende?

Le pregunto por qué cree que su mujer, Joanna, se ha ido alejando y ya no tiene relaciones con él.

—Si decimos que «se ha ido alejando» —murmulla— estaríamos implicando que alguna vez le interesó el tema, ¿no? —Se encoge de hombros—. No tengo muy claro si antes tampoco le gustaba —me dice estirando los brazos con las palmas hacia el cielo.

»A ver, al principio es verdad que lo hacíamos como conejos —continúa—. Pero la cosa tardó poco en irse al diablo, hace ya años. ¿Sabes esa teoría de que si metieras un garbanzo en un frasco cada vez que tienes sexo durante el noviazgo y sacases un garbanzo del frasco cada vez que tienes sexo durante el matrimonio, jamás quedaría el frasco vacío? Pues eso...

—Sí, creo que la he oído alguna vez —le digo para interrumpirlo—. A ver, Rick, se nota que tú eres un hombre reflexivo, así que piensa y dime: ¿por qué crees que Joanna ya no quiere tener relaciones contigo?

—Bueno... —me contesta—. La pregunta del millón. ¿Por qué ya no tenemos sexo? Pues, como te decía, creo que nunca le gustó demasiado el asunto. Creo que no tiene muchas ganas, que no le interesa el tema.

—Es fría —le digo para transmitirle lo que me llega.

—Bueno...

—En el tema sexual —aclaro.

—Bueno, como toda su familia, su madre. Yo tengo una familia enorme, somos italianos. Siempre hay gritos y peleas, pero todo se acaba solucionando y, al rato, ya nos estamos dando abrazos y besos. O sea, que nos pasamos el día con el «te quiero» en la boca. En cambio, a Joanna se le nota a la legua que es de una familia blanca protestante anglosajona. De Mainline, Filadelfia. ¿Cómo les llaman? ¿«Los elegidos de hielo»? Allí no verás muchos cariñitos. O sea, son fríos, sí. Toda la familia es igual.

Ahí, sentado al lado de Rick, no me cuesta mucho darme cuenta de que padece un caso grave de TIC, es decir, un trastorno de individualismo crónico. Mientras lo escucho, pienso que, como muchos otros hombres y mujeres que vienen a verme, es un esencialista. Rick cree que su mujer es una persona fría sin más, que está en su naturaleza. Y, ¿qué crees?, sospecho que cuando la conozca a ella voy a oír una historia bastante diferente...

—Que se vaya al diablo —empieza Joanna.

—¿Perdona? —le pregunto. Lleva un vestido caro, el cabello y las uñas bien arreglados. Sin duda parece una señora de Mainline, pero esa boca...

—Que se vaya al diablo —me repite para que me quede claro—. Cuando vino, de seguro se estuvo quejando de nuestra vida sexual, ¿verdad? Lo conozco. Se queja cada vez que puede.

—Bueno...

—Y que yo soy una frígida y ya, ¿no?

La dejo que se desahogue.

—Es que a ver... ¿quién dice cosas así ya? «Frígida»... —resopla—. ¿Quién lo usa ya...? ¿Cuándo fue la última vez que lo...?

—La verdad es que ahora no recuerdo... —intento escabullirme.

—Vamos —me dice como si nada—. Lo conozco perfectamente. Hace como si no tuviera nada que ver con él. El muy cabrón...

Por dentro, me estoy riendo con lo directa que está siendo, igual que su marido. Son de mundos muy diferentes, pero en realidad se parecen bastante. Me quedo con la expresión de «como si no tuviera nada que ver con él».

Ahora su resoplido acaba convirtiéndose en risa:

—Terry —empieza a decirme.

«Ay, dios mío —pienso—. Ahora es cuando me llama doctor».

—Mira —empieza, como diciendo «esto es lo que pasa»—, Rick es malísimo en la cama. Para empezar, está bien dotado, ya me entiendes, así que me tengo que relajar, tengo que estar tranquila y calentar motores. Pero para él, el previo es decirme que está cachondo, y yo me quedo como «muy bien, me alegro. ¿Y ahora qué hago yo con esta información?».

—¿Has intentado...?

—¿Qué? ¿Explicárselo? Pues claro, un millón de veces, pero siempre se enoja o se pone a la defensiva, o directamente me ataca y me dice que es mi culpa. Me dice que soy una mojigata, que a lo mejor tengo vaginismo. ¡Vete a la chingada! Vaginismo. Que se meta el vaginismo por el...

—Bueno, sí. Ya tengo una idea —le digo para que no siga.

—Es un inmaduro —masculla.

—¿Cómo dices?

—Que es un niño pequeño —me repite, esta vez subiendo el tono.

Y ahora creo que llegamos a la imagen esencialista que tiene Joanna de su marido, de quién es como individuo. Si ella es una frígida «sin más», él es un niño «sin más». Eso es lo que son, sus personalidades, así se comportarían de entrada con cualquiera. Ninguno de los dos lo sabe, pero ambos se equivocan.

—Si yo pudiera hacer que Rick fuera un mejor amante —le planteo—, ¿te gustaría...?

—A ver, soy humana. Soy una mujer. Quizá él no lo sabe, pero he... —empieza, pero recula y pierde la fuerza para acabar la frase.

Vuelvo a tener sesión individual con Rick antes de empezar el trabajo de pareja conjunto. Y cuando lo veo, le digo con una gran sonrisa: «¡Tengo buenas noticias!».

Las buenas noticias, lo que yo sé, pero ellos no, es simplemente que están conectados, lo que pasa es que cada uno está sentado en el extremo de un subibaja. Rick es el que pesa más y le está gritando a su mujer que baje; se lo pide, intenta persuadirla e implorárselo de mil maneras. De lo que me doy cuenta es de que ninguno de los dos ve el subibaja, ve que hay algo que los une. El hombre, que pesa más, que quiere que su mujer baje de las alturas, lo intentó todo, excepto levantarse y cambiar su propia posición.

Cuando dos personas se ven como dos individuos independientes, cuando se tiene la mentalidad de «tú y yo», entramos en un modelo de control lineal: o Rick controla a Joanna, o ella lo controla a él. Cuando nos abrimos a la visión del «nosotros», somos conscientes de otro nivel: el conjunto ecológico de la relación. Es como una cuarta dimensión:

en vez de intentar convencer a la mujer para que baje, el grandullón se impulsa para subir.

En el modelo individualista lineal en el que vivimos la mayoría, la postura que establecemos en nuestras relaciones suele ser pasiva: te toca lo que te toca y luego reaccionas. Las cosas cambian por completo cuando nos damos cuenta de que no tenemos por qué sentarnos a esperar en nuestras vidas ni en nuestras relaciones. Resulta que podemos decidir en lo que respecta a lo que recibimos. Podemos cambiar a la mentalidad del «nosotros» y aprovechar las herramientas relacionales que aprendimos y desarrollamos.

Rick no «consigue» que Joanna se acueste con él. A no ser que te apunten con una pistola, es decir, que te coarten directamente, creo que nadie «consigue» que otra persona haga algo. Excepto en casos extremos, la idea del control unilateral es una falsa ilusión. E incluso en estos casos extremos, si la coacción no funciona, es imposible que una persona controle a otra. Nos lo enseñó Gandhi, y Martin Luther King Jr. perfeccionó esa estrategia hasta convertirla en un arte. La desobediencia civil puede derrocar un imperio. Si estás dispuesto a morir por algo, nadie puede controlarte. La idea del control unilateral es, en gran parte, una falsa ilusión, parecida a la de que somos individuos independientes. De todas formas, creer en cualquiera de estos dos engaños gemelos tiene unas consecuencias muy reales.

Tienes la verdad a tu lado

Rick, por lo que parece, tiene un extenso manual de instrucciones con todo lujo de detalles sobre el funcionamiento de Joanna. Cada mañana se levanta con él y, al irse a la cama, lo vuelve a dejar en la mesita de noche. Y, por supuesto, cuando entra en mi consultorio a una de nuestras sesiones también lo trae.

—Dios mío... —me suelta Joanna mientras escanea mi consultorio con la mirada, intentando encontrar algo que le guste, aunque parece que no lo logra—. Luego, cuando acabemos, a lo mejor nos empastan una muela.

—Yo también me alegro de verte —la saludo con una sonrisa.

—Ay, perdona. No quería ofenderte, ¿eh? —se apresura a decir.

—No me lo tomé a mal, no. —Entonces los miro a los dos y les digo—: A ver, los dos me han comentado que les gustaría sentirse más unidos.

—¿Eso te dije? —me pregunta Joanna.

—Lo que yo te conté es que... —empieza Rick.

Levanto la mano para interrumpirlo.

—Más unidos físicamente, sí, pero me puedo imaginar que a los dos también les gustaría sentirse más unidos en todos los sentidos.

—Yo no entiendo muy bien... —apunta Joanna.

Pero la vuelvo a frenar.

—¿Qué me dirías si te doy los pasos necesarios para volverte a ganar a Joanna y reavivar su vida sexual? —le pregunto a Rick.

—Pues que adelante, claro —me dice, mirando de reojo a su mujer—. ¿Qué montaña tengo que subir?

—Vete al diablo —le suelta Joanna.

—Calma, por favor —le pido, y parece que se relaja. Entonces me giro de nuevo hacia su marido—. Aunque no le falta razón, ¿sabes?

—¿Qué? —salta Rick.

—Estamos abriendo una puerta para solucionar las cosas, ¿no?

—Bueno...

—Tengo buenas y malas noticias, Rick. ¿Cuál quieres que te dé antes?

—Me da igual —me contesta.

—Bueno, pues las buenas primero. Creo que te puedo ayudar.

—Genial —me dice—. ¿Y las malas?

—Quejarse y hacer caras no es sexi.

Rick tiene un don para lo que yo llamo «hacer un Henny Youngman». Por si no lo conoces, este hombre era un humorista neoyorquino con una frase muy célebre: «¡Que alguien se lleve a mi mujer, por favor!». Rick se ha colocado en el papel de la pobre víctima que sufre a manos de su mujer, una postura muy común en los hombres. Si lo escuchas a él, el mensaje que te llega es: «Pobrecito de mí, mira con lo que tengo que lidiar». Dicho de otra manera, solo piensa en él, no en ellos como pareja. Fíjate bien a ver si encuentras la diferencia entre estas dos frases: «¡No me quiero quedar sin sexo para el resto de mi vida!» y «los dos nos merecemos tener una buena vida sexual. Te extraño. ¿Qué podemos hacer como equipo para mejorar la situación?».

«¿Qué podemos hacer como equipo?». Dios mío, no es una pregunta que solamos escuchar muy a menudo en terapia. Como un buen individualista rudo de la época de la Ilustración, Rick no piensa en Joanna ni en los dos como pareja. Su prioridad es defender sus derechos, ¡maldita sea! Y se siente orgulloso de luchar por lo que merece, aunque para ello se esté cavando su propia tumba.

Qué diferente es decir: «Quiero más sexo» y «necesitamos crear una vida sexual sana». Pasar del egoísmo a la conexión, del «yo» al «nosotros». Da igual qué escuela o qué técnica utilicemos, el as que tenemos en la manga los buenos terapeutas es la mentalidad del «nosotros».

—De acuerdo, Rick —empiezo—, entonces a ti te gustaría que compartieran más en su vida erótica, ¿no?

—Sí —contesta con desgano.

—Todo este tiempo has intentado cambiar a Joanna —sigo—. Pero ¿qué te parecería si te doy algunos trucos que puedes hacer tú para conseguir lo que quieres?

—Bueno... ¿como por ejemplo?

—Para empezar, ser más amable —le contesto—. Quiero decir, que no te quejes tanto y demuestres interés, curiosidad.

—¿Interés por qué?

—Por la mujer con la que vives —le aclaro.

Me mira, confundido, sin saber muy bien si ofenderse o no.

—Lo que quiere, lo que la excita, lo que le gustaría que le hicieras para relajarse y ponerse en situación.

—¿Ponerse en situación? Estás jugando, ¿no? A ella lo que la prende es pintarse las uñas mientras lee una revista.

Me quedo en silencio unos segundos y lo miro:

—Creo que quizá estaría bien que te quitaras esa costumbre —le digo con seriedad.

—¿Qué costumbre? —me pregunta con tono bravucón. Ahora ya parece que sabe que esta conversación no le está gustando demasiado.

—La de reírte a costa de ella.

—¡Ay, vamos! —me dice para intentar minimizar el asunto—. ¿Y entonces de qué me burlo?

Pero ni Joanna ni yo nos reímos de su chistecito.

—Si tanto la quieres —le digo, como le tengo que repetir a un montón de hombres cada semana—, si la deseas de verdad, conquístala.

Se queda helado, aunque la verdad es que a mí no me parece tan difícil de entender.

—¿Cuándo fue la última vez que tuviste un gesto romántico con ella? —le pregunto—. ¿Qué haces para crear el ambiente? —Al escuchar este comentario, Joanna directamente se echa a reír. Dudo que eso lo ayude, pero intento ignorarlo y continúo—: Lo siento, Rick, pero no eres el primer hombre que viene aquí diciendo que quiere más sexo.

—Sí, claro, pero es que...

—Mira, una vez vino un hombre, muy guapo, la verdad, pero Dios mío... Le pregunté qué hacía antes de acostarse con su mujer y me dijo que «nada». Claro, y yo le seguí preguntando: «Pero ¿la besas, la acaricias, le dices cuánto la deseas?». Nada. «Pero algo haces, ¿no?», le insistía. Al final le dije: «Vamos, tienes que hacer algo para que ella sepa que quieres hacerlo, ¿no?». A lo que me respondió: «Ah, claro, eso es fácil. Yo normalmente duermo en calzoncillos y las noches que quiero algo me los quito». ¿Sabes qué le dije? «¡Dios mío, pues con eso la tienes que hacer sentir como una diosa, sin duda!».

Rick no necesita escuchar más, así que voltea hacia Joanna y le pregunta:

—¿Quieres que haga algo más? —le pregunta.

—Ay, Dios, Rick —le contesta ella, burlándose, como si le faltara el aliento—. ¿Dónde has estado estos quince años?

—Joanna, está intentando ser atento —la interrumpo—. Te hizo una pregunta clara.

Joanna deja escapar un suspiro. Por lo que parece, ella también sabe interpretar muy bien el papel de víctima.

—De acuerdo —acepta y voltea hacia su marido—. Sí, Rick. Me gustaría que hicieras más.

—Sé más concreta —la animo con calma—. «Quiero más...».

—Más alegría —completa Joanna—. Más... Más amor, carajo. Más... no sé, quiero saber que te importo.

En ese momento se le escapan algunas lágrimas, no muchas. Y puedo ver que le molesta llorar, pero ahí están sus emociones.

—¿Qué sientes ahora mismo? —le pregunto.

—Carajo —suelta—. No lo sé. No sé lo que siento la mitad del tiempo.

—Pero ahora mismo —le insisto—, ¿qué sientes en este momento?

—Es que... —empieza— ¡Me he sentido muy sola! ¡Los dos hemos estado solos, cariño!

Y menos mal que Rick, que está sentado al lado de su mujer y la ve derrumbada, deja de pensar en él durante un segundo y abre su corazón. Se acerca y la toma de las manos, que Joanna tiene cerradas en un puño encima de su regazo.

—Tienes razón —le contesta con ternura—. Parecía que había un desierto entre los dos.

Rick no deja de mirarla mientras le habla.

—¿Y quieres que las cosas cambien? —le pregunto.

—Claro —me contesta, tosco, pero luego se retiene. Mira a su mujer, aún sensible—. Sí —me repite, esta vez con calma y mirándola—. Sí quiero que cambien.

—Pero tiene que cambiar todo, Rick —le puntualizo—. No solo el sexo.

—Todo —repite—. Sí.

Aún está sujetando los dos puños cerrados de Joanna entre sus manos. Por un segundo, me parece que se quitó todas sus máscaras: no está intentando demostrar nada, no hay nada forzado.

—¿Qué hago? —me dice simplemente.

—Esta pregunta es lo más sabio que has dicho desde que te conozco —le digo. Le señalo a sus manos, a las suyas envolviendo con fuerza las de Joanna—. Lo que estás haciendo ahora mismo. Si esas manos hablaran, ¿qué dirían?

Rick se queda mirando a su mujer y le dice:

—Es verdad que te quiero. No solo quiero sexo. Te quiero a ti, Joanna. Antes nos la pasábamos bien, ¿te acuerdas?

Su mujer asiente sin hablar, pero cuando Rick hace el amago de soltarle las manos, ella se las agarra con fuerza para que no se vaya.

—Bueno —les digo, mientras veo cómo se miran el uno al otro, sin soltarse—. Pues ahora sí empezamos.

Quizá no puedas controlar a tu pareja directamente, pero, como aprendió Rick, lo que sí puedes hacer es cambiar tu comportamiento para influir en la manera en que interactúan. A esto se le llama «trabajar en tu relación». Puedes volver a casa después de un largo día de trabajo y molestarte con tu pareja por el caos que hay en casa o puedes entrar con un detalle: unos boletos para el teatro e informarle a la niñera para que se quede con los niños en casa. ¿Qué velada quieres más vivir? Pues ya lo sabes, manos a la obra. Deja de pensar como un individuo independiente y actúa como el equipo que son. La mentalidad del «nosotros» dice: «Juntos podemos». La mentalidad del «tú y yo», en cambio, dice: «Sálvese quien pueda».

¿Estoy a salvo? ¿Y ahora? ¿Y ahora? ¿Y ahora?

¿Qué es lo que hace que te mantengas en tu centro en vez de saltar a la reactividad? Los estudios recientes demuestran claramente que el hecho determinante es la sensación subjetiva de seguridad que tengamos o que nos falte.[1] Recuerda que, más allá de tu conciencia, tu sistema

1. Badenoch, *Heart of Trauma*; Van der Kolk, *El cuerpo lleva la cuenta*; Porges, *Polyvagal theory*; Siegel, *Mindsight*; Tronson *et al.*, «Fear Conditioning and Extinction».

nervioso autónomo está escaneando tu cuerpo preguntándose: «¿Estoy a salvo? ¿Y ahora? ¿Y ahora? ¿Y ahora?». Y así todo el rato. Y la respuesta a esa pregunta es lo que determina qué parte del cerebro y qué sistema nervioso se activan: los que usamos cada día o los que necesitamos en momentos de crisis. El problema es que la crisis de una persona puede que no le parezca nada peligrosa a su pareja. El peligro lo percibe el ojo de quien observa, o para ser más exacto, el cuerpo de tu pareja. Ya no es tan normal que nos persiga un león. En cambio, un insulto, un distanciamiento, una palabra fuera de tono pueden ser suficientes para que nuestro cuerpo sienta que no está a salvo.

No creo que las parejas puedan ofrecer siempre un «sostén» a la otra persona que sea perfecto y seguro en todo momento. Las relaciones también son peligrosas hasta cierto punto, si no, no habría espacio para la vulnerabilidad. ¿Soy valiente si salto sabiendo que me vas a agarrar? Como les digo a mis pacientes, somos mortales y la vida está llena de riesgos. Si quieres mantenerte a salvo a toda costa, no salgas de la cama cuando te despiertes.

Creo que es un craso error que los terapeutas les pidan a las parejas que se conviertan en el refugio del otro en todo momento. ¡Como si pudiéramos prometernos algo así! ¡Que somos humanos, por favor! Claro que nos encantaría poder hacerlo. A todos nos gustaría que nos sostuvieran como necesitamos, que nos recibieran como queremos y que nos entendieran a la perfección. En lo más profundo de nuestro ser, todos soñamos con un milagro, con un dios o diosa todopoderoso que nos complete y nunca nos falle. Pero es justo ese choque entre tu imperfección y la mía, y la gestión que hacemos del impacto lo que da forma a todo esto, la esencia de lo que es la intimidad. «Entre una idea y la realidad [...] cae la sombra», escribió T. S. Eliot en *Los hombres huecos*. Y es ahí en eso en lo que tenemos que trabajar. Hablo mucho con mis pacientes sobre aprender a trabajar con la pareja que tienes en vez de «la que te mereces».

Si se ven cada uno como personas independientes en vez de entender que son un equipo, un organismo, esto hará que intenten culpar a la otra parte y perder el poder de acción. Rick cree que el distanciamiento sexual de Joanna no tiene nada que ver con él; cree que todo es culpa de ella, por ser como es. Pobrecito, o bien tendrá que dejarla, o bien aguantarse con lo que le tocó, claro. Sin embargo, si aprendemos a pensar desde la parte relacional, eso nos abre nuevas vías para actuar y descubrimos nuevas posibilidades. En vez de intentar una y otra vez que tu pareja cambie, puedes probar a interactuar de nuevas formas para intentar cambiar las cosas.

Le doy a Rick una copia bastante manoseada del clásico de 2009 *Ellas llegan primero*, del sexólogo Ian Kerner. Le explico que ese libro asegura que se consigue llegar más lejos con la lengua que con la espada.[2] Con su consentimiento, y con permiso explícito de cada uno para decir que no en cualquier momento, ponemos fecha para que Rick y Joanna tengan una noche para cada uno. En esta cita, intentando hablar lo mínimo posible, cada parte demostrará lo que le gusta que le hagan en la cama. No es una demostración para obligar a nada, sino una presentación de información para que la otra persona sepa lo que le da placer. Sus ganas de aprender para satisfacerla y sus ganas de enseñarle combaten la imagen negativa y esencialista que tienen el uno del otro.

Cuando te ves a ti y a tu pareja como dos individuos que van cada uno por su lado, es como si vieras a tu pareja por el extremo equivocado del telescopio: parece que está lejos, la ves borrosa o te parece patética, o, por el contrario, puedes verla enorme, abrumadora, pegada a ti. En momentos de más tensión, nuestras parejas se convierten en caricaturas de sí mismas, y la relación de repente parece imposible, como si no hubiera esperanza.

La imagen negativa de base

En terapia familiar se suele decir que la mayoría de las parejas tienen la misma pelea durante cuarenta años. ¿Por qué? Porque las mismas partes de cada persona luchan contra las mismas caricaturas de sus

2. Kerner, *She Comes First*.

parejas. A estas caricaturas las llamo «imagen negativa de base» de la otra parte.[3] Por suerte, esta imagen no suele cambiar, sino que se mantiene a lo largo de la relación. Cuando miramos por el lado opuesto del telescopio, cuando nuestra parte infantil adaptativa está al mando y adoptamos la mentalidad del «tú y yo», cuando nos parece que no podemos aguantar más a nuestra pareja, la veremos igual de insufrible que siempre. Es posible que nos torturemos los unos a los otros, sí, pero al menos lo hacemos con cierta consistencia. Y lo bueno es que, una vez que aprendas las herramientas, podrás aprovecharlas a tu favor.

La imagen negativa de base que tiene tu pareja de ti es una caricatura de tu peor versión. No eres tú en tu mejor momento o en un punto neutro. Ni siquiera es un retrato fiel de tu lado más inmaduro, no... sino una exageración disparatada. Dicho esto, salvo en alguna excepción, pese a todo... sigue hablando de ti, no de la persona que tienes al lado.

Te pongo un ejemplo. La imagen negativa de base que tiene Belinda de mí es la de un niño narcisista, cautivador y egoísta en el que no se puede confiar. Y la que yo tengo de ella es que es una bruja amargada, insaciable y controladora. Lo digo así sin tapujos porque sé que este tipo de pareja heterosexual no es para nada la excepción. Siempre le digo a mi mujer, Belinda, que el hecho de que me vea así solo evidencia aún más lo mal que está. No suele hacerle mucha gracia.

Cuando nos enfrentamos a nuestra pareja y se le activó la imagen negativa de base, solemos rechazarla y, por lo general, solemos reaccionar a esa exageración. Como nos duele o nos indigna que nuestra pareja piense así de nosotros, ignoramos el pedacito de verdad que contiene esa exageración. Belinda, al fin y al cabo, está hablando de mí. Nadie me describiría como alguien insaciable y exigente, ni a ella como a alguien egoísta y carismática. Nos conocemos bien, pero está claro que no lo presentamos de la mejor forma.

3. Para más información, véanse: Real, *The New Rules of Marriage*, págs. 83-92; Real, *Fierce Intimacy*.

Cuando Rick dice que Joanna es fría sexualmente y que no muestra interés, tiene razón. Sin embargo, cuando le pone la etiqueta esencialista de persona frígida, se equivoca. Se saca de la ecuación, le echa la culpa a ella y él se queda atado de pies y manos. Como la mayoría de las parejas, ella responde de malas maneras cuando escucha la descripción que Rick hace de ella. «Vete al carajo, yo no soy fría». «No es que no quiera sexo —aclara más tarde en una sesión—. ¡Es que no quiero hacerlo contigo!».[4] La trampa de todo esto es que cuando rechazas con tanta vehemencia la caricatura de ti que te presenta tu pareja, la sensación que da es que no asumes ningún tipo de responsabilidad, lo que no hace otra cosa más que reforzar la mala imagen que ya tenían de ti.

Imaginemos que llego tarde a recoger a uno de mis hijos. A Belinda le importa muy poco que hayan abierto un boquete en mitad de la carretera y que eso haya creado una caravana horrible; como si le digo que dos extraterrestres me dispararon y me poncharon las dos llantas delanteras. Sabe perfectamente por qué he llegué tarde antes de que abra la boca: porque soy un niño cautivador y egoísta en el que no se puede confiar. Ahora fíjate en lo que me pasa a mí cuando ella me ve con su imagen negativa de base: en vez de reaccionar al hecho objetivo de que llegué tarde, me exaspero por su descripción exagerada y le suelto un: «Dios, Belinda, tampoco llegué tan tarde, y tendrías que entenderlo porque...». Pero cuanto más reacciono, más la convenzo de que soy ese niño en el que no puede confiar, lo que a su vez me activa la imagen negativa que yo tengo de ella. Si ella está hablando con un niñato irresponsable, yo la veo como una mujer que se queja hasta el cansancio.. Los dos nos perdemos en el «tú y yo», mientras que nuestras partes niñas adaptativas se jalonean el cabello.

—Solo han sido quince minutos, Belinda. No soy un asesino en serie, ¿okey?

4. Real y Perel, «The Relate 2 Day Workshop».

—Por una vez en tu vida podrías decir que lo sientes y punto. ¿Por qué nunca asumes tu parte de responsabilidad?

Y ahí está, la cosa se nos va de las manos. Nuestras imágenes negativas de base ya se pusieron los guantes de box y quieren pelea. Belinda y yo podríamos irnos a tomar algo mientras ellas se apalean.

No te resistas, relájate

Como el juego atrapadedos chino, que te aprieta más cuando te lo intentas sacar a la fuerza, no conseguirás salir de este lío si te pones a pelear con la imagen negativa de base de tu pareja. Lo que hay que hacer es aceptarla. Podría haberle dicho a Belinda: «Sí, llegué tarde», y punto. Fin de la historia. «Y tienes razón, fui un irresponsable y no es una excepción, lo sé». Eso es una disculpa. Así que ahí tienes el primer consejo para que tu pareja pueda ir cambiando la imagen negativa de base que tiene de ti: cuanto más la rechaces y luches contra ella, más la refuerzas. Cuanto más aceptes y admitas la parte de verdad que hay en la exageración de tu pareja, más posibilidades habrá de que esa exageración vaya disminuyendo. Pruébalo. Baja el escudo, ríndete. La rendición a veces se convierte en la criptonita de esa caricatura.

Cuando sé que una pareja ha trabajado y tiene una base de autoestima y límites internos, los animo a que saquen a la luz las imágenes negativas de base que tienen el uno del otro. Aviso para navegantes: es una estrategia bastante peligrosa con consecuencias que pueden llegar a ser graves. Recuerda no ponerla en marcha sin la asistencia y el apoyo de un *coach* o terapeuta si existe la posibilidad de que tú o tu pareja respondan de manera reactiva, defensiva o volátil. Ten muy en cuenta que la idea es compartir cómo ves a la otra persona cuando ya no puedes más, en su peor versión. Acepta la caricatura que te ofrezcan, porque así el golpe te dolerá menos. Si cada cual es capaz de escuchar lo que dice la otra persona sin empezar a echar humo ni desconectar, se pueden conseguir grandes cosas. Para empezar, el hecho de saber cuál es la imagen negativa que tu pareja tiene de ti puede quitarle gravedad al asunto y darte otra perspectiva. Te ayuda a no tomarte las cosas como un ataque personal y a marcar límites más sanos. «Ah, bueno... ya —me digo cuando tengo un buen día y Belinda se enoja conmigo—. No me está hablando a mí, está enredada con el niño irresponsable en el que no confía». Y sé que no la puedo juzgar porque, en cinco minutos, yo podría estar haciendo lo mismo con la caricatura que tengo de ella.

Ser consciente de cuál es la imagen negativa de base que tu pareja tiene de ti puede servirte de manual de instrucciones, como la brújula que te marca la dirección contraria al lugar hacia donde quieres ir. Sabiendo la visión que tiene Belinda de mí, sé que cualquier cosa que haga y que pueda parecer irresponsable la disgustará. En cambio, si hago algo que es superresponsable («Oye, vi que quedaba poco detergente, así que compré uno nuevo»), le encantará. Puedes amoldar tu comportamiento para adaptarte a lo que tu pareja espera en ti. No es una obligación, pero sí que te da una información muy útil. La apertura y la predisposición que Joanna le muestra a Rick para enseñarle qué necesita en la cama para sentirse bien y sus respuestas a medida que él va aprendiendo debilitan directamente la imagen negativa que tenía Rick de que ella era una frígida. Y de la misma manera, al ver que Rick está más que dispuesto a aprender para complacerla, la visión que tiene Joanna de su marido («es un inmaduro») también se va moldeando con este nuevo comportamiento.

No es extraño que las parejas que se vean como dos personas totalmente independientes tengan discusiones en círculos. Creer que tu pareja es de una manera y ya está te quita el problema de encima y te da poco margen de maniobra para hacer algo al respecto y mejorar la relación. Normalmente, estas discusiones empiezan con algo pequeño y acaban en un pensamiento recurrente («siempre hace...», «nunca me...») y de ahí pasamos a hacer afirmaciones de carácter esencialistas («es una mujer fría», «es un inmaduro»). Llegados a este punto, cuando crees que el problema es la personalidad de tu pareja, lo único que te queda es pedirle que cambie. ¡Buena suerte con eso!

Lo que nos falta aquí es la capacidad de aprender a centrarnos en lo concreto; parece fácil, pero exige esfuerzo. Si mi conflicto con Belinda es que recogí tarde a mi hijo esta vez, hay posibilidades de solucionar las cosas: puedo pedirle disculpas e intentar compensarle lo mejor que pueda. En cambio, si chocamos porque todas las cosas que hago demuestran que soy un irresponsable, ahí ya tengo menos posibilidades para hacer las paces. Si la base de la discusión es que hay una parte de mí que es un niño irresponsable, ¿qué puedo hacer yo ante eso? Dame tu número y, si te parece, te llamo en diez años y te cuento qué tal me fue con el psicoanálisis. Cada vez que pasamos de lo concreto a lo general pierdo la opción a poder hacer algo, me quedo sin posibilidad de acción. Y eso me frustra, me molesta, y solo conseguimos echar más leña al fuego.

Recuerda esto: las acciones funcionales en una relación son gestos que empoderan a tu pareja para acercarse más a ti. Las acciones disfuncionales harán que tu pareja se bloquee. Cuando surge un conflicto, cuanto más te alejes del hecho concreto, más impotencia sentirá tu pareja, y eso no los llevará a ningún sitio. Está bien analizar la relación en su conjunto y trabajar en las dinámicas que vean (cosas del tipo «nos estamos distanciando» o «noto que estás enojado conmigo la mayor parte del tiempo que estamos juntos»). Estos análisis a nivel general están bien, pero solo si nuestra parte adulta sabia está al mando, con nuestra corteza prefrontal bien activa. Grábate esto a fuego: cuando estén en un momento de tensión y no estés en tu centro, no pases de una discusión por algo concreto a análisis más generales de la relación. Igual que no es buena idea procesar temas profundos si bebiste o tomaste drogas, tampoco deberías hacerlo cuando algo hizo que tu herida se abra o que te enojes.

Recuerda tu primera herramienta, la que conecta con el «nosotros», gracias a la cual podrás acceder a todas las demás: el mindfulness relacional. Párate un momento, refréscate un poco la cara, haz un par de respiraciones profundas alargando la exhalación todo lo que puedas o vete a dar una vuelta. Tienes mil opciones, pero intentar arreglar tus problemas de pareja desde tu parte infantil adaptativa no es una de ellas. Antes de intentar solucionar nada, deja que tu parte adulta vuelva a tomar el mando. Pregúntate cuál es la parte que está hablando y qué quiere conseguir. Si la meta que te marcas es llevar la razón, recuperar el control, despotricar, atacar o salir huyendo, párate en seco, pídele tiempo fuera si hace falta y haz lo que necesites para volver a tu centro. Tu objetivo tiene que ser encontrar una solución, pues solo así podrás poner en práctica las habilidades que habrás ido aprendiendo.

Ya me imagino lo que me vas a decir al leer esta propuesta: «¿Y qué pasa si yo hago todo eso y mi pareja sigue siendo un imbécil? ¿Por qué tengo que esforzarme tanto si él...?». Esa voz es otro ejemplo más de tu parte infantil adaptativa. Quizá te parezca injusto, pero si entramos en el debate de lo que es justo y de lo que no, no acabaríamos nunca. Deja de anteponer tus derechos a todo. Deja de comportarte como si creyeras firmemente en el individualismo rudo y recuerda la sabiduría que te da la ecología, no olvides tu biosfera relacional.

Muchas personas sabemos lo que es ver a nuestras parejas obcecarse y reafirmarse en su comportamiento inmaduro mientras nosotros hacemos todo lo posible por mantener la calma. Te felicito y, es más, te voy a dar un consejo: sigue así, no saltes a la cancha con ellos.

Cuando estamos en una relación larga y estable, todos perdemos la paciencia, pero al menos podemos hacerlo por turnos. A esto lo llamo «integridad relacional», que implica que tú aguantas el tipo (parte adulta sabia) mientras tu pareja descarrila (parte infantil adaptativa). No es una tarea fácil, pero fortalece los músculos de la pareja. Si tú te comportas bien y tu pareja responde con amabilidad, ganan todos, ¡qué suerte! En cambio, si tú te comportas bien y tu pareja no, pero aun así consigues mantener a tu parte adulta sabia al mando, a pesar de las provocaciones de tu pareja, podríamos decir que es un mal día para tu pareja, un día regular para la relación y un día estelar para ti. Quizá no hayas conseguido el resultado que querías, pero te mantuviste en la versión de ti que deseas ser.

Darlene y William: las bases de la integridad relacional

—No puedo evitarlo —me dice Darlene—. Maldita sea, es que caigo en la trampa cada vez...

—El mundo está lleno de ilusos —le contesto bromeando.

A Darlene se le escapa una risa divertida y muy contagiosa. Pero la verdad es que William, que está sentado a su lado en el sillón, parece inmune a sus encantos. Ambos rondan los cuarenta años, son afroamericanos, dos personas inteligentes y llenas de energía. Me la paso bien trabajando con esta pareja, pero me imagino que convivir con ellos sería muy distinto.

—William provoca y Darlene explota —sentencia ella.

—No es que tenga que provocar demasiado —contesta él.

—Quizá soy yo, pero siento que con eso ya me provocó otra vez —declara ella y, después de cruzar las piernas, se alisa las arrugas de la falda plateada que lleva.

William se encoge un poco en su sitio. Con los hombros abatidos, parece que está petrificado, herido y enojado, pero no dice nada.

—¿Qué sientes ahora mismo? —le pregunto a William.

—Estoy bien —me contesta.

—No lo dudo, pero parece que estás un poco molesto.

En realidad, parece que está muy molesto, pero algo me decía que era mejor no jugármela y solo decir «un poco».

Se encoge de hombros y mira a Darlene por el rabillo del ojo.

—Estás nervioso por Darlene —le digo, lanzándole mi suposición al ver cómo la mira—. ¿Te preocupa lo que sienta ella?

—Es que... —William lanza un suspiro, estira las piernas todo lo que puede y junta las puntas de sus bonitos zapatos.

—¿William? —pruebo otra vez.

—Es que... —empieza a explicarme— cuando dice que explota lo dice así, como si no pasara nada, pero... —De nuevo vuelve a mirarla con recelo—. Quizá deberías preguntar a nuestra hija.

—¿Perdona? —Darlene lo confronta.

—Ya me oíste —se reafirma William, aunque se encoge y se hunde un poco más en el sillón—. Pregúntale a Serene si a ella le parece que no pasa nada.

—¡Tiene cinco años! —Darlene está empezando a molestarse.

—Ya entiende lo suficiente. —Él no retrocede.

Empiezo a ver la dinámica que hay entre los dos, y la imagen esencialista que tienen el uno del otro. «William pincha y Darlene explota», acaba de decir Darlene, y tiene razón. Por lo que me van contando de su vida personal, me queda claro que Darlene es de armas tomar y William tampoco pone las cosas fáciles. Están atrapados juntos en una espiral que determina sus acciones sin que ninguno de los dos sea consciente de ello.

No te olvides de que, para vivir de manera relacional y ecológica, primero debes aprender a identificar los patrones que se repiten, la dinámica que crean. Es más fácil si lo piensas en términos de «cuanto más... más...». Por ejemplo, cuanto más se enoja Darlene, más pasivo-agresivo se pone William, y viceversa, cuantas más «bombas» suelta William, como dice Darlene, más se enoja ella. Darlene, sin duda, es el centro de atención, pero escuchándolos a los dos no me parece que sea mucho más cruel que su marido, sino que simplemente grita más. Para este matrimonio, y sin duda para sus amistades y familiares, el problema es Darlene: su enojo es desmesurado. Y es cierto, no la excuso, pero voy a dar más contexto.

A principios de la década de 1960, uno de los grandes pioneros de la terapia familiar, Carl Whitaker, pasaba visita junto a un grupo de residentes jóvenes en un psiquiátrico de Cincinnati. Un día visitó a una mujer con depresión que había tenido varios intentos de suicidio. Apenas podía hablar de lo que lloraba. A su lado, su marido, preocupado, intentaba animarla sin rendirse, y le enseñaba unas fotos de sus nietos con una gran sonrisa. A pesar de las frases de consuelo de su marido, la mujer se giró y volvió a su llanto desconsolado. «Todo el mundo se fija en que la mujer llora demasiado —apuntó muy bien Whitaker—. ¿Quién se fija en la sonrisa incansable del marido?».

William está enojado con Darlene, está enojado con ella por estar tan enojado con él. Está enojado porque Darlene «perdió la compostura» delante de su hija. Está enojado porque no puede expresar nada de esto sin que ella se enoje aún más. Sin embargo, todo lo que siente y cree que no puede expresar suele buscar la manera de salir, aunque sea indirectamente. En psicología lo llamamos pasivo-agresividad, y William es un caso de manual porque expresa los sentimientos de los que no quiere hablar a través de comentarios sutiles y quejas no verbales. Suspira, hace muecas, pone los ojos en blanco y camina encorvado como si llevara todo el peso del mundo a sus espaldas. No tengo ninguna duda de la postura que adopta en la relación: es el ofendido sufrido.

En vez de verlos como dos personas diferentes, intento conectarlas por un patrón: William actúa como el padre enojado ante la parte niña enojada y rebelde de Darlene. Esto me da posibilidades de ayudarlos en su relación empleando recursos que ellos no tienen desde dentro de la relación. Por ejemplo, puedo intentar sacar a Darlene de su papel de «la mala». En terapia familiar, a esto lo llamamos «redistribución», es decir, eliges una cualidad o etiqueta que se le puso a alguien (como la maldad) y la cambias.[5]

—William lo hace con sutileza —le digo a Darlene.

—Con muchísima sutileza —me contesta al momento—. Lo hace con calma, con argumentos, y a la vez es tan cruel...

—Dime algo cruel que te haya dicho.

—Me dijo que no me merecía a mi hija —me confiesa mientras se cruza de brazos con indignación.

—Te dije que... —empieza a replicar William, pero Darlene lo mira y él cierra la boca al momento.

Mi experiencia como terapeuta de pareja me hace anotar mentalmente el patrón de todas estas interacciones. Aun así, el cambio no se da si nos quedamos en lo abstracto, o si eliminamos a alguien de la relación, sino que sucede cuando una o ambas personas hacen algo al

5. Papp, *Process of Change*; Silverstein, *Who's Depressed?*

respecto. Teniendo en cuenta la dinámica que tienen, tengo que trabajar con cada uno por separado.

Empiezo con William. Con toda la delicadeza que puedo, le digo que tiene una actitud pasivo-agresiva. Le explico lo que significa y le doy ejemplos concretos de la hostilidad encubierta que observé por su parte en la sesión. No le gusta escucharlo.

—Tengo una teoría —le digo— sobre la gente pasivo-agresiva en general, y sobre los hombres en concreto. En mi experiencia, no he conocido a nadie pasivo-agresivo que no haya crecido en un entorno en el que expresar abiertamente esa agresividad no le supusiera un golpe mucho más duro, ya fuera físico o psicológico.

—Cosa de su padre —me contesta Darlene, negando con la cabeza—. Él era el de los golpes, y los daba fuertes.

William le lanza una intensa mirada, pero ella no se amedrenta:

—Era el tipo más estúpido y cruel del barrio. Era malo.

—¿Sentías que podías expresarte? —le pregunto a William.

—Ni cuando era pequeño ni ahora —contesta, y clava la mirada en el suelo.

—William, mírame —le pido con suavidad y me hace caso—. Tienes que confrontarla —le digo—. Tienes que ser directo. Si quieres, puedo ayudarte. Te acompañaré y te guiaré para que sepas cómo hacerlo. No sabes cómo hacerlo porque de pequeño nadie te enseñó a defenderte con respeto.

Niega con la cabeza.

—Es lo que necesitan para salir de este círculo vicioso. Quiero que seas valiente. Deja de evitar el conflicto: métete en el ojo del huracán. ¿Quieres hacerlo? ¿Quieres aprender a hacerle frente?

Sin tener que decirle nada más, William voltea hacia Darlene:

—Voy a ser directo, ¿de acuerdo? No me gusta cuando nos peleamos delante de Serene. No es bueno para ella. Tienes que detenerte, tienes que dejar de gritar.

No es fácil afrontar nuestros miedos, las expectativas en negativo que nos formamos en nuestra cabeza, y probar algo nuevo sin protección. Admiro su valor y se lo digo.

—Y, a ti, Darlene... —empiezo.

—Lo sé —me corta antes de que pueda seguir—. Él tiene razón.

Me tomo unos minutos para explicarle el concepto del maltrato que supone presenciar escenas así.

—Los niños aún no tienen filtros —le explico a Darlene—, son como organismos abiertos y expuestos a todo. Cuando gritas a William, le da la impresión de que la gritas a ella, porque la recorre entera. Para sanar el trauma, tendría que hacer el mismo trabajo para procesar el trauma que si le hubiesen gritado a ella.

Darlene me mira sin saber qué decir.

—Tenemos muchas opciones: pueden tomarse un tiempo; pueden hacer un curso de gestión de la agresividad; pueden tomar algún tipo de medicina...

—¿Y qué tal si simplemente me callo la boca? —me sugiere ella.

—Quizá tengas que darle un respiro a tu cuerpo en ese momento para conseguirlo —la aviso.

—Bueno, voy a intentarlo.

—Tienen treinta días —le digo—. Treinta días para detener esto o uno de los dos tendrá que irse de casa durante un tiempo.

Me dedica una mirada que me avisa de que quiere decir algo, pero no la dejo y sigo:

—Mientras las cosas no cambien, están traumatizando a Serene y la verdad es que ella es mi prioridad ahora mismo. —Esas son las palabras que la detienen en seco—. ¿Entendido?

—No hará falta que nadie se vaya de casa —me promete. Y así fue.

Al centrarme en el patrón de una pareja, en su dinámica, no le echo la culpa a nadie, pero aun así tengo la libertad de decir las cosas claras. «Decir la verdad para conectar» es la forma que tiene la terapia de vida relacional de abordar la confrontación desde el amor: hacemos de espejo para que se vean esas verdades que duelen y asumimos nuestro papel como mentores y guías. Hacemos frente a esos rasgos y comportamientos difíciles con una mirada amorosa para reforzar el vínculo con los pacientes y la confianza que nos tienen, para que dejen caer así sus resistencias. La confrontación es lo que nos permite conectar más con los pacientes y crear vínculos con ellos. Hay parejas que dicen que quieren aprender a comunicarse mejor o pulir otra habilidad, pero en la mayoría de los casos lo que quieren es un cambio radical en la mente de su pareja, quieren tener a su lado a una persona más abierta a las relaciones.

La terapia de vida relacional cumple la promesa de convertir a las personas de una pareja en seres más capaces en el ámbito relacional. A menudo veo casos en los que alguien se levanta del sillón y deja de actuar de una manera que ha estado ahí toda su vida, y con acompañamiento consigue que el cambio sea permanente. Mi trabajo como terapeuta es ir más allá de la parte infantil adaptativa y conectar con la parte adulta. Esa es la parte con la que tengo que crear un vínculo. Yo veo lo que el paciente aún no puede ver. Por eso le presto mi corteza prefrontal hasta que creemos juntos las nuevas vías neuronales que necesita. Al trabajar juntos, despertaremos al observador u observadora que hay en ti, la parte que lleva las riendas, la que ve con claridad: la parte que puede reflexionar, decidir actuar y cambiar.

Y puede que te sorprendas y hagas grandes avances por tu cuenta sin un terapeuta. Quizá una parte de ti se despierta porque, al leer estas palabras, algo resuena en tu interior.

Piensa por un momento en una relación actual que quieres mejorar, pero no sabes cómo; puede ser tu pareja, por supuesto, pero también puede ser la relación que tienes con los hombres o las mujeres en general, o quizá la relación con tu hija, con un amigo, con un familiar o con una compañera de trabajo. ¿Cuál es la imagen negativa de base que tienes de esa persona? ¿Te parece dominante o hay un muro entre ustedes? ¿Te hace daño? ¿Te intenta controlar? ¿Quizá se desconecta y sientes que no te da lo que necesitas? Bueno, y cuando ves a esa persona así, ¿cómo sueles responder? ¿Le suplicas, intentas que entre en razón o tratas de ganártela para arreglar la situación? ¿O prefieres desaparecer, desconectar o huir? ¿Qué imagen negativa de base crees que esa persona tiene de ti? ¿Eres capaz de ver la parte de verdad que hay en esa caricatura? ¿Qué papel tiene cada parte en esa relación inestable? ¿Cuál es su dinámica? Cuánto más... ¿más qué? Cuanto más se queja Belinda de lo irresponsable que soy, más ganas tengo de volcarme en mi trabajo y desaparecer. ¿Qué patrón sigues? ¿Y qué puedes hacer para romperlo? ¿Cómo puedes aprovechar tu creatividad y hacerlo divertido, incluso tomarlo como un juego?

Tengo una amiga que está casada con un maestro zen de Estados Unidos.

—¿Cómo es vivir con un maestro zen? —le pregunto.

—Pues la verdad es que es difícil estar enojada mucho tiempo con ese cabrón —me confiesa—. El otro día estábamos en el súper y empecé a quejarme por algo, ya ni me acuerdo. Me giré y ya no estaba ahí, se había tirado al suelo a besarme los pies. Me dijo: «Lo que pasa aquí es que estos pies no reciben el amor que se merecen». Y así, claro, ¿cómo voy a seguir enojada?

Me gustaría que si estás leyendo este capítulo, te comprometas a cambiar un hábito que tengas en tus relaciones, ya sea quejarte, controlar o desconectar. Deja de una vez de intentar en vano cambiar a la otra persona y prueba algo que te sorprenda. En la terapia de vida relacional se busca que los débiles se alcen y los poderosos caigan. Si sueles adoptar posturas más potentes e intensas (ira, indignación, control), intenta soltar un poco, conectar con la calma y la vulnerabilidad, a ver qué tal va así. «Estoy enojada por esto» se convierte en «esto me dolió». Y, al contrario, si sueles adquirir un rol más pasivo y evitativo, intenta expresarte, defenderte y exponer tu postura desde el respeto y el amor hacia tu pareja y la relación. A esto lo llamo «poder sutil» y profundizaré más sobre ello y cómo usarlo en el capítulo 8.

Por último, si quieres romper un patrón y conseguir algo que te falta en tu relación, intenta aportarlo tú. En vez de quejarte porque ya no se divierten como antes, prepara una cita. No pongas caras porque no lo hacen con la regularidad que te gustaría: descubre qué es lo que le pone a tu pareja y aprovecha esa información para seducirla. Una vez casi tengo un accidente porque me quedé mirando la estampa que llevaba el coche de adelante: SÉ EL CAMBIO QUE QUIERES VER EN EL MUNDO. Era una cita de Gandhi. Si quieres que sean más amables contigo, se tú amable con los demás. Si te quieres reír más, haz más bromas tú. Prueba estas nuevas estrategias y a ver qué te aportan.

Si lo intentas y pese a todo no consigues romper ese patrón, entonces sí que necesitarás ayuda. Sabrás que es tu caso si ves que nada cambia entre tú y tu pareja. Aun así, puede que te lleves una grata sorpresa. Cuando, en vez de quejarte y ser su dolor de cabeza para que cambie, intentas de verdad ser más amable (o hablarle con más confianza y menos agresividad, o hacer lo que haga falta), quizá te des cuenta de que cambiar tu conducta en realidad ya genera una respuesta diferente en tu pareja. No caigas en los esencialismos de que la persona es así y ya está: tú eres una parte activa en esa relación, así que asúmelo y actúa.

Pregúntale a tu pareja qué puedes hacer para conseguir una respuesta diferente por su parte y, cuando te dé una o dos ideas, antes de tirarte por un puente, pruébalas. ¿Por qué? Porque funciona, de verdad, créeme. Así es como conseguirás la conexión que buscas, bajo la sombra de los árboles que te hacen perderte entre la maleza y te impiden llegar al río de la vida, de las relaciones y de la conexión. Puedes aprovechar las relaciones que tienes como un vehículo para tu cambio y transformación, y como recurso de apoyo y de sanación profunda. Porque el amor cura, el amor transforma, pero lo hace si estamos dispuestos a dejar atrás nuestro ego y estar presentes y preparados para la ocasión.

CAPÍTULO 6

No se puede amar desde una posición superior ni inferior

Pensar que somos personas independientes, aisladas y alejadas del resto de individuos y de la naturaleza nos genera un sentimiento de soledad. Pero las dificultades no acaban ahí. Desde el principio, la cultura del individualismo se entremezcló a la perfección con una tradición cultural aún más antigua: el patriarcado. Si te ves como una persona separada del resto, el mundo en el que vives seguramente sea patriarcal, y este sistema no solo nos enseña que no somos parte de la naturaleza, sino que podemos controlarla a nuestro antojo. El individualismo fomenta y alaba la división, y el patriarcado, la dominación. Dios le dio a Adán el dominio sobre todos los animales que volaban, que nadaban y que reptaban en el mundo, lo cual fue una idea terrible.

Bruce y Leah: dominación tóxica

—No puedo más —me dice Leah, una mujer blanca de cuarenta y pocos años, con una densa cabellera oscura y ojos azules.

Ahora mismo me transmite más tristeza que glamur. Su matrimonio está fracasando y ella es la que está subida al bote salvavidas para salir de ahí.

Bruce está sentado a su lado, inexpresivo. Lleva un traje sin corbata, una camisa almidonada y unos zapatos caros. Inclina el cuerpo hacia mí como si estuviera pegado a su asiento. Parece que lleva una máscara; su cara es impasible, pero su postura parece que me quiera gritar: «¡Ya, vamos!».

Siento un rechazo inmediato hacia él, aunque no sé muy bien por qué. ¿Te choca que un terapeuta diga abiertamente que le desagrada un paciente? ¿Y encima uno al que acaba de conocer? Déjame que te hable con claridad y te enseñe cómo funciona esto entre bambalinas. Como terapeuta, me permito sentir con mucha conciencia lo que me hacen sentir mis pacientes porque creo que eso me da información muy valiosa. Es como si fuera una sala de espera en mi cabeza, la cámara de descompresión de un submarino. Me permito que una parte de mí se sumerja sin filtros en esa sensación, ya sea irritación, frustración o asco directamente, pero la guardo en esa cámara mientras el resto de mí, mi parte observadora, decide cómo podemos aprovechar mejor esa información.

A menos que la persona entre con una pancarta en la que se lea: «Soy una versión de tu madre», entiendo que lo que siento es lo mismo que esa persona genera en los demás. Con mucho cuidado, puedo usar mi reacción como un dato que me ayude a llegar a un diagnóstico (de tipo relacional, no psiquiátrico). A veces incluso decido compartir mis sensaciones como parte del proceso terapéutico. Aun así, de momento, simplemente tomo nota de la reacción que me generó Bruce y me centro en Leah, que acaba de terminar de hablar y está esperando a que le conteste.

—¿Te parece bien que siga la conversación por ahí? —le pregunto a Bruce, quien asiente con la cabeza, dándome su permiso. Entonces me giro y miro a su mujer—: ¿Te planteas dejar el matrimonio?

—Ya me fui. Estamos separados. Ahora Bruce vive solo.

Ahora asiento yo.

—Pero están aquí para...

—Darle una última oportunidad.

—¿Por qué?

—Porque —me dice, como si recitara una lista— tenemos tres hijos, hemos estado juntos veinte años y, en su momento, lo quise.

—¿Lo quisiste? —pregunto, animado.

—Sí —dice sin mirar a su marido—. Y mucho.

Ahora miro a Bruce y le pregunto:

—¿Cómo estás?

—Bien —me contesta, aunque su tono no acaba de encajar con sus palabras.

—¿Te sorprendió? ¿El hecho de que quiera divorciarse?

—No —me confirma, negando con la cabeza—. Lo tengo claro.

—Si esto no funciona...

—Lo sé —dice—. Se acabó.

—¿Quieres perderla?

—No —me contesta—. Pero si te digo la verdad, tampoco tengo muy claro si quiero seguir casado.

«Genial —pienso para mis adentros—. Los dos están con un pie fuera».

—¿Por qué quieres divorciarte? —le pregunto.

De nuevo, niega con la cabeza, pero esta vez una sonrisita asoma en la comisura de los labios, como si se le hubiera ocurrido algo gracioso.

—¿Te hace gracia? —le pregunto—. Solo te preguntaba por qué...

Y entonces Bruce da su golpe dc gracia:

—Ibas muy bien cuando estabas hablando con ella —me interrumpe y señala a Leah, para que me centre en ella y lo deje en paz con un solo gesto—. Ustedes sigan con lo suyo, que yo esperaré mi turno.

«Bueno —pienso—, ya me está avisando de que luego va a tomar las riendas de la sesión». Lo catalogo como un hombre controlador con aires de grandiosidad y superioridad. De momento es la hipótesis que tengo.

Su arrogancia me recuerda a la de un paciente parisino que tuve. En la primera sesión, antes de saludarme, me dejó muy claro los asuntos que deberíamos tratar.

—Si no te importa, antes de empezar, hazme dos copias de esto y tráemelas —me dijo.

Encabezando la lista mental que hice, escribí «narcisismo».

—Bueno —le dije—, al menos acertaste con el principio de la frase.

En vez de confrontar a Bruce, decido seguir con Leah:

—¿Por qué quieres divorciarte? —le pregunto.

Está erguida en su asiento. No parece estar muy afectada, pero es perspicaz:

—Creo que te puedes hacer una idea con lo que acabas de ver.

Bruce sigue sin moverse a su lado, pero aun así se nota que está echando humo.

—Es difícil vivir con él —me dice, pero mira de reojo a su marido, nerviosa por su reacción.

Aprovecho ese gesto para señalarlo:

—Lo estás mirando —le digo—. Te da miedo...

—Me preocupa.

—¿Qué te preocupa?

—Cómo se comportará cuando salgamos de aquí.

Me pregunto qué tipo de reacción está temiendo. Y, por su respuesta, no sé muy bien si puede contarme más sin sentir que su seguridad emocional está en peligro.

Llegado a este punto, podría haber pedido a Bruce que esperara fuera mientras estudiaba la posibilidad de que hubiera violencia doméstica. No le pido a las mujeres que confronten a la autoridad con su verdad si su bienestar físico está en riesgo. En la terapia de vida relacional creemos que un proceso de terapia de pareja no es la mejor opción si hay riesgo de sufrir un maltrato físico. En este caso, ya hablé del tema con Leah por teléfono y me aseguró que nunca ha habido violencia física, pero cuando Bruce se enoja, da miedo. Alguna vez incluso llegó a dar puñetazos contra alguna pared o rompió algún vidrio. Estas explosiones físicas no suelen pasar muy a menudo, me cuenta Leah, pero son horribles. Aun así, la violencia de Bruce nunca se ha dirigido al cuerpo, nunca hacia nadie, por suerte.[1]

Así pues, me animo a preguntarle delante de él:

1. Si estás en una relación de maltrato físico o en riesgo de sufrirlo, te animo encarecidamente que consultes los recursos que tienes disponibles en las notas de este capítulo al final del libro.

—¿Cómo temes que reaccione?

Leah se me acerca un poco, como si me fuera a contar un secreto, y me dice:

—¡Me castigará! —Es todo lo que me dice.

—¿Cómo? ¿Qué hará?

Se queda pensando un instante, con el cuerpo inclinado hacia mí y el cabello tapándole la cara.

—Caliente o frío —me dice al final—. Caliente es cuando me grita. —Bruce se remueve en el sillón como si fuese a decir algo, pero Leah sigue—: Dice groserías.

—¿Te insulta? —le digo, y luego mirando a Bruce, matizo—: Leah está describiendo su realidad. Quizá encaja con la tuya o quizá no. Luego escucharemos tu versión, te lo aseguro.

Ahora vuelvo a mirar a Leah y le repito:

—¿Te insulta? Me sirve cualquier frase que empiece con «eres una...».

A Leah se le escapa la risa y contesta:

—Puta. Esa es una de sus favoritas, y luego están las variaciones: puta asquerosa, pinche puta...

Bruce no puede aguantar más.

—Pero veamos...

—¿No le dijiste eso nunca? —le pregunto.

—A ver —se intenta excusar—, todas las parejas se pelean, ¿no? ¿Que si le dije alguna vez algo así en los más de veinte años que llevamos juntos? Puede, pero también te podría hacer una lista con las...

—Eres cruel —le dice Leah a su marido, mirándolo a los ojos—. Todas las parejas se pelean, sí, pero no como tú. Tú vas a hacer daño.

—Tú tampoco eres un angelito siempre —replica él.

—No es verdad y lo sabes —le contesta su mujer—. ¿Qué me dices del sábado pasado?

—Bueno... a ver...

—Tuve que dormir en el salón —empieza Leah, y voltea hacia mí—. Bruce quería hacerlo, pero nos habíamos peleado. —Vuelve a girarse para dirigirse a su marido—: ¿Te acuerdas? —Él no responde—. Pues le puse una excusa porque no tenía ganas.

Ahora vuelve a mirar a su marido, pero ya no está nerviosa como antes, sino que en sus ojos hay una mezcla intensa de ira, pena y asco.

—¿Y qué hace mi marido? Sin decirme nada, Bruce me dobla con parsimonia mi bata, toma mis pantunflas, mi camisón y mi cepillo, y me lo pone todo en una pila bien acomodada. Lo deja todo en el suelo al lado de la puerta de la habitación y cierra con llave, y a mí evidentemente me deja fuera, pensando a ver cómo le explico a mis dos hijas adolescentes lo que acaba de pasar.

Miro a Bruce y le pregunto:

—¿Fue así?

—Bueno... —empieza otra vez.

—¿Le hiciste eso?

—No voy a dormir al lado de mi mujer cuando está siendo fría conmigo —protesta.

—¿Estabas siendo fría? —le pregunto a Leah.

—Como dije antes —me contesta—, nos habíamos pasado el día peleando. No estaba muy...

—Eso era un castigo —le digo a Bruce.

—¿Perdona?

—Era una venganza —le digo—. Así de fácil.

—Para Bruce, con que le diga que «no» ya estoy siendo fría —añade Leah.

Bruce cruza las piernas y las vuelve a estirar. Todo su cuerpo vibra de indignación y nos mira a los dos, sus torturadores.

—No voy a quedarme aquí y dejar que me ataquen entre los dos.

—Nadie te está atacando, Bruce. Estoy intentando salvar tu matrimonio.

Mi respuesta le genera más agitación física. Por tercera vez, intento centrarme en su mujer para no confrontarlo:

—¿Reacciona igual en casa? —le pregunto.

—Cada vez que surge cualquier problema —me confirma—. Yo soy la mala, y él, la víctima.

Me habla de otras veces en las que Bruce llega a casa de madrugada borracho y con ganas de tener algo, o de cuando se gasta grandes cantidades de dinero para entretener a sus mejores clientes en clubs de *striptease*. También me cuenta que una vez se enojó mucho y corrió a su hija pequeña de casa por «insubordinación», según él.

—¿En serio? —le pregunta su mujer sin esperar respuesta—. ¡Estamos hablando de tu hija!

—De acuerdo —les digo—. Creo que ya tengo suficiente información.

Ya vi y escuché lo necesario para saber que Leah dice la verdad sobre su marido. Le creo porque Bruce está actuando aquí tal y como me está explicando que lo hace en casa, y también porque sé cómo me siento aquí sentado a su lado. Como terapeuta dispongo de tres fuentes de información: la que me explica cada paciente, lo que pasa adelante de mí en el consultorio y lo que siento yo cuando estoy con ellos.

Bruce se ha pasado la sesión mirando por la ventana y, aun así, consiguió mantenerse al margen en el plano emocional y, a la vez, demostrarnos su enojo e indignación. Ahora sí, me dirijo a él:

—Bruce, ¿hiciste todo lo quc me contó tu mujer?

—Así, fuera de contexto, supongo que...

—Mira, yo sigo la regla del setenta/treinta para que no haya protestas —lo interrumpo—. Si crees que hay un setenta por ciento de verdad en lo que se dijo, nos basta para lo que buscamos aquí.

—Bueno —acepta, magnánimo—. Setenta por ciento.

Lo mirando un rato y me sostiene la mirada.

—Este es un momento decisivo en la terapia —le anuncio.

—¿Por qué? —me reta.

—Porque decides subirte o bajarte del tren.

Hace una pausa y yo la aprovecho y me lanzo:

—Bruce, tengo buenas noticias y malas noticias. ¿Cuál quieres escuchar primero?

Lo sopesa unos segundos.

—Las buenas.

—Me sorprendería mucho si no podemos salvar tu matrimonio.

Asiente.

—¿Quieres que te dé las malas?

Vuelve a asentir.

—Abusas de tu poder —le digo—. Crees que tu palabra es ley, eres egoísta y castigador cuando no consigues lo que quieres.

—¿Y todo esto lo descubriste en solo media hora? —me pregunta, divertido con una sonrisa.

Hay una parte de mí que quiere borrarle la sonrisa de la cara.

—Me basta —le digo con seguridad—. ¿Quieres saber por qué?

—Adelante —me invita en un gesto de generosidad. Ya no tiene nada que perder.

—Lo primero es que no lo niegas —le digo—, pero lo más importante es que fuiste, perdóname por decirlo así, muy torpe y te comportaste exactamente igual adelante de mí.

—¿Ahora? —me pregunta, sin creer lo que le estoy diciendo.

—En esta sesión, sí.

Por fin, se desata su enojo.

—¡Qué estafa! —me espeta—. ¿Dónde estudiaste tú? —Girándose hacia Leah le suelta—: ¿Dónde encontraste a este charlatán?

—Lo estás volviendo a hacer ahora mismo —le digo, haciéndole de espejo—. En este momento nos estás menospreciando a los dos.

—Es diferente —dice apretando con fuerza los dientes—, no es lo mismo abusar del poder que...

—De acuerdo, Bruce, mira —le digo, y miro a Leah para preguntarle—: en una escala del uno al diez, ¿qué te parece la descripción que hice de tu marido?

—De diez —responde ella sin pensarlo ni un segundo.

—Y en una escala del uno al diez, ¿qué importancia le darías al tema del abuso de poder en su matrimonio?

—Quince —contesta—. No, cien.

Vuelvo a mirar a Bruce y sigo diciéndole:

—Si no quieres perderla, y entiendo que no lo tienes claro, pero si quieres luchar por ella, Bruce, yo lo tomaría en serio.

Se deja caer en el sillón y se me queda mirando un buen rato, supongo que sopesando si apuesta por la terapia o no.

—De acuerdo —accede por fin—. Ella dice que yo soy una bestia. ¿Y yo no puedo quejarme de ella?

—¿Me vas a decir que es fría, que está distante, que no tienen sexo y que no es cariñosa contigo? —le pregunto. Es una suposición, pero es la lista que he escuchado mil veces de otros hombres como Bruce. De nuevo tenemos a otro peso pesado en el subibaja quejándose de los problemas de su mujer sin saber que la causa está en su comportamiento.

—Sí —me contesta, levantando la barbilla, desafiante—. Diste en el clavo.

—Y tienes razón, Bruce. Vamos a trabajarlo todo para que la situación cambie.

—¿Pero? —se anticipa.

—Tú tienes que dar el primer paso —le aviso—. Ella no se acercará hasta que no bajes de ahí.

—¿Que me baje de dónde? —me vuelve a preguntar con una media sonrisa.

Respiro profundo y le contesto:

—Bruce, déjame que te explique un poco lo que es la grandiosidad.

El delicioso veneno de la grandiosidad

Durante medio siglo, la psicología trabajó para enseñarnos a dejar atrás nuestros problemas de inferioridad y a levantarnos con orgullo. Sin embargo, no lo hemos hecho tan bien a la hora de ayudar a las personas con megalomanía a bajar de su pedestal, es decir, a las personas que creen que están por encima de los demás y que las normas no son para ellos. Una autoestima sana nos colocaría en una posición de igualdad, de modo que sentimos que no somos ni mejor ni peor que los demás. Los problemas de autoestima pueden reflejarse a través de la vergüenza, de sentimientos de inferioridad, de que no vales o de que hay algo que falla en ti. Sin embargo, también puede haber casos de grandiosidad, es decir, un complejo de superioridad, sentir que tenemos más derechos que los demás y que somos mejores sin más.[2]

Te voy a explicar un par de cosas sobre la grandiosidad y, en concreto, sobre la diferencia entre este trastorno y la vergüenza. Lo primero es que las dos posturas son una mentira, son una falsa ilusión: es imposible que una persona sea superior o inferior a otra. Al menos, no en esencia. Ya seas un asesino en serie o un santo, Mahatma Gandhi o un indigente alcohólico, todas las personas tienen la misma dignidad, importancia y valor. Tu valor como persona está en tu interior, no puede ganarse ni perderse. Es tuyo desde que naces y lo tendrás hasta que mueras.

Este principio es, por supuesto, el bastión de la democracia. Nuestra sociedad se sustenta en la idea de que todas las personas nacemos con las mismas condiciones, con derecho a voto y en un mismo estado de derecho. Al menos eso dice la teoría. Todos sabemos que la igualdad está muy lejos de ser perfecta en cualquier sociedad que conozcamos, y ahí radica el problema. Porque, aunque todos tenemos el mismo valor irreducible, es difícil apreciar esa igualdad en nuestra vida diaria. Lo admitamos o no, la mayoría tenemos bastante claro, en cualquier situación, dónde nos encontramos en el orden jerárquico, y también dónde colocamos al resto. El único problema que tiene este tipo de juicio es que no tiene ningún sentido.

Quizá juegas al tenis y se te da regular; normalmente pierdes los partidos. Empiezas a recibir clases de tenis y a practicar sin parar durante seis meses. Entonces, un día le ganas al sujeto que te había fulminado cada partido en la cancha. ¿Te sientes de maravilla? Espero que sí, porque te lo ganaste. Ahora juegas mejor al tenis que tu némesis. ¡Felicidades! Sin embargo, eso no te hace mejor persona. Puedes ser

2. Gilligan, *Violence*; Pincus y Lukowitsky, «Pathological Narcissism»; Fanti *et al.*, «Unique and Interactive Associations»; Mellody, Miller y Miller, *La adicción al amor*.

más inteligente, tener más dinero, medir 1.60 o 1.90. Todos esos detalles tienen su grado de importancia, pero no cambia lo verdaderamente importante: el valor innato, el esencial, viene de dentro.

El mundo del «nosotros», de la interdependencia, se basa en la colaboración, en la comunión con la naturaleza, con los demás, con la inspiración que a veces nos atraviesa. La realidad del «nosotros» es un mundo de innovación y abundancia donde todo el mundo gana. En cambio, el individualismo asienta sus cimientos en la competición, en la rivalidad con la naturaleza y con el resto, y confiere una poderosa sensación de que somos nuestra propia inspiración. En este mundo, alguien tiene que perder para que yo gane. En nuestra vida diaria, viviremos en una realidad u otra según el circuito neuronal que estemos usando, el hemisferio izquierdo o derecho, la parte cortical o subcortical del cerebro, la respuesta simpática o la evitación parasimpática.[3]

Como muchos de los hombres de éxito con los que trabajo, Bruce pasó la mayor parte de su vida usando la mentalidad del «tú y yo», y el mundo lo recompensó de maravilla por ello. Sin embargo, pagó las consecuencias en su vida personal. Nuestra cultura premia a nuestros niños y niñas adaptativos porque los valores y las costumbres de esta parte de nosotros más inmadura, individualista y que no prioriza las relaciones refleja muy bien los valores y las costumbres del individualismo propio de nuestra cultura. Vivimos en una sociedad narcisista antirrelacional que durante siglos se ha basado en esencia en una competición capitalista donde todos estamos en una escalera de poder.[4]

Cuando mis hijos aún eran pequeños, fui a una cena organizada por la AMPA. Cuando nos sentamos, uno de los padres más jóvenes

3. Badenoch, *Heart of Trauma*; McGilchrist, *Master and His Emissary*; Panksepp, Archaelogy of Mind; Porges, *Polyvagal theory*; Siegel, *Mindsight*; Stevens, Gauthier-Braham y Bush, «Brain That Longs to Care for Itself».

4. Lasch, *La cultura del narcisismo*; Joiner, *Mindlessness*; Campbell, Miller y Buffardi, «United States».

al que hacía tiempo que no veía empezó a hablar conmigo. No tardé en fijarme en que había perdido peso y se había puesto en forma, lo que, curiosamente, me hizo ser más consciente de mi barriga ya no tan juvenil, y caí en el pozo de la vergüenza. Me sentía gordo y viejo. Sin embargo, de repente, también recordé que sus padres lo habían mantenido siempre y que no había tenido que trabajar en su vida. «Así cualquiera —pensé—. Yo también me pasaría el día en el gimnasio si mis padres me lo pagaran todo.» ¡Vaya! Ya había subido un peldaño. Yo había ganado todo mi dinero con mi trabajo. Y aprovechando que aún le estaba mirando desde arriba, me di cuenta de que yo todavía tenía más cabello. ¡Toma eso!

Entonces, de repente, mi mente me asestó otro golpe: «Oye, la familia de este sujeto tiene mucho dinero. Él es rico y yo no. ¿Por qué no soy rico? Debo de estar haciendo algo mal». Se acabó, ya había vuelto a bajar en la escalera. Y así me pasé la noche, subiendo y bajando escalones, hasta que salí de la espiral y me dije: «Oye, ¿por qué no lo dejas ya, te centras en algo real y escuchas lo que te está diciendo este hombre?».

Bruce no baja de los escalones más altos, está en su posición de grandiosidad. Es la viva imagen de la soberbia: un niño que controla, humilla y castiga cuando no consigue lo que quiere. Aunque está casado y con hijos, cree que puede seguir emborrachándose como un adolescente y derrochar su dinero en clubs de *striptease*. Y encima, es cruel con su mujer. «Este es el panorama —me digo—, y aun así es él quien se está planteando dejarla a ella». No respeta a su mujer ni respeta las normas, y ya se está preparando para afrontar el divorcio de forma que le duela lo menos posible. Ah, y por supuesto, tiene razón: Leah ahora es fría y menos complaciente en el tema sexual. En realidad, últimamente está menos dispuesta para todo. Ahora que está empezando a expresarse, Leah está cambiando las reglas, y eso tiene un efecto. Aun así, las normas machistas e individualistas tienen que desaparecer por el bien de los dos. Recuerda que mi objetivo es que los grandes caigan y que pequeños se levanten. Durante siglos, a las mujeres se las ha enseñado a sacrificar sus necesidades «por el bien de la relación». Voy a ser muy claro: no estoy diciendo eso. Para muchas mujeres, dar un paso para expresarse libremente y pedir lo que necesitan es dar un paso en la relación. La mentalidad del «nosotros» nos exige una actitud asertiva auténtica, no sometimiento. La confianza y seguridad que Leah está demostrando ahora es buena para su matrimonio, pero sospecho que me va a costar hacérselo entender a Bruce.

—Háblame un poco de tu infancia —le pregunto.

—¿Qué quieres saber?

—Háblame de tus padres.

—No tuve.

—¿Cómo? —le pregunto.

—Mi madre se fue cuando tenía tres años y nunca supimos nada más de ella.

—Qué duro —le digo.

Bruce asiente.

—Y mi padre tenía un problema con el juego y el alcohol.

—Vaya —comento—, lo siento.

—Me pasé mi infancia en Las Vegas cenando con actores de segunda porque mi padre apostaba muchísimo dinero; cuando lo tenía, claro.

—¿Y le iba bien?

—Era un jugador compulsivo —me contesta—. ¿Tú qué crees? Una vez tuvimos que irnos a Alaska durante un año porque unos delincuentes lo estaban amenazando para que les devolviera el dinero que le prestaron.

—¿Cuántos años tenías —me aventuro a preguntarle—, cuando empezaste a cuidar de él emocionalmente?

Al principio, Bruce no entiende bien la pregunta, pero poco después me contesta:

—No solo era emocionalmente. También tenía que arrastrarlo para meterlo en la cama cuando se emborrachaba hasta perder el conocimiento. Y pesaba muchísimo.

—¿Cuántos años tenías cuando tuviste que hacerlo por primera vez? —le pregunto.

—Uf... ¿La primera? Pues tendría cuatro o cinco.

—Y no podías con él, claro.

—No. Recuerdo una noche que nos quedamos en un motel de mala muerte y quería dormir con él porque tenía miedo. Intenté jalarlo con fuerza, arrastrarlo como fuera, pero no se despertaba y no podía moverlo. Pesaba demasiado.

—Y tú eras demasiado pequeño —añadí.

—Sí.

—Solo eras un niño.

—Sí —dice, y veo que está mirando hacia su interior.

—¿Qué estás sintiendo?

—¿Qué?

—Ahora que estamos hablando del tema, me pregunto qué sientes por tu padre.

—¿Por qué? —me pregunta, sacando el mentón, desafiante.

—¿Por qué quiero saber qué sentías hacia tu padre?

—Sí —dice, receloso—. ¿Por qué?

—Soy tu terapeuta y es importante entender lo que sentías, o incluso lo que aún sientes, hacia tu padre.

—Porque...

—Porque —le digo, mirándolo a los ojos— te convertiste en él.

La maldición del falso empoderamiento

Todos nos casamos con nuestros asuntos pendientes. Todos nos casamos con nuestras madres y padres, y en las relaciones más íntimas nos convertimos en ellos. Ese niño indefenso que intentaba mover a su padre del suelo es un arquetipo de desempoderamiento. ¡Tenía cinco años! Y a la vez, a traición, a Bruce también le estaban inculcando una idea: «Cuando crezcas y te conviertas en un hombre, podrás perder el control y hacer lo que quieras, como yo». El comportamiento de su padre desempoderaba abiertamente al pequeño Bruce, lo que le generó un gran problema con el sentimiento de vergüenza, a la vez que, de forma más subrepticia, le dotaba de un falso empoderamiento, que lo ha llevado a la grandiosidad, al sentimiento de potestad en el ámbito sexual, a la crueldad y a sus ataques. La vergüenza de Bruce quedaba enmascarada en sus comportamientos irresponsables y sus borracheras. Su padre tenía una adicción al alcohol y al sexo, y, sin duda, era violento. Bruce tuvo que sacar a su padre del bar, y ahora Leah se quedaba esperando hasta las tantas a que su marido volviera de algún club de *striptease*.

Aquí está el problema: Bruce quería a su padre. Era la única figura a la que aferrarse y la que le servía de referencia. Bruce sabía que odiaba a su padre porque era una persona despreciable, pero en su inconsciente se había unido a él y vivía en el mismo mundo. A esto lo llamo «hacer compañía espiritual a una figura parental». Bruce había cambiado los casinos por clubs de *striptease* y las mesas de apuestas por la inversión especulativa. Allí donde su padre había fracasado, él había conseguido el éxito. Su padre se pasó la vida persiguiendo el sueño de ser rico y Bruce había conseguido la suficiente riqueza como para que no le faltara de nada durante el resto de su vida.

—Le gané a su propio juego —me dice Bruce mientras hablamos de su dinero.

—¿Ganarle? —le digo—. No, lo que hiciste es acabar su partida. Alcanzaste lo que él no pudo conseguir. Lograste cumplir su sueño.

Bruce me mira y le veo los ojos vidriosos.

—Fuiste un buen hijo —le digo.

Cuando trabajo con alguien con la mentalidad del «tú y yo», con su parte infantil adaptativa, da igual si utiliza la agresividad, si pone mala cara o se enoja para conseguir lo que quiere; siempre intento mirar a esa persona desde las relaciones que ha tenido. ¿A qué se tuvo que adaptar ese niño o esa niña? Acuérdate de que hay dos maneras de internalizar esta parte inmadura. Una de ellas es la reacción, que suele tender hacia el rechazo. La determinación de Bruce por conseguir aquello que su padre intentó y en lo que fracasó flagrantemente (su motivación para evitar el destino de su padre) es lo que le hace volcarse en su trabajo. Sin embargo, la otra vía es a través de la imitación, y a menudo, inconscientemente, repetimos comportamientos y actitudes en nuestra vida que sabemos que odiamos.

—Mira, Bruce —empiezo a decirle—. Por lo que me dices, tu padre era alcohólico y adicto al juego, y me atrevo a decir que era violento.

—Sin duda.

—¿Contigo también?

—Mucho.

—Pero lo querías —le digo—. Pese a todo, lo querías.

—Éramos él y yo contra el mundo —me confiesa.

Me dejo caer en mi asiento y lo miro. En este momento, su cara sí expresa y me está dejando verlo.

—Y aún es así. Bruce, tu pobre padre era un bala perdida. Tenía problemas con el juego, el alcohol...

—Sí —coincide.

—Sin duda, no tenía capacidad para hacerte de padre.

—Así es.

Me acerco un poco hacia él y le digo con suavidad:

—Pues yo te puedo enseñar a conectar con alguien así que tiene cero capacidad de conectar contigo. Así, aunque esa persona no te dé nada, tú te seguirás sintiendo conectado a ella.

—¿Y cómo se hace eso? —me pregunta.

—Solo tienes que comportarte como lo haría esa persona —le digo—. Vive en su mundo con ella. En tu caso, vive en un mundo donde haces lo que quieres, expresas tu enojo y tu poder, un mundo en el que tu ego es lo más importante.

Bruce se reclina en el sillón, tomándose las manos, sin decir nada para variar.

—Creo que quieres a tu padre —sigo con una voz calmada.

Y aparecen las lágrimas. No muchas. Bruce no va a ponerse a sollozar, pero sí está conectando con su dolor y se está permitiendo sentir.

—No puedes salvarlo —se lo digo al hombre que tengo adelante, pero más al niño que hay en su interior—. No puedes arreglar lo que le pasa.

—Murió.

—Eso no importa.

Se hace el silencio y nos quedamos ahí sentados.

—¿Y ahora qué? —me pregunta al cabo de un rato.

—Eso depende de ti —le digo—. Tienes que decidir con quién quieres estar: con tu padre, sus aires de grandeza y su caos, o con tu mujer y tus hijos. ¿Qué clase de hombre quieres ser: uno que hace lo que quiere sin límites como tu padre o un hombre de familia de verdad?

—Yo quiero a mi familia —me contesta Bruce con un hilo de voz.

—¿A cuál de ellas? ¿A aquella con la que creciste o a aquella con la que quieres envejecer?

Bruce mira con timidez a Leah.

—No quiero ser como mi padre —dice, intentando tomarle la mano a su mujer, que se la da.

—Creciste entre el caos —le digo—, pero ahora tienes una familia. Tomaste la decisión correcta, Bruce. Tienes una buena familia, el único que faltabas eras tú.

Leah, que agarra con fuerza un puñado de pañuelos usados, se encoge y empieza a llorar. Bruce le acaricia la mano.

—Esas lágrimas son por ti —le explico—. Quiere estar contigo. Quiere que vuelvas a casa y que actúes con normalidad.

—No sé lo que es normal.

—Ya lo sé, pero te lo voy a enseñar y voy a estar a tu lado todo el camino si decides intentarlo.

Bruce se queda mirando un rato a Leah, con la cara aún llorosa.

—Sí, es lo que quiero.

—De acuerdo —le contesto—. Entonces es hora de que saludes a tu mujer y a tus hijos.

—De acuerdo —me dice.

—Y digas adiós a tu padre.

Sin poder evitarlo, los ojos se le llenan de lágrimas otra vez.

—Supongo que ya va siendo hora.

—Sí —coincido con él—. Creo que sí.

La grandiosidad se mueve entre las sombras

La postura disfuncional que repetimos sin descanso en nuestras relaciones está controlada por nuestra parte infantil adaptativa, la cual se amoldó (a través de una mezcla de mecanismos de resistencia e imitación) al trato que recibimos de pequeños. La mayoría de nosotros sabe perfectamente las cosas que nos desempoderaron en nuestra infancia, pero el falso empoderamiento (nuestra grandiosidad) suele pasar bastante desapercibido, ya sea directo, cuando una figura parental nos anima y ensalza, o indirecto, cuando imitamos su mentalidad o sus comportamientos que denotan superioridad. Dejar atrás nuestra postura de grandiosidad en las relaciones a menudo implica que deberemos separarnos de esa relación de la que aprendimos esa postura.

Bruce tuvo un amalgamamiento con su padre. De pequeño, tuvo que cuidar física y emocionalmente de su padre, y no al revés, como debería haber sido. Sabemos que un paciente sufrió un amalgamamiento con una figura parental si nos cuenta que, en su infancia, se sentía mal por su padre o madre.

—Los niños no tienen que sentirse mal por sus padres —le digo a Bruce—. Se supone que los padres tienen que ser lo suficientemente capaces de cuidarse y gestionar sus problemas.

¿Por qué solemos identificar antes una historia de desempoderamiento y se nos escapan las de falso empoderamiento? Porque la grandiosidad se mueve entre las sombras. Cuando entras en un estado de vergüenza, te sientes mal, lo identificas y quieres salir de ahí. El secreto a voces entre los terapeutas es que, cuando entras en un estado de grandiosidad, la mitad del tiempo ni te das cuenta y, la otra mitad, no te hace sentir mal. De hecho, en ese momento, te sientes genial. Da gusto dejarte ir y enojarte con tu jefe, o gritarles a tus hijos, o involucrarte con un compañero o una compañera de trabajo. En el momento te hace sentir bien, pero luego quizá te acaba arruinando la vida.

Tienes que bajarte de ese pedestal en el que te pone la grandiosidad. Como cuando decides no tomarte la tercera copa o te saltas el postre, tienes que negarte una gratificación inmediata para conseguir un bien a largo plazo: tu cuerpo, tu paz mental o el bienestar emocional de tus hijos. Tienes que ver más allá de la excitación momentánea que te da y apostar por una recompensa mayor a largo plazo: tu familia, la conexión o tu salud. Es por tu bien.

Bajar del pedestal que nos da esa superioridad es una inversión imprescindible para tu felicidad a largo plazo. Hazlo por tu familia, por supuesto. Pero, sobre todo, hazlo por ti. A hombres narcisistas como Bruce les digo que ese sentimiento de potestad y derecho es como un puñal sin mango: corta la mano de quien lo empuña.[5] Baja aquí, a la realidad. Baja y deja atrás el frío del espacio exterior para recuperar la cálida conexión humana. Vuelve a casa.

La psicoterapia se ha obsesionado con ayudar a los pacientes a dejar de sentirse avergonzados, y es comprensible. Sin embargo, para poder ayudar a las personas a poder construir una verdadera intimidad, tienen que verse como iguales. No podemos amar si sentimos que estamos en una posición superior o inferior respecto a la otra persona. Para amar tiene que haber democracia. Es más, al nivel más fundamental, no existe una posición superior o inferior. Pensar que somos mejores o peores que otra persona es una ilusión, pero es una ilusión que puede desgarrarnos.

5. Tagore, *Stray Birds* (trad. cast.: *Pájaros perdidos*, Valparaíso Ediciones, Granada, 2020).

Vivir sin desprecio

Un día, cuando iba andando hacia mi coche, tuve una revelación. De repente entendí que la emoción (la energía psicológica) de la grandiosidad y la emoción (de nuevo la energía psicológica) de la vergüenza no eran en realidad dos sentimientos diferentes, sino que son el mismo sentimiento que va en dos direcciones opuestas.[6] La emoción que moviliza tanto la vergüenza como la grandiosidad es el desprecio.

Piensa en una linterna. Cuando el haz de luz del desprecio apunta hacia los demás, se convierte en grandiosidad: «¡Qué tipo más incompetente, por favor!». Cuando el rayo de luz de la linterna me señala a mí, pasa a ser vergüenza: «¿Cómo puedo ser tan incompetente, por favor?». Es el mismo sentimiento y, a veces, incluso lo expresamos con las mismas palabras. Como he dicho durante toda mi carrera, el desprecio es una manera de ejercer violencia emocional. Humillar a alguien, tratarlo como si fuera menos es traumático desde el punto de vista psicológico. Los psicólogos que escriben sobre asuntos raciales han acuñado el término «microagresión» para describir los agravios e insultos, a menudo involuntarios, que las personas negras tienen que aguantar a diario.[7] La microagresión es un ejemplo de la violencia emocional generada a través del desprecio.

El desprecio no es el origen de la violencia emocional, sino que directamente es un tipo de violencia emocional, al margen de si la dirigimos hacia los demás o hacia nosotros mismos. Te animo a que, en este preciso instante, mientras lees estas palabras, hagas una promesa que puede cambiarte la vida. Que te comprometas a vivir sin violencia. A no usarla contra los demás ni contra tu mente.

Puedes vivir una vida sin desprecio ni violencia si te comprometes a llevar lo que yo llamo una «vida de respeto total» en *The New Rules*

6. Si quieres leer más en profundidad sobre los temas de la vergüenza y la grandiosidad, consulta: Real, *The New Rules of Marriage*.

7. Este término lo acuñó Chester Pierce, un psiquiatra de Harvard. Para más información, véase Pierce, «Offensive Mechanism», pág. 280.

of Marriage [Las nuevas reglas del matrimonio].[8] Llevar una vida de respeto total es una práctica y, como la mayoría de las prácticas que te presentaré en este libro, requiere una disciplina y una atención continuas. Antes de abrir la boca, detente y pregúntate: «¿Lo que voy a decir cumple con el nivel básico de respeto?». Si te parece que lo que vas a decir puede ser irrespetuoso, aquí tienes un consejo que te irá genial: cállate. Y te voy a pedir una cosa más: comprométete de corazón a que, a partir de ahora, harás todo lo posible por evitar acciones y palabras que puedan humillar a otra persona.

Con este mismo objetivo en mente, si alguien te falta al respeto a ti, no te callarás y te quedarás de brazos cruzados. No puedes controlar a la otra persona, pero cuando consideres que es lo mejor para ti, puedes expresar cómo te sientes o, si hace falta, puedes irte. No se la devolverás de malas maneras, pero tampoco aceptarás ese trato: a partir de ahora, no habrá espacio en tu vida para el desprecio ni las faltas de respeto. Lo harás por ti. Y es importante que te lo repitas tantas veces como sea necesario. Dado que la grandiosidad suele hacernos sentir bien y viene acompañada de un sentimiento de legitimidad, tienes que buscar la manera de salir de esa postura de superioridad. Ese desgraciado que te acaba de adelantar sin poner las intermitentes y te puso en peligro quizá se merece que le grites, pero tú también te mereces vivir una vida sin enojo. Ya le gritarás otra persona para quejarse de su mala conducción, pero no serás tú.

Te voy a proponer un ejercicio: durante diez o quince días anota en un diario tus niveles de autoestima. Guárdate unos minutos al final del día y escribe en tu celular, tu computadora o una libreta algunos momentos del día en los que hayas estado abajo y otros en los que hayas estado arriba. ¿Qué los desencadenó? ¿Qué pasó justo antes de subir o bajar por la escalera? ¿Qué pensamientos tuviste qué emociones sentiste? Y, por último, ¿qué sensaciones físicas tuviste? La vergüenza y la grandiosidad se sienten en el cuerpo. ¿Cómo responde el tuyo cuando te sientes menos que los demás? ¿Y qué le pasa, en cam-

8. Real, *The New Rules of Marriage*, págs. 236-279.

bio, cuando te sientes superior al resto? Identifica y describe esas posturas físicas. Así, cuando las conozcas mejor, las podrás reconocer y saber cómo te encuentras y en qué posición estás.

Cuando hayas hecho este registro durante una o dos semanas, te recomiendo que empieces a intervenir. Es difícil conseguirlo, pero al menos es fácil aprender a intentarlo. Si estás abajo, visualiza en tu mente que alargas los brazos hacia abajo, te agarras y te subes hasta que estés al mismo nivel que el resto, ni mejor ni peor; tu cuerpo y tu mente están en su sitio. Si te encuentras en las alturas, haz lo mismo, pero a la inversa: alza los brazos y tira de ti para tocar con los pies en el suelo. Pia Mellody nos dio un mantra para esos momentos: «Cada persona tiene su valor innato. No hay nadie mejor. No hay nadie peor».[9] Democracia en acción es lo que pido. Democracia en nuestras mentes.

La relación con nosotros mismos

Solemos tratarnos como nos trataron. Si fueron crueles o duros contigo, tienes muchas probabilidades de que tu discurso interno tenga ese mismo tono. Si te daban todo lo que pedías, lo mismo... Olvidarse de la Gran Mentira del individualismo, de la superioridad y de la inferioridad es el modo de dar forma a una autoestima sana. Para mí, una autoestima sana significa exactamente eso: tu capacidad de valorarte, de aceptarte con afecto y amor a pesar de tus defectos y de los errores que cometes. Eres un ser perfecto en tu imperfección, como diría Pia Mellody.[10]

En la terapia de vida relacional hacemos la distinción que el gran pediatra estadounidense Benjamin Spock enseñó a ver a una generación: la diferencia entre el comportamiento y la persona.[11] Antes del

9. Mellody, «Post-Induction Training».
10. Mellody, «Community Lecture».
11. Spock y Needlman, *Dr. Spock's Baby and Child Care*.

doctor Spock, cuando se regañaba a un niño, se le regañaba por quien era: «¡No seas mala!» o «¡no seas malo!». Fue el doctor Spock quien nos enseñó a decir: «Dick, mi cielo, eres un amor de niño. Aparta ese palo para que tu hermanito no se dé un golpe». La idea es centrarte en su comportamiento, no en su personalidad. Sentirnos mal por un comportamiento inadecuado nos va bien, nos ayuda a asumir nuestra responsabilidad y a sentir que estamos conectados. Si nos da igual comportarnos mal, significa que no tenemos vergüenza, que nos sentimos superiores, que estamos por encima. Sin embargo, si te sientes mal por el hecho de ser quien eres, tu remordimiento pasa a ser un ataque personal directo y te avergüenzas. El remordimiento que debes sentir por tu comportamiento debe ser proporcional a la gravedad de tus actos; es decir, no deberías sentirte mal por romperle el juguete a un niño, ni hacer como si no pasara nada si atropellas a uno. De todos modos, al margen de si la ofensa es grande o pequeña, aléjate de ese hábito interno al que llamo «atormentarte».

Después de nuestra sesión, Bruce volvió a casa y cayó en una profunda depresión. Al principio pensé que era algo bueno, una señal de que sus defensas estaban cayendo. Pero la cosa no mejoraba; le costaba salir de la cama y se arrastraba sin energía durante el día. Había caído en lo que cualquier pareja de una persona con grandiosidad y muchos terapeutas temen. Ahora que debía confrontar su pensamiento defensivo y sus comportamientos ofensivos, pasó de estar henchido a desinflarse totalmente. De la grandiosidad a la vergüenza. Le horrorizaba pensar quién había sido y sentía rechazo hacia sí mismo.

De hecho, eso es lo que busco. Recuerda que si queremos desbloquear una vía neuronal que está paralizada, lo primero que necesitamos hacer con el paciente es explicitar lo implícito; en el caso de Bruce, la grandiosidad que nunca había asumido, la grandiosidad que había visto en su padre. Y una vez que lo conseguimos, Bruce tenía que sentir la discrepancia que había entre la versión de la persona que había sido y la que quería ser. Debía sentir rechazo, su reacción tenía que ser sentir cierta resistencia ante esa realidad. La gran terapeuta familiar feminista Olga Silverstein, del Instituto Ackerman para Familias de Nueva York, me enseñó a propiciar este tipo de choques entre cómo el paciente se ve y cómo actúa en realidad.[12]

Como le pasa a mucha gente en general, y a muchos hombres en particular, Bruce se vino abajo. Cuando un paciente pasa de no sentir ningún tipo de vergüenza a la vergüenza tóxica, pasa de un tipo de preocupación excesiva a otro. Aun así, fíjate en que sigue centrando su atención en sí mismo, incluso aunque sea para decirse que es una persona detestable. Mientras que la vergüenza se centra en uno mismo, en la culpa volcamos la energía en la persona a la que dañamos. Para arreglar una relación, no sirve de mucho autoflagelarse: el protagonista aquí no eres tú. Para asumir la responsabilidad de tus actos deberías decir algo así: «Siento mucho haberte hecho daño. ¿Qué puedo hacer para que te sientas mejor?».

En otra de nuestras sesiones posteriores, mientras Bruce vuelve a repetir lo mala persona que es, lo detengo y le explico la diferencia entre la vergüenza y la culpa.

—Necesitas reunir muchas fuerzas para salir de la victimización y decir: «¿Qué puedo hacer para solucionarlo?». No es fácil dar carpetazo a la vergüenza —le digo—, así que voy a darte sesenta segundos.

Veo cómo Bruce se suaviza.

—Increíble —lo celebro—. Ahora, desde este lugar, mira a tu mujer y dile algo de corazón que crees que necesita escuchar de ti.

Voltea, y como le indico, coloca las manos de su mujer entre las suyas, inhala profundamente y deja escapar una exhalación larga y temblorosa.

—A ver... —empieza con un poco de reparo— Fui... Me comporté como un idiota. Fui egoísta. Fui exigente.

Leah arquea las cejas, esperando.

—Bueno —admite—, bueno, lo voy a decir claro: Fui cruel.

12. Silverstein, *Who's Depressed*? Te recomiendo leer también: Ecker, «Memory Reconsolidation»; Ecker, Ticic y Hulley, *La reconsolidación de la memoria*; Schwabe, Nader y Pruessner, «Reconsolidation of Human Memory».

Ahí, su mujer rompe a llorar.

—No volveré a correrte de la habitación —empieza.

—Creo que, con esa meta, no es suficiente —le digo para que dé un paso más.

—Mira —le dice a Leah, ignorando mi comentario—, fui un mierda y te traté muy mal.

—No soy una de tus empleadas —le dice su mujer.

—Ya lo sé —contesta con resignación.

—Y tampoco trabajo en un club —añade con lágrimas en los ojos, y por su gesto deduzco que preferiría no estar llorando.

—Lo siento —le dice y se acerca para apartarle el cabello de la cara y secarle las mejillas—. Tienes razón.

—Me temo que las escapaditas a los clubs se acabaron —le sugiero a Bruce—. Les vas a tener que decir a tus clientes que te casaste.

Bruce niega con la cabeza.

—¡Si ellos también lo están! —nos explica, pero entiende lo que le estamos diciendo.

—Es hora de que recuerdes que tienes una familia —le digo.

—Sí, de acuerdo —dice con la mirada clavada en Leah—. Lo entiendo.

Y así fue. Seguí viéndolos durante unos meses más, pero nos habíamos quitado la carga más grande de encima.

A los hombres con los que trabajo les suelo decir que tienen que aprender a convertirse en verdaderos hombres de familia, en hombres que se esfuerzan y dan más. Hacia el final del proceso, en una de nuestras sesiones, le digo a Bruce:

—Un niño puede preguntarle al mundo: «¿Qué tienes para mí?». Un hombre debería preguntar: «¿Qué requiere este momento de mí? ¿Qué tengo que aportar?».

Si tener una relación de pareja no te hace crecer y madurar, tener hijos te hará ir más allá y superar tus barreras; siempre y cuando te abras a ello, claro.

Belinda y yo a veces escuchamos a algún amigo decir algo que nos sorprende, como, por ejemplo, «a las tres me tengo que acostar un rato porque, si no, no sirvo para nada». Nos miramos pensando: «Cómo se nota que no tiene hijos...».

Una vez, cuando nuestros hijos eran aún bebés, Belinda, que gestiona su propio consultorio médico privado, se pasó tres noches seguidas levantándose para calmarlos. La noche siguiente, a las dos de la madrugada, me desperté con el llanto de nuestro hijo pequeño y un codazo en las costillas.

—Te toca a ti, amor —me dijo, adormilada.

—Pero, Belinda —empecé a quejarme—, mañana tengo una ponencia superimportante. ¡Van a asistir miles de terapeutas!

En ese momento, mi mujer, a la que amo con locura, me dijo algo que me cambió la vida para siempre:

—Pues tendrás que dar la ponencia cansado.

Eso es lo que significa ser un hombre de familia: tú no eres la prioridad.

Los estudios demuestran que dar a los demás nos genera una felicidad más duradera que recibir.[13] Cuando nos olvidamos de la Gran Mentira de la superioridad y la inferioridad, asumimos una posición de humildad y entendemos que no estamos por encima de nuestro matrimonio, sino que formamos parte de él, de nuestras familias, de nuestra sociedad, de nuestro planeta. Muchos de mis pacientes insatisfechos quisieran que sus parejas dieran más de sí, que estuvieran más presentes en la relación. El problema es que no puedes estar presente con tu pareja si no estás en el presente con ella, y muchas veces los problemas de nuestro pasado nos sacan del aquí y ahora, y nos llevan al allí y entonces.

Superar el trauma significa volver al presente, conectar con lo que esté pasando (en tu interior o en tu interacción con los demás), sin sentir la necesidad de controlarlo o cambiarlo. Saber lidiar con tu trauma significa abrirte al proceso natural de tu vida, aceptarla tal y como es para poder trabajar en lo necesario. Una vez que te despojes de tu arrogancia, podrás relajarte. Notarás que te cuesta menos dejar

13. O'Brien y Kassirer, «People are Slow to Adapt».

que las cosas afloren, oír la voz de los demás, escuchar lo que se dice sin palabras. Empezarás a desarrollar, tengas la edad que tengas, la seguridad necesaria que a los psicólogos les hubiera gustado que tuvieras con dos o tres años; la seguridad de que las cosas se solucionarán por sí solas sin que tú tengas que hacer nada al respecto.

Lo que más hace Bruce las semanas después de haber aceptado su grandiosidad es dormir.

—No me había dado cuenta de que estaba tan cansado. Me duele todo el cuerpo —me dice en nuestra última sesión.

—Desgasta muchísimo mantenerte en lo alto a cada paso que das, despegar y volar por el universo.

—Un universo insensible —coincide Bruce y mira a Leah.

—Y al final —le matizo— resulta que el insensible eras tú.

Bruce mira a su mujer a los ojos.

—¿Vas a quedarte conmigo? —le pregunta, mostrándose totalmente vulnerable—. ¿A pesar de cómo te traté?

Leah deja que sus lágrimas respondan por ella.

—Qué idiota fui —le dice—. ¿Podrás perdonar a un exidiota? A su mujer se le escapa la risa y los dos se echan a reír.

—Así que «ex», ¿no? Eso son palabras mayores.

—En realidad no es una palabra —la corrige—, es un prefijo.

—Tu versión de «exidiota» deja un poco que desear, ¿no? —le reprocha Leah.

—Estoy bromeando —le dice y la toma de la mano—. De verdad, estaba jugando —le repite con una sonrisa—. Supongo que no fue el mejor momento...

—¿Sabes qué, Bruce...? —empieza a decirle Leah.

Pero la interrumpo:

—Digamos que tu marido es un diamante en bruto.

—Mira cómo brillo —intenta bromear Bruce, pero a su mujer no parece hacerle mucha gracia.

—Ahora viene cuando te digo que tienes que trabajar con el hombre que tienes en vez de con el que te mereces —la aconsejo.

—No acabo de verlo —me replica.

—Pero soy muy brillante, ¿no lo ves?

—Ay, dios mío —se queja al escuchar las bromitas de su marido—. Hay gente que se suelta y a veces no sabes si estaba mejor antes...

—Tienes que tener cuidado con lo que pides —digo, dándole la razón.

Y esa fue la última vez que los vi.

Me gustaría acabar con esto: incluso algo que parece tan individualista como trabajar en nuestra autoestima acaba siendo algo social. No eres mejor ni peor que nadie. Toda esa gente que llevamos con nosotros en nuestra mente, esa que nos juzga y a la que juzgamos. Quién está por encima, quién está por debajo, quién tiene razón, quién se equivoca. Abre los ojos: nada de eso importa. Al pensar en Leah y su nuevo «ex», recuerdo una frase de Rumi, el poeta persa, que escribió una vez:

> Hay un campo
>
> más allá del bien
> más allá del mal...
>
> Allí me reuniré contigo.[14]

14. «Out Beyond Ideas», Rumi, *Essential Rumi*.

CAPÍTULO

7

Se acabaron las fantasías: ahora sí empieza tu relación

—¡No puedo respirar! ¡Ay, es que me falta el aire! —Angela, una mujer blanca, menuda, con una cabellera oscura, un vestido rojo de terciopelo y un cuello blanco de encaje, mueve las manos desesperada mientras intenta toma aire.

—De acuerdo —le digo para intentar tranquilizarla—. Baja el ritmo.

—No puedo —me contesta y se toca el pecho—. Mi corazón...

—Creo que estás teniendo un ataque de pánico —le explico.

A su lado, su marido Mike, un hombre grande y corpulento, voltea en la silla en la que está sentado, apoya los brazos en las rodillas y se echa hacia adelante, preocupado.

—Angela —le digo—, quiero que inspires hondo y despacio, y exhales aún más lentamente. Así, mira. —Hago una pausa para guiarla—. Pon los pies planos en el suelo, que toda la planta toque el suelo.

Mientras me sostiene la mirada fijamente, con su cabellera oscura recogida, Angela coloca con conciencia toda la planta de sus zapatos negros en el suelo y empieza a respirar despacio con inspiraciones profundas. Poco a poco veo cómo su delicado cuerpo va liberándose con pequeños espasmos y se relaja lentamente.

—Así, muy bien —la animo—. Despacio y con calma. Lo estás haciendo genial.

Ella sigue respirando, abriendo y cerrando los puños, que apoya en su regazo. Cierra los ojos para concentrarse mejor y, de repente, los vuelve a abrir; puedo ver su miedo.

—Tómate tu tiempo —la guío—. Tú respira. Lo estás haciendo muy bien.

Despacio y con mucho esfuerzo, Angela al fin consigue volver a su cuerpo.

—¡Dios mío! —dice por fin, mirándome y sonriendo—. Qué susto...

Acto seguido rompe a llorar.

—¡Mierda! —se lamenta y se da un golpe en la pierna con fuerza—. ¡Mierda!

Ahora empieza a sollozar y a balancearse sobre sí misma.

—No puedo más —se lamenta mientras llora—. No puedo seguir así.

—Ya lo sé —la intento calmar—. Lo sé.

Le digo en mis adentros: «Bienvenida, corazón. Adelante, acabas de entrar en el mundo que conocemos como adulterio, infidelidad y traición. Una puñalada trapera. Un golpe demoledor. Entra y déjame que haga todo lo posible para ayudarte con este tormento que estás pasando».

Angela ya no vive en el mundo que conocía hace tres semanas. En ese mundo, al que ya no puede volver, tenía una vida feliz y estable. Tenía tres hijos (el mayor con catorce años), una carrera formidable y un marido maravilloso. Entonces, una buena mañana, mientras él se bañaba, tuvo el impulso o la intuición de agarrar su celular y mirarlo. Allí encontró correos electrónicos bien escondidos en cuentas ocultas. Había cientos de correos y eran provocativos y subidos de tono. Todos de Loreen, o a veces simplemente Lor. Lor, la mujer que se moría de ganas de volver a comérselo, a sentirlo dentro y contra su cuerpo.

Me duele muchísimo ver a Angela así. Antes, estas historias empezaban porque una mujer notaba un perfume diferente o una marca de pintalabios en la camisa. Ahora, con internet, se puede ser testigo de todo tipo de detalles más gráficos. Es como recibir mil cuchilladas, y no todas son superficiales.[1]

1. Perel y Real, «Dialogue on Infidelity».

—¿Tenía yo que saber que tiene unas piernas tan suaves y tersas? ¡Muérete! —De repente voltea hacia su marido como si le fuera a pegar, pero vuelve a llorar—. Muérete —vuelve a decir, esta vez perdiendo la fuerza.

Rota

Una infidelidad, que te engañen, te mientan o te traicionen: ese desgarro indescriptible que empieza en tu corazón y acaba destrozando toda tu realidad. ¿No eras quien me hiciste creer durante todos estos años? ¿Quien yo creía que eras? No te conozco. ¿Quién eres? ¿Con quién he estado viviendo todo este tiempo?

En 2002, Ronnie Janoff-Bulman escribió un libro de referencia sobre el trauma titulado *Shattered Assumptions* [Ideas hechas añicos].[2] Ese título capta la esencia de lo que es el trauma. El trauma te destroza, pero no en aquellos planos que tú esperas: te quita la alfombra que tienes bajo tus pies; te quita el suelo por el que caminas. Te hace replantearte las ideas que tenías, las cosas en las que creías con certeza cada día sin darle más vueltas, como que tu marido está en la conferencia que te dijo y no en los brazos de su amante. El trauma es apoyarte en la pared de la cocina y, sin saber cómo, hundirte en ella. El mundo ya no funciona igual, ahora hay muchas más sombras y miedos. Si ahora puedo hundirme al apoyarme en una pared, ¿qué más puede pasar?

Y aquí viene la pregunta que puede revolverte las entrañas aún más: si la persona que más quieres puede hacerte eso, entonces ¿de qué más es capaz? Se derrumba todo aquello en lo que creías. Te preguntas: «¿Desde cuándo llevas haciéndolo? ¿Cuántas mentiras me contaste? ¿Esta fue la primera vez? ¿La única? ¿Me estuviste engañando desde el principio?». Este alud de emociones es enorme, de una intensidad devastadora y terriblemente desestabilizador. La persona a

2. Janoff-Bulman, *Shattered Assumptions*.

la que acudirías para consolarte es la causa de tu dolor. Amor, odio, desesperación, asco, deseo, rechazo, necesidad desesperada... Todo se entremezcla dentro de ti como un huracán descontrolado. Nunca antes viviste una tormenta emocional como esta.

Ahora viene la afirmación controvertida que me gustaría hacer. ¿Todo lo que acabo de describir implica que el matrimonio de Angela y Mike es un desastre? No. Están pasando por un momento horrible dentro de lo que, a la larga, podría convertirse en un matrimonio aún más fuerte. Aún es pronto para saberlo. En la terapia de vida relacional, no tenemos ninguna intención de ayudar a una pareja que quedó destrozada por una traición a recuperar su vida de antes. Nosotros aspiramos a más. No quiero conformarme con ayudar a Mike y a Angela a superar esta crisis. Lo que quiero es aprovechar esta crisis para conseguir una transformación radical, un cambio en cada uno de ellos, pero también en el matrimonio. Gracias a mi formación como terapeuta familiar y a mi especialización en la teoría general de sistemas, entiendo las crisis como oportunidades. Tanto la transformación como la disolución empiezan con una crisis, con algo que crea un desequilibrio. Si el sistema se desequilibra mucho, puede llegar a hundirse, pero ese no tiene por qué ser el final.

—Su matrimonio ya no existe —les digo a Angela y Mike—. La pregunta es: ¿pueden construir uno nuevo?

Mi colega Esther Perel bromea al respecto: «¡En esta vida espero casarme seis veces, y espero que siempre sea con el mismo hombre!».[3] Algunas infidelidades acaban en divorcio, sin duda, pero en la mayoría de los casos, según las estadísticas, no es así. Dos de cada tres matrimonios superan el bache, y ahí no se contempla el factor de ir a terapia para buscar apoyo profesional. Angela y Mike están pasando por la tormenta; este es el punto más oscuro y duro de su matrimonio.[4]

3. Perel y Real, «Dialogue on Infidelity».

4. Carey y Parker-Pope, «Marriage Stands Up for Itself»; Marin, Christensen y Atkins, «Infidelity and Behavioral Couple Therapy»; Moritz, «If You Cheated».

¿Cuál fue el tuyo? La mayoría ha pasado por uno: puede tratarse de una infidelidad importante y devastadora, o quizá se debe más a los pequeños roces del día a día, al distanciamiento... Una muerte por desgaste. Ya sea algo grande o pequeño, la mayoría nos enfrentamos a un punto crítico, a una herida, a una desilusión tan grande que nos hace pensar lo que parecía imposible, la posibilidad de que quizá no lo superarán. Déjame que te recuerde algo: no somos inmortales. La muerte es parte de nuestro camino como seres humanos, como también lo son las limitaciones, las imperfecciones y el desequilibrio. Nuestras imperfecciones chocan de tal manera que pueden decepcionarnos, hacernos daño y, efectivamente, incluso hacer que nos traicionemos los unos a los otros.

James Framo, el padre de la terapia de pareja, dijo una vez que el día en el que te gires en la cama y te des cuenta de que la persona que tienes al lado te la ha colado, pero bien, que no es la persona de la que te enamoraste y que todo ha sido un error, según él, ese será el primer día de tu verdadero matrimonio.[5] Adelante, te estábamos esperando, aquí todos somos humanos. Aunque nos encantaría casarnos con personas perfectas, resulta que es justamente el choque de tus imperfecciones con las mías, y la manera en la que lidiamos como pareja con ese choque, lo que crea la intimidad real.

Armonía, ruptura y, luego, reparación.[6] Ese es el ritmo esencial dc cualquier relación íntima. Es como caminar: mantienes el equilibrio y, de repente, te tropiezas, te detienes y vuelves a recuperarlo.

El ciclo de armonía, desconexión y reparación empieza cuando somos bebés. Al principio de uno de los famosos videos del doctor Ed Tronick, una bebé se amolda perfectamente a los brazos de su madre, como si no tuviera huesos; parece un espagueti, allí metida; da la impresión de que no podría estar mejor.[7] Entonces algo pasa: le viene

5. Framo, «Reality of Marriages».

6. Mucho de lo que digo en esta parte sigue los conceptos o está sacado del trabajo pionero del investigador de desarrollo infantil Ed Tronick. Si te interesa leer más sobre el tema, consulta: Tronick y Gold, *El poder del conflicto*.

7. Tronick, «Still Face Experiment».

gas, hay un ruido o quizá tiene hambre. De repente, la bebé empieza a ponerse muy nerviosa, patalea y llora, y se niega a calmarse. La madre también se desespera, se le tensa la cara y la acuna, agitada. La mirada llena de enojo por la frustración que siente atraviesa a la criatura y esta, de manera instintiva, cruza sus diminutos bracitos para taparse la cara y no ver a su madre. Entonces, como por un milagro, acepta el chupón, o se le van los gases o el ruido desaparece, y entonces... vuelve a acomodarse y a descansar en los brazos de su madre. Todo esto sucede en cuarenta segundos.

Freud describió la relación temprana entre madres e hijos como un «regalo del océano ininterrumpido».[8] No fue hasta que llegaron investigadores como Ed Tronick y T. Berry Brazelton y pusieron una cámara adelante de madres e hijos que pudimos ver la historia real donde se crea la conexión, la perdemos y la volvemos a recuperar.[9] Cuando los bebés juegan sin parar a «¿Dónde está el bebé?», es la primera vez que algo les fascina: ahora está, ahora no, y ahora vuelve a estar aquí.

Todos sabemos que hay una fase de armonía, la fase de luna de miel, ese momento en que el corazón se te sale del pecho porque estás enamoradísimo y una mezcla química explosiva te inunda el cerebro. Una de las principales sustancias en este coctel es la dopamina, la sustancia que segregamos a modo de recompensa, la misma que se segrega al consumir cocaína para causar la adicción. Otra es la norefedrina, una sustancia activadora esencial en la respuesta de alerta de lucha o huida, que nos genera una sensación estimulante parecida a la excitación que se siente al hacer una carrera. También aumentan los niveles de testosterona y estrógenos, dos hormonas que crean ese deseo intenso e incesante.[10] Lo que sucede en el cerebro de las personas jóve-

8. Freud, *Future of an Illusion*.

9. Tronick y Gold, *El poder del conflicto*; Tronick, *Neurobehavioral and Social-Emotional Development*; Lester, Hoffman y Brazelton, «Rhythmic Structure of Interaction»; Nugent, Lester y Brazelton, *Cultural Context of Infancy*.

10. Acevedo, «After The Honeymoon»; Seshadri, «Neuroendocrinology of Love».

nes que se enamoran se parece tanto a un proceso adictivo (incluso llegando a presentar signos fisiológicos de abstinencia cuando no se está con la persona) que los psicólogos han sido conscientes desde hace mucho tiempo de este fenómeno de la adicción al amor o las relaciones románticas.[11] Yo incluso he conocido a personas que se han vuelto adictas a esta mezcla de «drogas» endógenas con la misma intensidad que si fueran otro tipo de drogas.

Se llama Pam, una belleza sureña de piel marmórea con ese encanto tan atento y atractivo propio de las mujeres de Savannah. Yo estaba «al otro lado de la mesa», como solemos decir, vamos, que era un participante en un grupo de sanación profunda de fin de semana. Pam nos está contando la crisis que lo cambió todo, el momento que la llevó a la sanación después de seguir un largo patrón de adicción al amor, «erotomanía», como lo llama su psiquiatra. Pam se había enamorado perdidamente de un escritor famoso que se había mudado hacía poco al lado de su casa de campo.

Una noche de verano, Pam nos cuenta que el hombre al que adoraba salió de casa con una maleta pequeña para pasar el fin de semana fuera y dejó a sus dos perros dóberman atados en el patio. Un escalofrío la recorrió entera al pensar en la oportunidad que se le presentaba. Sin pararse a darle más vueltas, empezó a buscar por el refrigerador y lo encontró: una hamburguesa. La desmenuzó en un plato y mezcló la carne con el polvito de siete tranquilizantes. Cuando lo tuvo todo listo, salió hacia la casa de su vecino y le dio la comida con los sedantes a los pobres animales, que en menos de media hora cayeron como moscas. Satisfecha por un trabajo impecable, trepó por la celosía y subió hasta el segundo piso. Se fue desplazando por la verja hasta encontrar la ventana de la habitación principal. Empezó a inspeccionar la habitación de su vecino como si aquello fuera un santuario: había ropa tirada por todas partes y libros en cada rincón.

11. Fisher *et al.*, «Intense, Passionate, Romantic Love»; Mellody, Miller y Miller, *La adicción al amor*; Seshadri, «The neuroendocrinology of Love».

—Podía olerlo —nos explica Pam—. Me sentía tan en paz... Estaba cerca de él, de ese hombre maravilloso. Y en ese momento se despertaron los perros.

Los que estamos escuchando la historia nos quedamos sin saber cómo reaccionar. ¿Nos reímos? ¿Empatizamos con ella?

—Mierda... —suelta Blake, un hombre delgadísimo, y hace una mueca como si acabase de chupar un limón.

—Y ahí estaba yo —sigue contándonos Pam—, colgada como podía de la verja con dos dóberman ladrándome desde abajo. —Hace una pausa para mirarnos—. En ese momento me dije la frase que cambió mi vida. Miré fijamente a la cara descompuesta que me miraba en el reflejo de la ventana y dije con firmeza: «¡Mujer, necesitas ayuda!».

No sabemos muy bien cómo, Pam consiguió salir de allí de una pieza y fue a su primera reunión de codependientes anónimos. Desde entonces, su vida cambió para bien.

Muchas personas adictas al amor, si no tratan el problema, pasan de una luna de miel a otra, dejando a sus espaldas un rastro de destrucción. Russel, con sus casi ochenta años, había sido un hombre con éxito profesional y dinero, lo que le permitió crear tragedias épicas. Se enamoraba locamente y se casaba al poco. Las cosas iban de maravilla durante unos años y luego «a los tres o cuatro años, aparecía la persona de verdad. ¡Qué pereza!». Cuanto más se quejaban sus mujeres, más se alejaba Russel, hasta que encontraba a la siguiente amante. Después de unos años, dejaba a la mujer por la amante, que se convertía en la siguiente mujer, y así suma y sigue. Cuando lo conocí, estaba con la que él describió como «quinta mujer B».

—Le pedí a la quinta aspirante A que se casara conmigo, pero fue lista y se olió el asunto, así que me rechazó y acabé casándome con la siguiente.

Con cinco mujeres, siete hijos y un montón de nietos, Russel describía su vida como un «vacío existencial y crónico».

Como un coche que no quiere entrar en segunda, Pam y Russel se quedaban atrapados en la primera fase de la relación. No habían tenido que batallar con nada en sus relaciones, no habían llegado a cambiar la fantasía por la realidad ni la gratificación por la intimidad. A esta primera etapa de las relaciones la llamo «amor inconsciente». Quizá algo desde muy adentro te dice que esa persona es para ti, sus almas se reconocen, pero no tienes ni idea de cómo paga sus cuentas o qué relación tiene con su familia o cómo tiene el suelo de la cocina.

Tarde o temprano, la realidad empieza a meterse por las rendijas y la armonía se transforma en desconexión: la segunda etapa de la relación. La idealización de la primera etapa cae ante una decepción que, a veces, parece insoportable: «No eres para nada la persona que creía que eras». Para muchas personas, la desilusión viene cuando esa felicidad inconmensurable propia de la fase de armonía cae bajo la decepción que la vida diaria y el aburrimiento traen consigo. Para otros, en cambio, como en el caso de Angela, la desilusión viene con una patada inesperada en el estómago. La familiaridad en el día a día nos facilita la transición hacia la desilusión. Una infidelidad nos quita la venda de los ojos de un jalón.

Angela, en su fragilidad, está luchando contra tal torbellino de emociones y su desencanto es tan grande que apenas puede mantener la compostura los siguientes cinco minutos; está en un estado de *shock* severo. Voltea hacia Mike y le repite la misma pregunta que lleva haciéndole desde que descubrió la infidelidad:

—¿Cómo pudiste? —Esa es una de las dos preguntas que atormentan a casi todas las parejas heridas—. Te lo pregunto de verdad: ¿qué se te pasaba por la cabeza cuando la dejabas en la cama y venías a cenar con tu familia? ¿Cómo podías?

Como la decepción que conlleva la infidelidad casi siempre viene acompañada de la sorpresa, la otra pregunta que suelen hacerse es: «¿Cómo sé que no vas a volver a hacerlo?». Tu realidad ya no existe como la conocías. Las parejas que han sufrido la traición, como todos los supervivientes al trauma, sienten el impulso de volver a recomponer la realidad que conocen. Angela tiene mil preguntas sin respuesta: «Cuando las Navidades pasadas me dijiste que estabas en Chicago, en realidad estabas...». Necesita saber el color y el modelo del camión que acaba de atropellarla. Pese a todo lo que estoy explicando, la infidelidad no es más que la manera más dramática de un proceso por el que pasan todas las relaciones: la deprimente sensación de que las cosas no son como esperabas.

En terapia familiar nos enseñan que debemos imaginar que las parejas tienen un «contrato matrimonial», normalmente tácito.[12] Tal vez una de las cláusulas sea: «Voy a protegerte y a asegurarme de que no te pasa nada malo». O bien «siempre voy a estar a tu lado y a valorarte como nadie antes lo hizo». O bien «tú aportarás estabilidad a nuestras vidas y yo, pasión». Estos contratos tácitos están muy bien, hasta que ya no nos sirven. «Serás mi pilar» pasa a ser «no necesito otro padre». «Yo aportaré pasión a nuestras vidas» se convierte en «y también a la vida de Harry y Bill». Tarde o temprano, y hasta cierto punto, se convierte casi en algo inevitable cuando se tienen hijos, el sueño se derrumba y aquello que tu pareja te ayudaba a superar ahora te lo sirve en bandeja de plata.

Enamorarse significa que, seas consciente o no, piensas: «Esta persona me ayudará a sanar, o al menos no me abrirá las heridas del pasado y me dará lo que me faltaba». La decepción viene cuando nos damos cuenta de que no es que tu pareja no te vaya a sanar, es que directamente está diseñada para clavarte una barra de acero ardiente en el ojo.

Lo malo de la fase de desconexión es que duele, y mucho. Durante más de veinte años, he hablado a las personas que vienen a mis conferencias de lo que yo llamo «odio conyugal estándar». Y, hasta la fecha, nadie vino a buscarme después de la charla para preguntarme: «Terry, ¿a qué te referías con eso?».

Lo primero que me preocupa al trabajar con Angela, viendo en qué estado está, son cosas muy concretas: ¿está comiendo? ¿Duerme? ¿Su

12. Perel, *State of Affairs* (trad. cast.: *El dilema de la pareja. Una nueva mirada acerca del amor y las relaciones*, Diana, Planeta, Barcelona, 2020); Real, «Working with Infidelity in Couples Therapy».

mente está plagada de pensamientos intrusivos? («Sus piernas tersas y suaves»). ¿Necesita algunos medicamentos para dormir o para aliviar su depresión o su dolor? ¿Debería hacer directamente algún ejercicio de sanación para recuperarse del trauma, quizá un poco de terapia EMDR de Desensibilización y Reprocesamiento mediante Movimientos Oculares (EMDR, por sus siglas en inglés) para ayudar a quitarse de la cabeza esas imágenes sexuales que la torturan y que no dejan de perseguirla?

Después me centro en Mike. ¿Por qué la engaño? La pregunta más importante para el que ha sido infiel es: «¿Por qué?».

Por lo general, suelen darme dos respuestas. La primera es puro egoísmo: «No lo sé, estaba de viaje por trabajo, habíamos salido y...». Ya, sí. Y la segunda es: «No sé cómo pasó, de verdad, no es algo que buscara. No tenía tiempo». Sí, claro. El problema con estas defensas es la falta de responsabilidad a la hora de asumir sus actos. Que hayas sido infiel ya demostraba tu irresponsabilidad, pero ahora, dando excusas tan pobres, no haces más que confirmar tu falta de compromiso y tu desinterés por aceptar lo que hiciste. ¿Y qué quieren decir esas respuestas, que pasó sin más?

—Mike —empiezo a decirle—, nosotros no preguntamos por qué la gente pone los cuernos porque la respuesta es obvia. Un amante nos hace sentir bien, es algo nuevo, nos ilusiona y, además, nos da placer sexual. La pregunta aquí es qué te impediría engañar a tu pareja. ¿Qué le lleva a alguien a decir que no?

Mike se remueve en su asiento. Parece que quiere hablar, pero yo sigo con mi explicación:

—Yo sigo diciendo que no hasta ahora y llevo haciéndolo muchos años. ¿Te puedo dar mis motivos?

Mike asiente.

—Porque no quiero hacerle daño a mi pareja. Porque no quiero mirar a mis hijos a los ojos y decirles por qué su padre engañó a su madre. No quiero arruinar mi reputación y, lo creas o no, prefiero vivir en mi integridad. Esas son mis razones. Pero hay algo en ti que pudo con tu respuesta negativa y estamos aquí para averiguar qué fue.

Con los años he descubierto que hay dos factores generales que consiguen vencer al «no». Se es infiel por dos motivos:

1. La persona que comete la infidelidad no sabe contenerse. Dicho de otra manera, su egoísmo vence a su capacidad relacional, por lo que en algún punto será infiel. El problema en estos casos es el narcisismo y el sentimiento de potestad. «La vida es corta y me lo merezco.»
2. La calidad de la relación es tan mala (hay peleas constantes, distanciamiento o simplemente indiferencia) que la persona que es infiel considera que no hay nada que proteger. «Si me descubren, tampoco pasa nada, ya que estamos muy mal».

Cuando acepto un caso para ayudar a una pareja a volver a conectar, lo primero que suelo hacer es averiguar si el problema principal es el carácter de la persona infiel o el estado en que se encuentra su relación, o las dos cosas. Resulta que el caso de Mike es bastante sencillo: a pesar de que lleva casado dieciséis años, parece que nunca salió de la preparatoria. Es normal que los fines de semana se vaya con los amigos, beba sin control y salga de fiesta como un adolescente. Por lo que parece, se siente que tiene todo el derecho del mundo a hacerlo, así que prácticamente no ayuda en casa ni con los niños. Trabaja hasta tarde, se gana la vida de forma estable y, cuando llega a casa, suele preferir estar solo. Es electricista y trabaja duro, así que con el dinero que trae a casa ya hace su aportación a la familia; así es como lo ve él.

Cuando Mike conoció a Angela, en la preparatoria, él era el rebelde, el chico malo, y ella, la niña buena. Y, por lo visto, así quedó reflejado en su contrato matrimonial tácito. Él la ayudaba a soltarse el pelo, a bailar, y el sexo era genial. Ella le daba estabilidad y era su voz de la conciencia. El padre de Mike era alcohólico y mujeriego, por lo que en su familia había habido mucho caos y conflictos. La familia de Angela era normal y amable, un regalo. Él la enseñaba a divertirse, y ella a él, lo que era la responsabilidad. El problema es que Angela, como era de esperar, resultó ser mejor alumna que su marido. No tenía reparos en la cama y había cambiado sus camisones por increíbles conjuntos de lencería y esposas, pero Mike en lo que no tenía reparos era en cambiar a Angela por cualquiera que se le acercara.

Mike ligaba cuando salía con los amigos: salía con los mismos «chicos», como los llamaba él. Bebían, ligaban; a veces cazaban, «a veces coqueteábamos con chicas». Nunca había procesado del todo que ya no estaba soltero. A pesar de lo mucho que odiaba a su padre, inconscientemente, lo tenía como su referente, lo que hacía que entendiera la familia como una base desde la que salir a vivir aventuras. Simplemente, la idea de quedarse en casa con su mujer y sus hijos no era lo primero que le venía a la cabeza cuando quería pasársela bien. Para Mike, la familia era una obligación, mientras que la diversión era algo que se buscaba fuera. Mike hacía lo que algunos terapeutas llaman «división entre amor y deseo». En casa encontraba estabilidad, bondad y responsabilidad, y se sentía muerto. Fuera, en la calle, había aventuras, maldad y egoísmo, y se sentía vivo.

—Quizá no lo parece —me dice Mike después de que le explique todo esto—, pero tengo un corazón muy grande. —Sé que dice la verdad—. No soy de esos tipos cerrados que no sienten nada, ¿verdad? —busca confirmación en Angela, quien asiente como buenamente puede—. Y estoy conectado con mi cuerpo. O sea, me muevo bien, sexualmente.

—Entiendo —le contesto.

—Lo cierto es que no parece que pueda hacer las dos cosas con la misma mujer.

—De acuerdo —le digo y hago una pausa—. Oye, Mike, háblame un poco de tu madre.

Su madre era prácticamente una santa, lo cual no me sorprende. Era una mártir muy sufrida que creció en el seno de una familia católica irlandesa de Boston. Mientras su padre arrasaba con la vida, su madre cuidaba y protegía la casa.

—Bueno —le digo—. Ahora entiendo por qué sientes que tienes derecho a actuar así.

—¿Derecho? ¿Qué quieres decir?

—Mike, tú esperas que Angela aguante todas tus chingaderas.

Al escuchar esto, baja la cabeza, molesto.

—Como lo hacía tu madre —sigo—. Recreaste el matrimonio de tus padres.

Mike está en *shock*, pero yo todavía tengo esperanza. Al menos aceptó tomar terapia de pareja y lo está intentando. No sabes cuántas mujeres he visto a lo largo de los años que aguantan lo inaguantable, por miedo a arruinar las cosas, y se quedan con sus maridos a pesar de que estos se portan horrible, y luego, al final, las acaban dejando por otras. Yo les hablo de «intimidad brutal» a las parejas con las que trabajo, que es el valor de saber cómo aceptar a la otra parte cuando se está en un estado de desconexión. (Para saber más sobre la intimidad brutal, échale un ojo al curso «Staying in Love: The Art of Fierce Intimacy», en <Terryreal.com>).

Angela y Mike se conocieron en la preparatoria. Los dos eran «del barrio», es decir, del sur del Boston irlandés, y a Mike no le acababa de hacer gracia que su mujer sacara la fuerza para confrontarlo por su mal comportamiento. Su madre sí había aguantado. No obstante, tal como le informo, los tiempos han cambiado.

—Nunca me gustó que te fueras a beber y de fiesta con tus amigos —explica Angela—. Pero pensaba que se te pasaría, que al final te darías cuenta, pero esto... —Alarga los brazos con las palmas abiertas y se las queda mirando como si estuviera sosteniendo un mapa—. Esto no me lo esperaba. Confiaba en ti. Pensaba que nuestro vínculo era más fuerte.

—Y lo es, Ange —se lamenta su marido.

—Lo era, Michael. Lo rompiste —le dice y aparta la mirada—. Ahora ya no sé dónde estamos.

Para mis adentros pienso: «Están en el campo trabajando a pleno sol, en el matadero». Están metidos en un crisol cuyo contenido se va a disolver mediante un proceso de alquimia, lo cual será la única forma de que puedan transformarse. El dolor había conseguido fundir a Angela y dejar solo su esencia. La pregunta es si puedo ayudarlos a pasar al otro lado y que estén bien. ¿Pueden arreglar las cosas?

—¿Todavía quieres estar con él? —le pregunto a Angela.

—Tal y como es ahora, no —me contesta con una honestidad y una fuerza admirables.

—¿Qué quieres que cambie?

—¡Él! —exclama—. Cada célula de su cuerpo. —Voltea con energía para encararse a su marido—: Es muy fácil, Mike, o maduras o haces las maletas.

«Bueno, bueno, bueno, Angela —me regodeo en mi cabeza—. Parece que sí te sabes defender».

—Y rápido —añade—. Cambia ya. O no cambies. Lo que quieras. Pero yo no me voy a quedar esperando mucho más.

—Vamos, Ange —le suplica—. Amor, no...

—¡No me llames «amor»! —le grita—. Guárdatelo para tus novias.

Entonces me mira a mí, sin saber qué hacer. Los ojos de Mike me están diciendo: «Haz algo».

—Mike, ¿quieres que te dé mi opinión?

Él asiente con energía, como diciendo: «¡Sí, ayúdame! Dame un chaleco salvavidas para saber que hay esperanza».

—Bueno, pues ahí va. —Hago una pausa y le digo—: Angela tiene razón. Lo destrozaste todo a tu paso. —Le explico el tipo de grandiosidad al que yo llamo «ser un malote» y que le lleva a creersc que puede hacer lo que le da la gana—. Tienes treinta y seis años, pero crees que estás en en la preparataria con la banda de *Vaselina*.

—Oye —me rebate—, yo nunca...

—Sabes perfectamente a lo que me refiero —lo interrumpo—. Podrías hacerte un copete, ponerte un cigarro detrás de la oreja e ir masticando chicle todo el día.

Mike empieza a reírse de mí:

—Creo que te equivocaste de época.

Se me queda mirando con una sonrisa, pero mi cara es seria.

—¿Por qué te casaste? ¿Por qué tuviste hijos?

—Quiero a mi mujer —me contesta. Mi pregunta le dolió—. Quiero a mis hijos.

Me acerco a él para confrontarlo:

—Entonces soluciona tus problemas y protege a tu familia. Cada vez que faltas al respeto a tu matrimonio, la pones en peligro.

No le está gustando nada que le diga todo esto.

—Mike —le digo para acabar—, tengo buenas noticias para ti, pero creo que nunca lo acabaste de entender.

—¿Qué?

—Tienes una familia.

Volver. Subsanar. ¿Cómo vuelves a unir las piezas? ¿Por qué deberíamos intentarlo? A la etapa de la armonía en las relaciones la llamo «amor inconsciente»; a la fase de desconexión la llamo «conciencia sin amor». En este punto conoces todos y cada uno de los defectos y las imperfecciones de tu pareja. Lo ves todo, pero no sientes mucho amor por ella. En esta fase, tu mentalidad entra en modo «tú y yo», te enfrentas a un enemigo, y tu objetivo es tu supervivencia psicológica.

La manera de Angela de gestionar sus problemas con Mike dependerá totalmente de los rasgos concretos de su parte infantil adaptativa. Con el pequeño inconveniente de que su adaptación por defecto (el hecho de ser complaciente, de ser buena) la acaba de destrozar y de escupirle en la cara. Quizá es el momento de hacer un cambio, y ahí viene el regalo que te has ganado después de la puñalada que trae la desconexión.

Recuerda que para abrir un nuevo circuito neuronal tenemos que hacer explícito lo implícito. En el caso de Mike fue: «He estado viviendo como un adolescente en el cuerpo de un adulto». En el caso de Angela: «He hecho de madre cuidadora y pasiva». Además, tenemos que sentir un rechazo por esa antigua costumbre. «Quiero aprender a estar presente para mi familia y a cuidarla» y «voy a decir lo que siento y voy a aprender a decir que no». Dicho de otra manera, al haberse quemado con las infidelidades de Mike, los dos, con mi ayuda, quizá pueden acceder a sus partes adultas sabias y conectar así con sus rasgos y comportamientos más maduros. El nuevo Mike pensará: «Mi familia me necesita». La nueva Angela pensará: «Tengo que decir lo que pienso y plantarme cuando haga falta». Así, la pareja transformará su conducta radicalmente y su matrimonio pasará a una nueva fase de desarrollo, una en la que se trabajará continuamente para saber cómo solucionar los problemas.[13]

13. Para hacer un cambio permanente en nuestra parte infantil adaptativa debe tener lugar el proceso al que en neurobiología llaman «reconsolidación de la memoria». La terapia de vida relacional usa el término «parte infantil adaptativa» para hablar de las formas iniciales en las que cada persona aprendió a mantener su seguridad y estabilidad lo mejor que supo y pudo. En el caso de Angela, su aprendizaje emocional previo («Si no hago nada y sigo siendo complaciente, no me pasará nada malo»), se rompió en mil pedazos cuando descubrió que su marido le había sido infiel. Esto permitió que su aprendizaje emocional se hiciera mucho más maleable y estuviese preparada para actualizarlo con nueva información durante un breve periodo de tiempo. Cuando se dan estos choques entre conocimiento y realidad, tenemos la oportunidad de iniciar el proceso de reconsolidación de la memoria. Ahora Angela tiene este nuevo aprendizaje emocional: «Expresar mis necesidades y mi opinión me mantendrá a salvo, mi seguridad no dependerá de complacer a Mike». No puede complacer y expresar sus necesidades al mismo tiempo, así que las dos opciones no pueden ser lo que mantenga su seguridad; por lo tanto, se confirma la nueva información y se cambia el conocimiento previo. De esta manera, ahora Angela ha introducido un nuevo aprendizaje emocional que la mantendrá a salvo y la ayudará a defender su postura y sus necesidades en su cerebro límbico. Esto representa un cambio directo en la parte infantil adaptativa (el cerebro más bajo, que se apoya en la memoria implícita) más que en la parte adulta sabia (la corteza prefrontal, donde los pilares fundamentales son la compasión, la curiosidad y el valor). Este cambio facilita muchísimo las cosas a la parte adulta porque así tiene menos que regular. Angela percibirá menos riesgos porque ha conseguido fortalecer la seguridad y la confianza en sí misma y en la relación en el cerebro límbico inferior. Con este tipo de experiencias y procesos, las relaciones de pareja pueden ayudarnos a sanar, en algunos casos, traumas severos si las condiciones son adecuadas. Sanamos a medida que vivimos experiencias en diferentes ocasiones que nos ayudan a ver que nuestras expectativas negativas no se cumplen con los conocimientos que ya tenemos. La amabilidad y el amor son sanadores. La empatía puede sanar, si se da indirectamente. Parece que la mejor manera de abrir el corazón de otra persona es abrir el tuyo. Ecker, «Memory Reconsolidation»; Ecker, Ticic y Hulley, *La reconsolidación de la memoria*; Exton-McGuiness, Lee y Reichelt, «Updating Memories»; Schwabe, Nader y Pruessner, «Reconsolidation of Human Memory»; Tronick y Gold, *Power of Discord*; Tronson *et al.*, «Fear Conditioning and Extinction».

Hacer un cambio permanente en la postura de tu parte infantil adaptativa requiere lo que los neurobiólogos llaman «reconsolidación de la memoria», como sucede cuando cambiamos las expectativas automáticas de la imagen negativa de base.

La regla emocional que seguía Ángela antes era: «Si soy pasiva y complaciente, estaré segura», pero la infidelidad le ha tirado por tierra esta teoría, lo que de momento la ha vuelto muy maleable. El regalo que nos trae la discordancia entre nuestro aprendizaje de base y el nuevo es la oportunidad de hacer una reconsolidación de la memoria. La nueva regla de Angela será: «Si pongo mis límites, estaré segura. Mi seguridad no depende de Mike». Si sigue creyendo que siendo complaciente estará a salvo, no pondrá límites; por eso, al confirmar que la regla no funciona, puede crear una nueva verdad emocional en su circuito neuronal implícito.

La reconsolidación de la memoria es un cambio que afecta directamente a la parte infantil adaptativa (un concepto emocional implícito, subcortical) en vez de a la parte adulta (corteza prefrontal conectada y receptiva al sistema subcortical). Esto facilita muchísimo que la parte adulta coja las riendas de la situación porque tiene menos que regular en el sistema subcortical. Las experiencias que se repiten en nuestra vida real y que desmienten las expectativas negativas que tenemos nos permiten sanar las relaciones íntimas e incluso, en algunos casos, si se dan las condiciones adecuadas, el trauma severo. La amabilidad y el amor son sanadores. La empatía puede sanar, si se da indirectamente. Parece ser que la mejor manera de abrir el corazón de otra persona es abrir el tuyo.

El regalo de la sanación

La sanación es el tercio final del ciclo de armonía, desconexión y reparación. A esta etapa la llamo «amor consciente». Ya llegaste hasta aquí, y ahora conoces los errores y los errores de tu pareja —el genio que se le descontrola, el cariño que le cuesta dar, la torpeza, la tacañería, la tendencia a controlar—, y aun así decides quererla. Lo que la relación te da compensa lo que le falta, así que aceptas esas partes de tu pareja que, si estuvieras solo o sola, intentarías evitar.

El nivel de egoísmo e inmadurez de Mike llega a ser tóxico. Aunque no lo dirías jamás por la forma en la que actúa, adora a su mujer y a sus hijos. ¿Angela todavía quiere seguir con él? Sí, siempre que pueda madurar y aprender a serle fiel. Está enamorada de su hombre. ¿Es el marido más sensible del mundo? Ni por asomo, pero la hace reír con esa sonrisita tonta y siente que su hogar es estar los cinco juntos.

—Tienes que tomar una decisión —le digo a Mike—. Puedes aceptar que estás casado y respetar a tu mujer, o puedes ser libre y disfrutar de tu soltería como quieras. Lo que no puede ser es que sigas aferrándote a ambas cosas.

Mike mira a su mujer un buen rato con pesar. Le incomoda sentir todo esto. No sabe expresar sus sentimientos. Me da incluso un poco de pena, pero se me pasa cuando recuerdo todo el daño que hizo.

—Lo siento, Ange —le dice a su mujer—. No sé qué más decirte... Lo siento muchísimo, amor.

A su lado, Angela está molesta con esa disculpa, así que decido intervenir:

—Angela —le digo—, intenta escuchar lo que te dice.

Mike clava la mirada en el suelo.

—Mírala a ella —le pido— y díselo.

—Es que... —empieza de nuevo, con visible frustración porque no sabe cómo explicarse—. Angela, es que... eres lo mejor que me ha pasado en la vida. Tú y los niños, claro. Lo son todo para mí.

—Pues demuéstralo —le contesta con frialdad.

—Ya lo sé, ya lo sé. Lo hice terriblemente mal, ahora me doy cuenta. —Su mujer levanta la cabeza para poder mirarlo a los ojos—. Soy un idiota, lo sé. No me merezco una segunda oportunidad, pero si me la das, Ange, si me perdonas, te juro que...

—¿Qué? —le pregunta, esperando a ver qué dice, no muy convencida.

—Que nunca te volveré a hacer daño. No así. Nunca más, Ange. No voy a volver a poner en peligro nuestra familia. Si me... Ya lo sé, si es que no sé por qué lo ibas a hacer. Pero si me perdonas, intenta aprender a confiar en mí.

Mike hace una pausa y se la queda mirando. Ella alza el mentón para que la vea bien.

—Nunca más, mi vida. Te lo juro por lo que más quieras.

Desde el amor, sin corazas, Mike vuelve a hacer su promesa para recuperar a su mujer:

—Nunca más te volveré a hacer tanto daño. Voy a hacer todo lo que esté en mi mano —le garantiza.

—Perfecto —le contesto yo—. Voy a asegurarme de que cumples tu palabra.

Envié fuera a Mike. Siguiendo mi consejo, se fue una semana a hacer un tratamiento intensivo en Arizona. En esa semana, nuestro hombre de Boston hace terapia verbal, trabajo corporal, psicodrama, EMDR,[14] terapia equina y todo lo que te puedas imaginar. A su vuelta, me encuentro, como esperaba, con un hombre más sensible y conectado. En nuestra primera sesión después de su trabajo personal, llora para expresar su culpabilidad y Angela tiene la confianza necesaria para creerle. En los siguientes meses les voy escalonando las sesiones. Una semana con los dos; una semana con Mike a solas. Le hago sesiones para enseñarle habilidades relacionales y para que aprenda a asumir su papel como marido y padre. Me convierto no solo en el terapeuta de Mike, sino también en su mentor.

Aquí tienes otra diferencia fundamental entre la terapia de vida relacional y la terapia convencional. Quienes ejercemos la terapia de vida relacional, ya seamos hombres o mujeres, nos convertimos explí-

14. (Por sus siglas en inglés, *Eye Movement Desensitization and Reprocessing*) es una terapia de desensibilización y reprocesamiento por movimientos oculares diseñada por Francine Shapiro. Para más información sobre este método, véase Shapiro y Forrest, *EMDR*.

citamente en mentores de nuestros pacientes. Hablamos desde la autoridad que nos da nuestra formación y nuestra experiencia clínica, sin duda, pero estamos profundamente arraigados a nuestra propia sanación relacional. Nos parecemos más a los mentores de los Doce Pasos que a un terapeuta tradicional. Fíjate en el potencial que perdemos cuando los terapeutas nos escondemos detrás de la barrera de la «profesionalidad» y la «neutralidad».

—Tú creciste en una cultura patriarcal, individualista y disfuncional, Mike —le explico—, y yo también. Tú creciste en una familia disfuncional, como yo. Yo era una versión de ti, Mike. Estaba herido, hacía daño a los demás, creía que tenía derecho a hacerlo, estaba perdido. Sin embargo, con la ayuda adecuada, maduré. Y ¿sabes qué? Si yo lo conseguí, tú también puedes.

Mike no me está mirando a mí. Mientras le cuento todo esto, su mirada está clavada en su mujer.

—Me encanta cómo la estás mirando —le comento—. ¿Puedes describir lo que dice esa mirada?

—Es que...

—Díselo —lo animo.

Mike voltea para estar de frente a Angela.

—No sé, solo quería decir que entiendo por qué no confías en mí, Ange —le dice y deja caer la cabeza.

—Sigue mirándola —le pido, y cuando vuelve a subir la mirada, veo que está llorando.

—Es que no sé ni cómo ni por qué ibas a... a volver a confiar en mí. —Mike se acerca a su mujer y ella le toma la mano—. Pero puedes hacerlo. No tienes que creerme todavía. Sé que tengo que demostrártelo —dice y deja escapar un suspiro—. Pero yo lo sé. Tú puede que aún dudes, pero yo estoy seguro. Aprendí. —Ahora sus lágrimas ruedan libremente por sus mejillas—. Eres lo mejor que me ha pasado, ¿de acuerdo? Es lo que siento. —Hace una pausa y respira hondo—. Te voy a demostrar lo que siento por ti con mi forma de tratarte. De verdad.

Ella también se acomoda para estar más cerca de él. Entonces Mike le agarra la mano y la aprieta contra su pecho, contra su corazón.

—Lo voy a hacer desde aquí —le dice, apretando con fuerza—. Desde aquí.

Angela se acerca más hacia su marido.

—¿Quieres que te abrace? —le pregunto, y ella asiente—. Adelante —los animo mientras se abrazan el uno al otro con fuerza—. No se suelten. No se suelten.

Armonía, desconexión y reparación.

Nuestra cultura está obsesionada con la etapa de la armonía en las relaciones. En una gran relación no hay problemas, al igual que un buen cuerpo no puede tener barriga o que una vida sexual satisfactoria es la de un veinteañero. Ahora mismo, al menos en mi campo, la expresión en boga es «adaptación». A los padres y madres se les pide hasta el cansancio que se adapten a su bebé; en un matrimonio se enseña a las personas que deben ser el «receptor perfecto» para la pareja. Si quieres saber qué opino, que sepas que yo estoy con Ed Tronick: lo que crea la confianza en una relación no es el hecho de que se rompa la armonía, sino justamente conseguir sobrevivir al desastre una y otra vez. Tronick lo explica así:

> En vez de sentir impotencia, un bebé que ha fallado muchas veces a la hora de reconectar desarrolla una forma optimista de relacionarse con el mundo. Consiguió darle un sentido concreto a su experiencia, una expectativa positiva, que la ayuda a fomentar su resiliencia.[15]

Atentos, padres y madres sobreprotectores que están angustiados: la resiliencia no se alcanza cuando no existen desavenencias y desconexión, sino cuando las superamos con ayuda de la otra persona. La vida es un caos, pero no estamos solos. Experimentamos desconexión, desequilibrio y errores a la hora de adaptarnos, pero se trata de meras interrupciones en el campo de las relaciones, no de una ruptura irremediable.

15. Tronick y Gold, *El poder del conflicto*.

Es más, ya se trate de la relación con tu pareja o con tus hijos, déjame que te diga algo que nos ayuda saber a la mayoría de mis pacientes y a mí. Aunque sepamos que puede ser bueno cierto grado de desconexión en las relaciones, ¿dónde está el límite? ¿Cuántas veces puede ir el cántaro a la fuente hasta que se rompe? Pues resulta que Tronick, y la generación de especialistas en desarrollo infantil que lo siguió, tienen una fórmula. ¿Qué porcentaje de adaptación y desequilibrio necesita una criatura para crecer sana? ¿Qué nivel de desconexión puede soportar una relación para que pueda seguir considerándose un entorno seguro? La proporción 70/30 es el principio que se presenta en los estudios.[16] Un 70% de desequilibrio contra un 30% de sintonía, siempre y cuando ese desequilibrio se consiga reparar. Es como un bateador de beisbol: si tres de cada diez veces lo consigues, eres genial, siempre y cuando tu equipo te dé un abrazo las otras veces que has fallado.

¿Y cómo reparamos el daño que causan los desequilibrios? ¿Qué hacemos para reconectar cuando hay una interrupción? Entre padres e hijos es fácil: solo tienen que reencontrarse. Para las personas adultas con sus propios problemas a cuestas es un poco más complicado, porque hay cosas que nos remueven y nos conectan con otros traumas. Entramos en conflictos que se enquistan con las cicatrices de heridas del pasado. Llenamos el presente con expectativas de nuestro pasado: me vas a tratar como ya lo hicieron.

Los neurobiólogos dicen que este tipo de expectativas negativas forman parte de nuestra memoria implícita, las ideas sobre nosotros que proyectamos al mundo y cómo el mundo reacciona ante nosotros. Las expectativas negativas de nuestro presente son suposiciones que vamos arrastrando desde el pasado, una especie de aprendizaje de nuestro pasado, ya sean esos desequilibrios que fueron demasiado intensos (es decir, traumáticos) o esos desequilibrios que siempre se quedaban sin subsanar, del tipo: «¡Me obligaste a hacerlo! Me duele más a mí que a ti».

16. *Ibid.*

La clave radica en el hecho de saberse a salvo, y la seguridad, desde mi perspectiva como terapeuta familiar, se basa en el tema de los límites, de saber regular la distancia.[17] No me vas a aislar, no me vas a abandonar, pero tampoco vas a invadir mi espacio ni a intentar controlarme. El neurocientífico Stephen Porges sugiere que para sentirnos seguros con otra persona con la que interactuamos se tienen que dar dos condiciones: que no se persiga un objetivo y que no haya jui-

17. Cuando una persona se siente segura, su cerebro no tiene una reacción de juicio ni de motivo oculto. No ve a su pareja como el enemigo ni intenta cambiarla. Sin embargo, cuando una persona, en un plano automático e inferior, detecta algún peligro, la respuesta normal del cerebro es que hay un motivo y emitirá un juicio. Por eso pensará que su pareja ha hecho algo malo o es el enemigo, e intentará cambiarla. Si consigues mantener esa sensación de seguridad, podrás influir en el baile que cocreas con tu pareja respondiéndole con amabilidad, poniendo límites donde sea necesario y con tu parte adulta sabia, incluso aunque tu pareja no se encuentre en esta posición de calma y control. Si tu pareja muestra una actitud de juicio contra ti, te sentirás en peligro durante un momento, pero si te olvidas del resultado de este momento y centras tu atención y energía en colaborar juntos en vez de en ganar, esa sensación de peligro desaparecerá. No tienes que quedarte alerta y con miedo solo porque tu pareja sienta eso en este momento. Si traspasas estas emociones, podrás poner las cartas sobre la mesa o mostrarte vulnerable sin perder la sensación de que estás a salvo. Esta es una herramienta relacional: la mentalidad de mindfulness relacional es la elección de priorizar a la relación que se construye segundo a segundo. Olvídate de ganar, suelta el control y deja que el amor te recorra el cuerpo para poder construir una colaboración y la conexión con los demás. Es una práctica, y como la mayoría de las prácticas, la mejoramos con el tiempo, pero te aseguro que, aunque no sepas utilizarla perfectamente aún, conseguirás cambiar la relación que tienes contigo y con los demás. Este cambio de mentalidad es un truco increíble para el sistema nervioso automático. El mindfulness relacional nos permite que en vez de reaccionar a algo (desde una sensación de peligro donde vemos juicio y motivación por parte del otro) podamos responder (mostrando una actitud flexible, vulnerable, empoderada y regulada), a pesar de que ante nosotros no tengamos a una persona que ahora mismo esté conectada con su parte adulta sabia. Esta herramienta nos empodera muchísimo: tú decides de manera consciente utilizar el mindfulness relacional. Tú eres quien controla tu seguridad emocional. Esperas que tu pareja también haga su trabajo y te ayude, pero, si no es así, tienes la seguridad de que vas a estar bien de todas formas. Badenoch, *Heart of Trauma*; Dana, *Polyvagal Theory*; Porges, *Polyvagal Theory*; Tronick y Gold, *El poder del conflicto*.

cio.[18] «No voy a invadir tu espacio ni a desaparecer». Lo que me gustaría añadir a la idea de Porges es que la situación no debe ser ni estática ni individual. Las personas de una pareja se corregulan entre sí continuamente. Si sientes que tu pareja está invadiendo tu espacio, quizá le puedes decir: «Oye, me estás tocando el cuello con el pie y no me gusta. ¿Lo puedes mover un poco?». O si tu pareja está ausente, puedes decirle: «Oye, no sé dónde estás, pero te extraño. Vuelve conmigo». Las parejas que tienen relaciones sanas consiguen reconectar el uno con el otro, regulan las distancian que los separan continuamente. Y este es el otro gran regalo que nos trae el desequilibrio: la oportunidad de hablar y cambiar los elementos que no nos gustan de la relación.

No seas un pasajero en tu propia vida

En la cultura individualista, por lo general, nos relacionamos de forma pasiva en nuestras relaciones. Aceptamos lo que nos toca y reaccionamos a lo que hay. Sin embargo, aprender a vivir de manera relacional, a aprovechar nuestra creatividad y las herramientas que tenemos, nos abre la puerta a tomar cartas en nuestras relaciones. Eres más que un pasajero sin voz ni voto, más que una mente saturada con expectativas negativas y controlada por las estrategias fallidas de tu parte infantil adaptativa. Incluso cuando una situación te supere, puedes pararte un minuto (o veinte si lo necesitas) y conectar con tu parte adulta sabia, la parte de ti que puede pararse, pensar, observar y elegir. La desconexión es a una relación lo que el dolor es al cuerpo físico; es una señal de que algo va mal, de que alguien tiene que quitar las manos del fuego. Nuestra corteza prefrontal puede procesar esa señal y decidir qué hacer. En cambio, la mentalidad del «tú y yo» sabe lo que tiene que hacer en momentos de desconexión: 1) convencerte de que tu objetivo es llevar la razón; 2) intentar controlar a tu pareja; 3) expresar todas

18. Badenoch, *Heart of Trauma*; Porges, *Polyvagal Theory*.

tus emociones y tus quejas; 4) atacar para defenderte; y 5) levantar un muro y desconectar; o quizá una combinación de estas cinco estrategias de fracaso.

Cuando algo nos desequilibra, las heridas del pasado se abren y, cuando el cuerpo neuroceptivo hace su escaneo rutinario («¿Estoy a salvo? ¿Y ahora? ¿Y ahora?»), la respuesta que recibe es un rotundo «no». Nuestra respuesta automática nos lleva a la mentalidad del «tú y yo». Las heridas del presente despiertan las del pasado, y solemos elegir parejas que, por muy increíbles que parezcan al principio, cualquiera diría que están escogidas con mucha malicia para tirarnos en el fango de nuestros traumas infantiles. Esto no significa que tu matrimonio vaya mal; el matrimonio es así. Lo que determina si un matrimonio va bien o va mal no es la gravedad de la desconexión, sino el hecho de si hay o no hay reparación.

Como casi todos mis pacientes, Mike y Angela no tenían ni idea de qué hacer para reparar su vínculo. Él claramente no lo había visto en su infancia, pero Angela tampoco. En la familia de Angela, los conflictos y las reconciliaciones no eran algo a lo que se le prestara mucha atención; allí nadie sacaba ni procesaba un tema de manera explícita. Todo el mundo seguía con su vida estoicamente —y si les preguntaras, seguramente dirían que «sin problemas»— como si nada. Y esa había sido la estrategia de Angela en su matrimonio: hacer como si nada; ni siquiera se había permitido a sí misma procesar realmente la situación en la que se encontraba. El precio que tenía que pagar por la postura que asumía su parte infantil adaptativa de aceptarlo todo con buena cara era ignorar las sombras. Y quizá por eso justamente había decidido casarse con el chico malo. El precio que tenía que pagar por adaptarse era sacrificar su esencia, su autenticidad y su fuerza interna; todo lo que necesita reclamar en esta crisis a la que ahora se enfrentan.

Todos nos casamos con nuestros asuntos pendientes. La mayoría acabamos unidos a un error, un límite o un ataque que conocemos muy, pero que muy bien, ese que nos vuelve a sumergir en el trauma relacional que vivimos de pequeños. Para tener una buena relación no hay que evitar revivir el trauma, sino aprender a gestionarlo. Y si tenemos suerte, como Angela, también nos casamos con el siguiente paso en nuestro desarrollo. Angela eligió a Mike para romperla por completo y, de alguna manera, el subconsciente de Mike sabía que Angela, tarde o temprano, lo enfrentaría para que cambiara.

Sin embargo, para aprovechar la crisis en vez de hundirte, tienes que conseguir resistirte a la marea que te azotará con fuerza para que reacciones. Y para eso necesitas una habilidad que debes cultivar y reforzar: la autorregulación. Pero tal como Tronick y todos los neurobiólogos interpersonales nos han demostrado, la autorregulación se consigue gracias a las experiencias de reparación que vivimos y que consiguen aliviarnos. Cuesta creer que las cosas se pueden solucionar cuando no lo viviste nunca.

A veces me gusta chinchar a Belinda y le digo que escribiré las memorias de nuestro matrimonio (¡Dios me libre!). Ya tiene hasta título: *Una pelea que vale la pena tener.* Y de eso va la cosa, eso es lo que significa ser humano, un dolor por el que vale la pena vivir. Tenemos que ser muy humildes y conscientes de nuestras imperfecciones. ¿Quiénes somos para creernos tan importantes y maravillosos? El poeta W. H. Auden escribió en el precioso poema «Mientras paseaba una tarde»: «Amarán a su retorcido vecino / con su retorcido corazón».

Te animo a preguntarte: ¿cuál es la noche oscura del alma en mi relación actual? ¿Qué no he sabido ver? ¿Qué sigue fallando? Después sigue con: ¿cómo suelo afrontar estas situaciones? ¿Ataco, me quejo? ¿Dejo las cosas claras, con total seguridad, para demostrar que llevo la razón? ¿Suelto todo lo que llevo dentro? ¿Contraataco? ¿Desconecto y evito el conflicto? Y, para acabar, si te sientes con fuerzas y puedes quedarte un poco más en tu parte adulta sabia, pregúntate lo siguiente: ¿cómo podría afrontar la situación de otra manera? ¿Qué diría si le hablase a mi pareja desde la compasión en vez de hablar desde el juicio y el deseo de controlarla? ¿Qué cambios tengo que hacer en mí para conectar con mi madurez y no perderla, responda como responda la otra persona?

En el capítulo ocho explicaré bien las herramientas prácticas y los pasos que hay que seguir para que la reparación sea exitosa. Aun así, te adelanto que el primer paso fundamental es recordar que quieres a la otra persona, conectar con esa parte de ti que quiere solucionar las cosas. A pesar de lo que te duele, de la decepción que te hayas llevado o del enojo que sientas, le dices a tu pareja, que también está rota: «Pues sí, a veces eres horrible. Hay momentos en los que ya ni siquiera sé si te quiero, ni tú a mí, la verdad. Pero, por lo que más quieras, no te quedes ahí en la puerta chorreando con el frío que hace. Sabes que a veces me decepcionas, me haces daño, tienes mil defectos y puedes ser un completo caos, pero, escúchame bien: no pasa nada. Soy casi tan imperfecto como tú. ¿A qué estás esperando? La puerta está abierta. Pasa».[19]

19. En este apartado me sentí inspirado por el poema de Robert Bly «The Resemblance Between Your Life and a Dog» [Similitudes entre tu vida y la de un perro]:

I never intended to have this life, believe me—
It just happened. You know how dogs turn up
At a farm, and they wag but can't explain.

It's good if you can accept your life—you'll notice
Your face has become deranged trying to adjust
To it. Your face thought your life would look

Like your bedroom mirror when you were ten.
That was a clear river touched by mountain wind.
Even your parents can't believe how much you've changed.

Sparrows in winter, if you've ever held one, all feathers,
Burst out of your hand with a fiery glee.
You see them later in hedges. Teachers praise you,

But you can't quite get back to the winter sparrow.
Your life is a dog. He's been hungry for miles,
Doesn't particularly like you, but gives up, and comes in.

CAPÍTULO 8

Intimidad brutal, poder sutil

Nadie se molestó en decirle que se había acabado. Ni su marido, ni sus amigos, ni su familia ni muchísimo menos los hijos que estaban criando juntos. Había habido señales, por supuesto, toques de atención, indicios a los que una mujer más sabia habría atendido: cuando él llegaba tarde a casa; cuando de repente le surgía un viaje de trabajo y no acababa de explicárselo; cuando él se mostraba distante y solo le daba evasivas de malas maneras; lo fácil que se irritaba él, sobre todo si le hacía muchas preguntas. Sus amistades la advirtieron de que lo dejara, de que era un hombre muy raro, pero ella no creía que él tuviera la culpa.

No ahora, en retrospectiva. Ahora se había dado cuenta. Si su matrimonio estaba muerto, lo habían matado juntos. Ahora que el inmenso páramo de la soledad se extendía ante ella, sabía que había tenido tanta culpa como él. Hacía mucho tiempo que lo habían dado por muerto, hacía años. Durante todo ese tiempo, ella se había estado convenciendo de que solo era una mala racha y les quedaba toda la vida por delante. Él iba a tope con su trabajo de catedrático y ella, cuidando de sus tres hijos, no tenía tiempo para nada más. Ella sabía que la relación se había visto afectada, pero creía que simplemente no pasaban por su mejor momento. Las cosas cambiarían cuando los niños crecieran un poco más; cuando él hubiera llegado a donde quería en su carrera profesional. Entonces sí volverían a ser la pareja que eran, y volvería a ser su momento. Eso es lo que pensaba, y lo que creía que pensaban los dos, pero se equivocaba.

—Te lo dije —declara Phil en nuestra primera sesión (y posiblemente la última)—. Amor, estaba sentado al final de las escaleras llorando como un bebé diciéndote que me estabas perdiendo. ¿No te acuerdas?

Sentada al lado de su marido en el sillón, Liz se toca involuntariamente su larga cabellera castaña. Sus lentes redondos sin montura y su vestido marrón me hacen pensar que en cualquier momento se va a poner a cantar una canción de protesta o se va a levantar para irse a una manifestación por alguna causa, cualquier cosa menos estar ahí con su marido. Su aspecto solemne está al mismo nivel de su perplejidad. En ese momento, alza las manos como rogándole:

—Pero —le repite una vez más (según él, ya se lo dijo cuatrocientas veces más)— yo pensaba que éramos felices.

—Sí, ya lo sé —le contesta—. ¿Y me dejas que te diga por qué?

Me yergo en mi asiento, preparado para intervenir si fuera necesario.

—¿Me dejas que te diga por qué creías que éramos felices?

Liz se encoge visiblemente en la silla.

—Porque... —empieza—. ¡Porque no te diste cuenta de nada! ¡Por eso!

—Puede que sí —intenta decirle.

Phil ahora voltea hacia mí y me explica:

—No estamos mal. El problema es que si Liz se levantara una mañana y me encontrara tirado en las escaleras con un tajo en el cuello, me pasaría por encima, me diría «buenos días, amor» y me prepararía un café.

—Estás siendo muy injusto —le dice ella, dolida.

—Liz —continúa Phil, un hombre blanco, alto, delgado y arrogante—, te lo estaba diciendo, prácticamente a gritos. Dejé los malditos correos de esa mujer a la vista en mi computadora...

—Ay, Phil —le reprocha—. No le di importancia. Pensaba que era una niña que iba a alguna de tus clases y que se había obsesionado contigo. Eres una persona carismática, pensé que...

—Pero no es una obsesión. No es una niña y no es mi alumna.

—Ahora ya lo sé —admite Liz, escarmentada.

—¿Qué más necesitabas? —le sigue diciendo su marido, furioso—. ¿Una flecha con un corazón?

—De acuerdo —los interrumpo—. Vamos a detenernos un momento.

Entonces Phil se deja caer en el sillón, y se calma.

—Nos olvidamos el uno del otro, Lizzie —le dice él en un hilo de voz. Y aunque en sus palabras hay enojo, también noto dolor escondido.

—Creo que si queremos ser totalmente honestos, Phil, lo que quieres decir es que ella se olvidó de ti —le digo con tranquilidad.

—No —me dice negando con la cabeza—, no, fue cosa de los dos. Los dos nos rendimos —dice con amargura.

—¿Qué quieres decir?

—La gente suele decir lo de que «hay un muro entre ellos», ¿no? Asiento.

—Entre nosotros no hay un muro, sino que hay una muralla entera con castillo incluido. Ella se volcaba completamente en los niños. Yo me iba al trabajo. —Voltea para seguir hablando con su mujer—. Y, sin darme cuenta, ya no quedaba nada para darnos. Se nos acababa la energía. Lo había dejado todo en la oficina.

A su lado, Liz llora en silencio.

—¿No lo sabías? —le pregunto—. ¿No sabías que era tan infeliz?

Ella niega con la cabeza y se limpia las lágrimas.

—Es que...

—No hablamos —contesta Phil por ella—. Verás, Liz y yo somos más de hacer que de hablar. ¿Tienes un proyecto, necesitas ayuda? ¿Quieres jugar un partido de tenis o salir a caminar? Eso lo hacemos genial.

—Carajo... —se le escapa a Liz, pálida, dolida y destrozada—. Pensaba que nos la pasábamos bien.

—Y es verdad, amor —le dice—. Y todo eso lo hacíamos gracias a ti. Eras el motor. Tú preparabas las salidas, los viajes a esquiar, las óperas de los niños. Y te doy las gracias de corazón...

—Muy bien, pues entonces...

—Pero el problema es que no había tiempo para mí, para nosotros.

—Pero cuando estamos todos también somos «nosotros» —protesta su mujer—. Todo lo que dijiste...

—Para todos, Elizabeth. Para los cinco —le dice y se acerca, enojado—, pero no para mí. Desde hace años.

Liz deja escapar un suspiro, molesta e indefensa. Voltea para encarar a su marido y pregunta con total vulnerabilidad:

—Entonces ¿qué hacemos?

Mira tú, es justo la pregunta que me estaba haciendo yo.

Lo tenían todo, menos el uno al otro

Liz y Phil me recordaban a una calcomanía de la década de 1980 que decía: «La vida que llevaba se llevó mi vida». Desde fuera, esa pareja era una maravilla, lo tenían todo: eran gente atractiva, tenían los valores correctos y ayudaban a los más necesitados. En el garaje tenían un lujoso todoterreno listo para llevar a los niños a sus respectivas escuelas liberales. Llevaban cuatro años prácticamente sin acostarse, pero ¿quién tenía tiempo para eso cuando sus hijos se pasaban todo el día en la cama con ellos y tenían mil cosas que hacer?

Apenas discutían; tampoco solían llevarse la contraria, y en realidad ahí radicaba parte del problema. Nunca pasaban por el ciclo de armonía, desconexión y reparación, sino que pasaban de estar en armonía a esconderse cada uno en un rincón. Podríamos decir que, en su matrimonio, tanto Liz como Phil eran individualistas extremos. Ambos se volcaban en sus respectivos trabajos: él en sus clases y sus proyectos de investigación, y ella, en los niños y en la familia. Su relación de pareja era la última prioridad en lo que querían invertir energía y tiempo, hasta que ya no quedaba casi nada. Su matrimonio estaba a punto de acabarse, pero no por la grave crisis que supuso la infidelidad de Phil, sino por una vida en la que no había habido reparación. Su jardín se echó a perder porque lo habían descuidado durante años; no había sido una implosión, sino que simplemente lo habían dejado marchitarse.

Liz era una individualista romántica expresiva que se centraba, como suelen hacer los románticos, en el desarrollo, en ayudar a cada persona en su camino de crecimiento, en su *Bildung*, como decían los románticos alemanes.[1] Pero ella no lo dejaba todo por irse a hacer pilates o meditación, no se centraba en su propio desarrollo, sino en el crecimiento que no podía desatender: el desarrollo único de sus tres hijos. En su rol de madre liberal, vivía como una individualista romántica a través de sus hijos, cuando los llevaba a sus clases de deporte y de arte. Lo que le preocupaba y daba sentido a su vida era el desarrollo de sus hijos, su *Bildung*.

Phil también lo daba todo. Aunque se unía a protestas que pocas veces llegaban a nada de vez en cuando, seguía el programa tradicional de Estados Unidos: iba al trabajo y luego, en casa, era un buen padre. Sin embargo, olvidó el resto de sus obligaciones con respecto a su familia y a su relación romántica con su mujer.

Hemos escuchado muchas veces que las mujeres como Liz no tienen ni voz ni voto en sus relaciones, cómo las mujeres sacrifican sus necesidades para ayudar. En la guía tradicional del patriarcado, una buena mujer —y Liz sin duda lo era— no tiene necesidades propias, pues eso denotaría egoísmo.[2] El deber de una mujer como Dios manda es ayudar a los demás. Sin embargo, un hombre como Phil también está atado de pies y manos. Con la excepción de un deseo siempre ardiente, un hombre fuerte no tiene necesidades emocionales, y mucho menos se puede mostrar vulnerable. Un hombre fuerte no debe tener necesidades, lo mismo que su mujer; ella es servicial y él es fuerte en la misma medida. Una «buena mujer» silenciada conoce a un

1. Beiser, *El imperativo romántico.*
2. Jack, *Silencing the Self*; Brown y Gilligan, *Meeting at Crossroads.*

«hombre fuerte» acallado, y ninguno de los dos es capaz de decirle al otro algo así como «oye, ¿me das un abrazo?».[3]

Se nota que Liz y Phil son de Nueva Inglaterra. Les encantan esas cartas que se suelen enviar durante las vacaciones, en las que se listan los últimos éxitos de cada miembro de la familia: el ascenso de Phil, la obra de la escuela de Olivia, el increíble partido de tenis que jugó Brian y las primeras conversaciones de Amy en francés. Y, por supuesto, Liz al frente de todo, la diosa asexual que los nutre a todos. Phil y Liz lo tenían todo, excepto el uno al otro.

—Nosotros no hablamos —asegura Phil—. Nosotros hacemos.

Y no habría habido ningún problema si los dos hubieran firmado el mismo contrato. Todo iba bien hasta que para Phil no fue suficiente, y cuando intentó tener más tiempo con Liz, separarla de los niños parecía imposible.

—Bueno, entonces... —empiezo para intervenir—: ¿Quién es la otra mujer?

Ahora es Phil quien se encoge, mientras Liz se remueve en su silla. Ninguno de los dos dice nada.

—La «otra niña», podríamos decir —por fin dice Liz.

—Ya no estamos juntos. Es irrelevante —afirma Phil para cambiar de tema.

—¿Por qué? —pregunta su mujer—. ¿Se le perdió el mordedor?

Phil niega con la cabeza, intentando no molestarse.

—Lo importante no es lo que tuve con ella —declara—. Lo importante es lo que no tenía contigo, Liz. Lo que dejó de haber entre nosotros.

—¿Me estás echando la culpa? —se atreve a preguntarle, enojada—. ¿Me estás diciendo que te he obligado a ponerme los cuernos? ¿Es eso?

—Nos perdimos —le contesta, derrotado.

3. Levant y Wong, *Psychology of Men and Masculinities.*

—¡Pues lo hubieras dicho antes! —le espeta—. Me tenías que haber agarrado del cuello para que me diera cuenta.

—¡Ya lo intenté! —se queja.

—¿Cuándo? ¿Esa vez y ya está? —sigue Liz, sin creérselo, cada vez agitándose más—. Una vez y ni siquiera sabía de lo que me hablabas. «Me estás perdiendo» —dice imitándolo, llena de rencor—. ¿De verdad, Phillip? Genial. ¿Por qué? ¿Cómo? ¿Qué carajos se supone que tengo que hacer?

—¿Me preguntaste algo? —le dice sin convicción.

—¿Me diste pie acaso? —contraataca ella.

«Y ahí lo tenemos —me digo para mis adentros—. Jaque mate. Una no pregunta y el otro no lo dice».

Liz y Phil, tal y como los educaron en sus familias, eran demasiado correctos para decirse las cosas claras a la cara. Los dos crecieron en familias en las que siempre reinaba la armonía, con padres con muros emocionales. Eran como fantasmas, estaban ahí, siempre cerca, pero sin llegar a tocarse. Los dos rehuían del amor, algo normal en personas que crecen en familias inexpresivas en las que la marea que levantan los conflictos, el dolor y las necesidades no había llegado.[4]

«Nosotros somos más de hacer que de hablar», me había dicho Phil. «Genial —pensé yo—. Y por eso nos vemos en estas ahora».

4. Una persona con apego evitativo hacia lo afectivo nace de una familia donde todo el mundo se encierra en su mundo y evita la expresión de sus emociones, como si eso fuera de mal gusto o una carga para el resto. La teoría del apego describe al primer tipo de evitativos como personas con un estilo de apego inseguro «evitativo». En cambio, lo que yo llamo la segunda clase de evitativos afectivos evitan la cercanía por miedo a que se les invada o se les agobie. Este tipo de personas tienen, de alguna manera, el trauma opuesto al que experimenta el primer tipo de evitativos. El primer tipo de persona evitativa suele actuar desde una parte infantil adaptativa que suele funcionar desde un abandono pasivo, ya que ha interiorizado un rechazo por la intimidad a través de la imitación. El tipo dos actúa desde una parte infantil que se fundamenta en el amalgamamiento, no tiene límites; su comportamiento es intrusivo y abusivo. Puedes consultar: Mellody, Miller y Miller, *La adicción al amor*; Siegel, *Mindsight*.

Así es como describió el final de su matrimonio el periodista John Taylor: «Nuestro matrimonio no era un infierno —escribió—, sino simplemente desalentador.[5] Una máquina llena de tantos pequeños reproches y decepciones que sus piezas ya no encajaban». Los «pequeños reproches y decepciones» de los que habla Taylor, como en el caso de Liz y Phil, muy probablemente se quedaron sin reparar.

Como prácticamente todas las parejas que conozco, el problema era que Liz y Phil no tenían un método para corregir las cosas en su relación. En las relaciones sanas, las partes de una pareja se regulan entre sí: surge un conflicto o se distancian, pero lo hablan y las cosas mejoran. Sin embargo, en una pareja como la formada por Liz y Phil, no surgen conflictos, el distanciamiento se normaliza y las cosas no mejoran. Entonces alguna de las dos partes hace algo para fomentar una crisis (alguien cae enfermo, o uno de los hijos desarrolla algún síntoma, o alguna de las partes busca algo o a alguien fuera de la pareja). La mayoría de los hombres, como escribió Thoreau en *Walden*, lleva vidas de silenciosa desesperación, otros quizá no tan silenciosa. Liz se había acostumbrado, pero Phil necesitaba más. Aunque no justifico de ninguna manera lo que hizo, ni cómo lo ha expresado, alguien tenía que asestar un golpe al matrimonio antes de que desapareciera de la faz de la Tierra.

Como mi colega Esther Perel ha observado mordazmente, cuando tienes una aventura, no buscas a una persona diferente, sino que buscas otra versión de ti mismo.[6] Al trabajar con infidelidades en mis sesiones, me interesa saber qué puertas se han abierto en la relación ilícita para poder traer algo de esa chispa de vuelta al matrimonio. Sin embargo, cuando la mayoría, como Phil y Liz, piensa en cómo mantener la chispa de la relación, piensa en la fase de armonía. La chispa, en nuestra cultura, habla de la pasión, pero en los matrimonios de verdad, la chispa se consigue a partir del fuego. La pasión de verdad surge del

5. Real, *I Don't Want to Talk about It*, pág. 140; Segell, «Pater Principle», pág. 121.

6. Perel, *El dilema de la pareja*.

conflicto real, del compromiso pleno, de aceptarse por completo. Si quieres llegar a lo más alto, tendrás que aceptar lo que hay abajo. Al menos voy a intentar que Liz y Phil lo entiendan: evitar el conflicto y suavizar las cosas significa la muerte para una relación. A veces tiene que haber choques entre las parejas para luego poder profundizar.

INTIMIDAD BRUTAL

La intimidad brutal es la capacidad esencial que se necesita para confrontar los problemas, para enfrentarse a la otra persona.[7] Básicamente lo que no han practicado Phil y Liz en su matrimonio. Liz cuidaba a su familia como si fuera una máquina bien engrasada, sin un solo golpe ni rasguño. Sin embargo, cuando empiezas a pensar de manera relacional, ecológica, te das cuenta de que saber gestionar esos golpes es lo que cimenta la verdadera intimidad, el fértil don de la desconexión. «El amor —escribió Yeats— ha sorteado su mansión / en el bajo mundo de lo inmundo». La «Familia Marcial» de Liz, como la llamó una vez Phil (con saludo militar incluido), estaba drenando la energía de su marido.

Pero ¿Phil se lo dijo? ¿La había «agarrado del cuello para hacérselo entender», como Liz le había pedido? ¿Se había dado cuenta Liz de que su relación estaba cada día más anémica? ¿Extrañaba a Phil? No lo parecía. Ella parecía estar muy bien.

Phil la mira ahora con una especie de desilusión.

—Bajo nuestra capa de amabilidad fingida —dice—, hay un centro podrido con más de lo mismo.

—Por Dios, Phil —le reprocha Liz, dolida y enojada—, qué cruel eres.

«Es cruel, sí —pienso—, y es un comentario desagradable, pero no por ello menos cierto».

7. Real, *Fierce Intimacy*.

Al trabajar en Boston, he conocido a muchas familias como las de Liz y Phil. Todo el sistema estancado en la fase de la armonía, o, mejor dicho, una especie de pseudoarmonía que no se basa en el amor, sino en la negación. Una vez, en unos dibujos animados, vi a una mujer que escribía con un labial rojo en la pared del comedor: «¡Aquí nunca pasa nada!». Algunas familias son tan cívicas y se saben contener tanto que nada tan indecoroso como las emociones (el dolor, el enojo o el miedo) se atreve a aparecer por allí de imprevisto. Cuando los niños lloran, los mandan a su habitación hasta que «se calman». Nadie aprende a gestionar el proceso para pasar de la desconexión a la reparación porque la desconexión directamente se aísla, o al menos se ignora.

A Liz, la hija mayor (la niña estrella, la niña buena), esta cultura centrada en las apariencias, la rectitud y la negación le había funcionaba bastante bien. Pero a Phil, que a duras penas llegaba a ser un rebelde, sí que tenía un punto rebelde, tenía algo de pasión. Eso era lo que a ella le había atraído de él, ese rayo de luz, de vida. Y sí que habían sentido esa chispa al principio, pero cuando aparecieron los tres niños en sus vidas, su mundo se llenó de actividades, obligaciones, clases de piano, reuniones de la escuela, fines de semana en la nieve y partidos de *hockey*. Liz se sentía realizada, y Phil, solo.

—En la calificación familiar sacamos un diez, pero en la de pareja tenemos un suspenso —me había dicho Phil.

Intentó convencer a Liz un par de veces para hacer algo. Le decía: «Dejemos a los niños con tus padres y ¡nos escapamos el fin de semana!». Pero siempre pasaba algo y nunca lo hacían, así que se adaptaba a las necesidades de su familia con aparente felicidad y dejaba a un lado sus deseos. La cuestión es que evitaba confrontar sus emociones tanto como las de los demás.

Hasta que una tarde se fue a pasear por el río con una joven compañera de trabajo con la que no tenía por qué abrirse, pero lo hizo. Diana le había hecho destapar, incluso escarbar en todos los sentimientos de su interior que pensaba que había guardado bajo llave. Como la mayoría de las infidelidades, el sexo no era el motivo real, sino el erotismo en el más amplio de los sentidos. Más que sexo, lo que Diana le ofrecía a Phil era la ilusión que da recibir atención, el contacto. Cuando los hombres se enamoran de mujeres más jóvenes y alegan que les hacen rejuvenecer, lo que quieren decir la mayoría de las veces es que vuelven a conectar con la vitalidad que creían perdida. La frase universal de casi todas las personas infieles es: «Me hacía sentir vivo».

En el capítulo siete hablaba de las dos cosas que analizo cuando me encuentro con un caso de infidelidad: la posición y responsabilidad que asume la persona que ha sido infiel y el estado de la relación. En este caso, no veo a Phil como un narcisista, sino simplemente como alguien que ha tenido que romper la ventana para que entrara un poco de aire en casa. En terapia nos solemos encontrar con dos tipos de pareja: las que se pelean y las que se distancian. Con las que se pelean tengo que abrirme paso entre tanta queja y hacerles recordar las partes buenas, lo que los sigue uniendo, su «nosotros». Con las parejas que se distancian es más bien al contrario: en vez de intentar sonsacarles cosas que las lleven a reconectar, primero tengo que ayudarlas a sacar todos los problemas que han intentado tapar en vez de afrontar. Antes de poder construir un «nosotros», tiene que haber dos «yo».

Como terapeuta, ayudo a cada parte a empoderarse para poder expresarse y dar voz a esas necesidades reprimidas y a su dolor. Cuando hay un distanciamiento entre los miembros de la pareja, la intimidad no se genera dándoles un ramo de flores y enviándolos juntos a ver el atardecer y comerse a besos. Lo primero es darles un martillo y unos lentes de protección para que destrocen el edificio en ruinas en el que estaban intentando vivir. Una vez hecho esto, les enseñas a afrontar los conflictos entre ellos.

¿En qué categoría de pareja están ustedes cuando se encuentran en una situación de conflicto así? ¿Suelen pelearse o alejarse? ¿Necesitan aprender maneras más constructivas de hablarse, en las que lo importante no sea encontrar al culpable, en las que no haya tanta crítica y sí más humildad para compartir tu experiencia a la vez que demuestras curiosidad para entender la experiencia de tu pareja?

¿O crees que una buena discusión, como una tormenta de verano, los ayuda a liberar tensiones y a arreglar las cosas?

Recuerda que, en general, animo al más pequeño a levantarse, y al grande, a rendirse. Si lo que sale de ti suelen ser grandes explosiones de ira, intenta ir con calma, mostrar vulnerabilidad, suavizar tu actitud y afrontar el conflicto con el corazón abierto, sin tratar de tener razón. Si sueles evitar las situaciones difíciles o quieres complacer a toda costa, encuentra el valor dentro de ti. Atrévete a confrontar. ¿Y qué pasa si se enoja tu pareja? No te paralices, sigue adelante, exprésate, aguanta.

Muchos pacientes que tienen una aventura vienen a mi consultorio preocupados, y muestran ansiedad, depresión y mucha confusión con las idas y venidas entre su pareja y su amante. «¡Tengo que entender qué está pasando! —me dicen—. Tengo que tomar una decisión y acabar con esta pesadilla». Si algún terapeuta se toma estas afirmaciones al pie de la letra sin intentar rascar un poco más, entiendo que aún le falta mucha experiencia. Por un lado, en la infidelidad encuentran la pasión, la sensualidad y la conexión emocional; por otro lado, en la pareja hallan la estabilidad, la familia y la cotidianidad. Y eso les hace ir de un lado a otro, por lo general mintiendo a ambas partes y alargando la agonía y la confusión por una simple razón: quieren las dos cosas. Y yo quiero que tengan ambas cosas: pasión y estabilidad. El reto, por supuesto, está en encontrarlo en la misma relación.

La pasión entre Phil y Liz había desaparecido no porque Liz se hubiera volcado completamente en la crianza de sus hijos, sino porque Phil no había sabido expresarse con eficacia y no había hecho oír su necesidad legítima de querer más.

—De acuerdo, Philip —le dice Liz casi al final de la sesión—. Ahora te escucho alto y claro. Tienes toda mi atención.

En ese momento, Phil hace algo que no me esperaba. Se dobla entero y empieza a sollozar y a deja salir el desgarrador dolor que llevaba dentro. Alarga el brazo para tomar la mano de Liz, pero ella no le hace caso.

—¿No te das cuenta, Liz? —le pregunta mientras se enjuga las lágrimas—. ¿No lo ves? Eso era lo que siempre quise.

—¿Qué, mi atención? —le pregunta.

—¡No! ¡A ti! —le suelta, exasperado—. A ti. No quiero a nadie más, solo te quiero a ti, a ti de verdad, despierta, viva, aquí conmigo.

—Bien, pues tengo buenas y malas noticias para ti, Phil —empiezo.

—A ver.

—Las buenas son que tienes a tu mujer. Está aquí contigo. Misión cumplida.

—¿Y las malas?

—Que le rompiste el corazón para llegar aquí.

Phil y Liz aceptan dejar a un lado sus sentimientos heridos (él gustoso, pero ella a regañadientes) y deciden trabajar en su matrimonio. Como pasa en todas las situaciones como esta, la pareja tiene que afrontar el motivo que hay detrás de la infidelidad de Phil (su distanciamiento) y la costra que recubre esa herida, el dolor causado por la infidelidad.

—¿Hay esperanza? —me pregunta Phil con conmovedora vulnerabilidad—. Según tu experiencia profesional, ¿a qué vamos a tener que enfrentarnos?

—Eso te lo puedo decir sin problemas —le contesto—: tienen que enfrentarse el uno al otro.

Enfrentarse el uno al otro

Confrontar a la otra persona. ¿Qué significa realmente? La idea es que se enfrenten el uno al otro: que expresen lo que no les gusta, que expongan sus deseos, que hagan sugerencias concretas de lo que puede funcionar mejor para cada uno y, después, si todo va bien, trabajar en equipo para que las cosas salgan bien. Para conseguir reparar el vínculo, se necesita asertividad (no agresividad) por parte del miembro de la pareja insatisfecho, a la vez que interés y capacidad de reacción (no autoprotección) por la otra parte. Hay un sistema para conseguirlo, un kit de herramientas que poca gente aprende en nuestra cultura, que fomenta el individualismo y menosprecia la mentalidad relacional.

Párate a pensarlo: ¿en qué parte de tu vida has sido testigo de las capacidades que permiten reparar un vínculo en las relaciones? ¿En la cultura en general? Lo dudo. ¿En esa gran escuela de las relaciones a la que llamamos familia?[8] No hay muchas pruebas que confirmen esa teoría para la mayoría de nosotros. La verdad es que, a menos que hayas tenido mucha suerte y hayas crecido en una familia con buenas habilidades emocionales para las relaciones, aprender las herramientas de reparación de vínculos implicará desaprender lo que has interiorizado, y para hacerlo necesitarás la guía de alguien como yo, ya sea en persona, o en un taller, o en cursos *online*, o en libros como este.[9]

¿Pueden aprender estas habilidades por su cuenta como pareja, sin tener que recurrir a terapia o ayuda profesional? Sí, muchas personas lograrán transformarlos a ustedes y transformar sus relaciones estudiando de manera autodidacta, con libros como este, conferencias o talleres *online*. Sobre todo si aprenden juntos. Incluso si solo uno de ustedes consigue dominar el arte de las habilidades relacionales, puede que los patrones entre ustedes cambien. ¿Cuándo sabrán que necesitan ayuda? Muy fácil: cuando tengan claro que ustedes solos no pueden solucionarlo; cuando se sienten y no puedan hablar ni escuchar a la otra persona. Cuando las cosas no se solucionen. Cuando las cosas no cambien.

Aconsejo a las parejas que se comprometan sinceramente a cultivar sus habilidades relacionales en sus vidas. Anímense el uno al otro a ir a un programa de enriquecimiento personal el fin de semana, vean conferencias de los pioneros en el campo de las relaciones, hablen de lo que han aprendido y de lo que están mejorando en su trabajo relacional. Dejen que sus hijos vean cómo reparan su vínculo. Y si los ven discutir, que lo harán, por muy discretos que sean, dejen que también

8. Perel, Real y Faller, «Learning from the Affair».
9. Real, *The New Rules of Marriage*.

escuchen cómo hacen las paces. Enséñenles a sus hijos el ciclo de armonía, desconexión y reparación, a diferencia de lo que seguramente hicieron sus padres. Denles herramientas para gestionar la vida, denles ejemplos y conocimientos.

Entonces, ¿cuáles son las herramientas para reparar el vínculo? Ya las conocerás si leíste mi anterior libro, *The New Rules of Marriage*, pero aquí voy a volver a repasarlas y a actualizar algunos puntos. El primer punto es que la reparación no es algo que tenga que darse en las dos direcciones, y esto es algo que mucha gente no entiende. Cuando tu pareja está mal, no es tu turno. Esto no es un diálogo. Liz no airea todo lo que le molesta para invitar a Phil a hacer lo mismo. Tienen que tomar turnos. La reparación del vínculo solo va en una dirección. Cuando tu pareja está en un estado de desesperación, lo único que tienes que hacer es ayudarla a volver a un estado de armonía contigo, gestionar su malestar y apoyarla para que reconecte. Yo le pido a la gente que, cuando su pareja esté infeliz, aparte sus necesidades a un lado y se centre en la infelicidad del otro. ¿Por qué? Porque es lo que mejor te va a ir a ti. Recuerda que, desde una perspectiva ecológica, si una de las dos partes gana y la otra se queda mal, ambas partes sufrirán. La parte «perdedora» se lo hará pagar a la «ganadora». Phil había acatado para no dar problemas, sin quejarse y sintiéndose vacío. Liz era quien llevaba la batuta, hasta que le pasó factura aquella tarde al lado del río.

Si te soy sincero, no es que la mayoría de las parejas no intenten reparar el vínculo, sino que no lo hacen muy bien, las pobres. Phil sí que intentó decirle a Liz lo que necesitaba, una vez. Hay mucha gente que intenta hablar las cosas en diferentes ocasiones para mejorar la situación, pero rápidamente ve que sus esfuerzos no sirven para nada, o solo para hacer que la otra persona reaccione mal o el problema se haga más grande.

Como el grandullón en el subibaja que grita a su mujer para que bajara a su nivel, nos cegamos pensando en lo que nuestra pareja hace mal, no en qué modo contribuimos nosotros a ello. Solo pensamos en lo poco que nos escuchan, en vez de en qué podemos hacer para expresarnos mejor y que nuestro mensaje llegue a buen puerto. Déjame que te ofrezca una alternativa: «Siento mucho que estés mal». ¿Por qué no empezamos con un poco de compasión? Si hay compasión, no importa quién tiene la razón ni quién se equivoca. Tienes que olvidarte de las dos perspectivas a las que nos arrastra el individualismo tóxico. Nuestro primer punto de referencia, la supuesta realidad objetiva, es de lo que solemos valernos en estas situaciones: «De acuerdo, sí, llegué tarde, pero lo que pasaba en realidad es que había tráfico y...». A nadie le importa las explicaciones o las excusas que puedas dar. Nuestro segundo punto de referencia cuando nos enfrentamos a una pareja infeliz somos nosotros, y decimos cosas como: «Sí, claro, ¿cuántas veces tuve que esperarte yo?». Lo siento, pero ahora mismo esa información también es irrelevante. Lo que quiere saber la persona en ese momento es que te importa.

Imagina que eres la persona al frente del servicio de atención al cliente y viene alguien y te dice que se le descompuso el microondas. A esa persona no le va a ayudar saber que a ti se te descompuso la tostadora ni el porqué. Lo que quieren es que les cambies el microondas, así que primero dale al cliente lo que necesita. Solo entonces, cuando se sienta satisfecho, tendrá capacidad para escuchar lo que tengas que decirle.

Bueno, así que para poder reparar un vínculo se necesitan habilidades de comunicación y habilidades para saber responder. Vamos a analizar cada una por separado.

Aprendamos de la experiencia de Liz y Phil. Cuando hay algo en nuestra relación que no nos gusta, es vital que lo digamos en vez de esconderlo debajo de la alfombra. Pero hay una diferencia entre decir las cosas como la mayoría de nosotros solemos hacer en nuestra cultura y decirlo de una manera en la que tu mensaje cale en la otra persona. Lo primero es dejar de apuntar a tu pareja con el dedo acusador. No te puedes ni imaginar la de veces que la gente llega a mi oficina diciendo: «Tengo que sacarme algo del pecho», y seguidamente empieza una retahíla de: «Hiciste esto y esto. Es que nunca... Es que siempre... Tú, tú y tú». Cuando me veo en una situación así, me recuesto en mi silla, me estiro y contesto con un simple: «Avísame cuando vayamos a hablar de sentimientos». Quédate en lo que conoces y habla de lo que vives desde tu experiencia. No acuses a la otra persona, habla de ti. En vez de decir: «Liz, me evitas», prueba con algo como «Liz, no me siento conectado a ti».

Cuando empiezas a vivir de forma relacional y ecológica, asumes la responsabilidad por tu manera de pensar. Recuerda que la supuesta realidad objetiva aquí no tiene ningún sentido. Yo tengo mis recuerdos, mi versión de los hechos, y tú tienes los tuyos. El martes pasado, Belinda me dijo: «Que tengas un buen día», y entendí que estaba siendo amable conmigo. Por la noche, cuando llegué a casa, nos peleamos. A la mañana siguiente, cuando me volvió a decir: «Que tengas un buen día», supuse que me lo decía con sarcasmo y lo recibí de una manera totalmente distinta. Las emociones dependen de nuestro razonamiento. La manera en la que procesamos las cosas determinará cómo nos hacen sentir.

Lo que se diga en medio es solo ruido, información de relleno. Nuestra mente nos dice cómo interpretar esa información. Nos contamos una historia acerca de lo que acaba de pasar y nuestras emociones siguen esa narrativa que hemos creado. Belinda está siendo amable. Belinda está siendo sarcástica. Para dejar atrás el individualismo necesitamos hacernos responsables de nuestras propias interpretaciones. A mis pacientes les pido que usen la expresión «me parece que...». «Me parece que estás siendo sarcástica». «Me parece que, bajo tu enojo, hay dolor». No somos clarividentes y tampoco somos la voz de la verdad y la realidad objetiva. Habla desde tu subjetividad, sé humilde. «Así es como lo he vivido yo, no sé si es cierto o no. Esto es lo que recuerdo. Esta es la historia que me estoy contando». Y aquí está el truco: la mayoría de las veces, no puedes atacar a nadie cuando hablas desde tu «yo». Y con un poco de práctica, no necesitarás decir nada más que no venga desde tu entendimiento, desde tu experiencia.

Hablar para reparar

Te animo a que utilices la rueda de *feedback* de Janet Hurley, una manera de hablar que se divide en cuatro partes.[10] Es una estructura que puedes usar para organizar tus pensamientos y expresarte de una manera más eficiente cuando algo te hizo daño.

1. Esto es lo que recuerdo que pasó.
2. Esto es lo que entiendo que pasó.
3. Así es como me sentí.

Y el cuarto paso, el más importante, del que mucha gente se olvida:

4. Esto es lo que necesitaría para sentirme mejor.

En otras palabras, estos son los pasos que daríamos para reparar el vínculo.

Tienes que ayudar a tu pareja a conectar contigo. Dile qué necesitas. Dale la ayuda que necesita para salir airosa. Dale las herramientas que puedas para que lo consiga, porque trabajar en equipo también te beneficia a ti. En nuestra cultura individualista, tu pareja o bien te da lo que necesitas, o bien no te lo da. Sin embargo, cuando empiezas a cambiar tu mentalidad y a pensar de manera más relacional y ecológica, te das cuenta de que tú también tienes tu parte de responsabilidad en las cosas que pasan entre ustedes. «¿Qué puedo hacer yo para que llegues a donde necesito?» es una pregunta totalmente relacional. Entender que son un equipo es el mejor antídoto para vencer a la mentalidad del «tú y yo». Pasamos del «no me gusta cómo me estás hablando» a «amor, quiero escuchar lo que tienes que decirme. ¿Puedes bajar un poco el tono para que pueda escucharlo bien?». Cambiar el «quiero más sexo» por «los dos nos merecemos una vida sexual plena. ¿Qué podemos hacer para conseguirlo?».

10. Mellody, Miller y Miller, *La codependencia*; Real, *The New Rules of Marriage*, pág. 292.

Poder sutil: una combinación de firmeza y amor

Suele pasar bastante que cuando conseguimos dar el paso de hablar las cosas, hay tanto acumulado debajo de la alfombra que hablamos desde un lugar lleno de enojo y certeza. Yo quiero que no esté presente ninguna de esas dos cosas. Y enseño a hombres y mujeres a hablar desde el amor, a practicar el poder sutil.

En la cultura del individualismo y el patriarcado, hay dos opciones: o bien conectas, o bien adquieres poder, pero es imposible que coexistan ambas cosas a la vez. Recuérdalo. El poder es «poder sobre algo», no «poder con alguien», así que rompes el hilo de la conexión si decides posicionarte en el poder. Si queremos dominar, no hay espacio para crear un vínculo de intimidad. En el sistema binario del género del patriarcado, la afiliación es algo «femenino» y el poder es propio de lo «masculino». No existe la cooperación. Este es un punto fundamental que sobre todo tienen que entender las mujeres. Es muy habitual, demasiado, que cuando las mujeres (o cualquier persona que viva en el lado «femenino») pasan de ser complacientes a ser asertivas, simplemente hacen un cambio entre «lo femenino» y «lo masculino». Son asertivas con su postura del «yo», pero olvidan el «nosotros». Al intentar encontrar su voz, las mujeres con poder suelen parecerse muchísimo a los hombres en esa posición. La gran psicóloga feminista Carol Gilligan dice:

> «Egoísta» sigue siendo lo contrario a «buena» para muchas mujeres, lo que implica que, para ellas, si hay un «nosotros», no existe un «yo» (o solo incluye a una versión muy reducida y limitada del «yo»). Tanto es así que el feminismo ha llegado a entender que el progreso es que las mujeres actúen como los hombres con privilegios, reclamando su «yo» y sus derechos legítimos como describía el individualismo rudo de la Ilustración, y se anima a las mujeres a cambiar el «nosotros» abnegado que conocían por un «yo» egoísta.[11]

11. Carol Gilligan, conversación personal con la autora, junio de 2021.

Después de cincuenta años de feminismo, muchas mujeres han conseguido el derecho a ser tan poco relacionales como los hombres lo llevan siendo toda la vida. Yo aspiro a más: no quiero lo que los terapeutas familiares llamamos «cambio de primer orden», una reorganización de los muebles, sino que busco un «cambio de segundo orden», una revolución en la estructura de base. Quiero que hagamos dinamitar el sistema binario y que dejemos atrás la falsa dicotomía de tener poder o formar parte de algo. El poder sutil ayuda a expresar la voz del «yo» mientras sigue cuidando del «nosotros».

Mi primera experiencia con el poder sutil tuvo lugar una tarde de primavera mientras estaba sentado en el porche de mi amigo Alan. Alan había hecho algo que me había sacado de mis casillas (no hace falta que entremos en detalles) y el caso es que exploté:

—No puedo quedarme aquí como si no pasara nada cuando no puedo parar de darle vueltas a algo —le dije—. Te lo tengo que decir...

Y ahí se lo solté todo. Alan se enojó muchísimo. Mientras nuestros hijos jugaban en el jardín y el pescado que él acababa de pescar se hacía en el horno, se acercó a mí, y aunque no subió el tono de voz, veía cómo todo su cuerpo temblaba de la emoción contenida.

—Terry —empezó a decirme—, lo primero y lo más importante que quiero que sepas es que te quiero. Eres uno de mis mejores amigos y espero que sigamos siéndolo para el resto de nuestras vidas. —Hizo una pausa y se irguió en su asiento—. Dicho esto, ahora tengo que contestarte. Vienes a mi casa, eres un invitado más en esta reunión familiar y me hablas con una energía de la que, como bien sabes, he estado intentando alejarme una gran parte de mi vida. Y lo haces ni más ni menos que aquí, en mi casa. Escúchame bien: no tengo control sobre ti ni quiero tenerlo, tampoco puedo evitar que lo hagas, pero lo que sí voy a hacer es que cada vez que uses esa energía conmigo y mi familia te diré que no me gusta nada porque es la verdad. No me gusta en absoluto. ¿Me expliqué bien?

Me quedé ahí sentado, boquiabierto, mirando a mi amigo. Ya lo dije antes, llevo la lucha en las venas. Mi primera respuesta automática, mi mentalidad del «tú y yo», es luchar. Si Alan hubiera empezado con un «pero ¿tú quién te crees que eres?», mi parte infantil adaptativa, en su rebeldía adolescente, habría sabido exactamente qué hacer, pero lo fuerte es que el muy idiota ya me había ganado al empezar con el «Terry, te quiero». Yo no estaba para nada preparado para ese golpe. Consiguió esquivar a los centinelas de mi corazón, como dice la canción de Leonard Cohen. Me llegó muy adentro.

La declaración de amor de Alan me hizo sentir avergonzado por el enojo narcisista que yo había demostrado. Me abrió los ojos. «Es verdad —pensé, al darme cuenta de que estaba hablando con Alan—. Es mi amigo». El enojo que había sentido me había hecho olvidar el vínculo que nos unía. Al recordarme explícitamente su amor, consiguió que la emoción recorriera mi cuerpo. Me tomó desprevenido, desarmado. Ahora que me sentía seguro y respetado, podía bajar la guardia y bajarme del caballo; todo eso era innecesario. Incluso me disculpé por haber elegido el peor momento posible y haberlo hecho de tan malas maneras. Gracias a su actitud asertiva, pudo dejarme claras sus necesidades y a la vez reafirmarme el valor de nuestro vínculo. Así es como consiguió un efecto enorme, mucho mayor que si hubiera reivindicado lo que quería de mí o nuestra conexión por separado.

Eran una pareja despampanante. Alex era un hombre negro y alto que transmitía una calma que imponía, mientras que su pareja, Martin, blanco, más bajito, rubio, avispado e inteligente, parecía que no podía estarse quieto. A pesar de ser *millennials*, Alex y Martin eran la típica pareja y «se estaban matando», como decían ellos, por el sexo. Alex quería hacerlo prácticamente en todo momento, pero a Martin no quería casi nunca. Como haría cualquier terapeuta que se precie, le pido a cada uno que me explique su postura ante el sexo y la interpretación, la narrativa que tienen, de lo que el sexo significa para ellos.

Como muchísimos hombres, el joven Alex canalizaba muchas (si no la mayoría) de sus necesidades emocionales en el sexo. Era su manera de conectar, de sentirse deseado, validado y amado. Tenemos un cliché en terapia familiar: en la pareja hay una persona que habla para llevarse a la otra a la cama y la otra se la lleva a la cama para hablar. Como muchas otras personas, tanto hombres como mujeres, Martin necesitaba sentirse conectado emocionalmente para relajarse y abrirse a su sexualidad. Poner todo esto sobre la mesa alivió a la pareja, cosa que me alegró. Aunque, todo sea dicho, no tenía muy claro si los había ayudado mucho.

Los dos volvieron sonriendo quince días después, con muchas ganas de contarme lo bien que les había ido. Después de la sesión, esa misma noche, Alex había «hecho sus intentos —como dice Martin— para que se acostaran». En vez de levantar un muro, Martin besó a su marido con pasión, lo miró a los ojos y le dijo:

—Quiero que sepas que creo que estás buenísimo. Te quiero mucho y te deseo. Me siento superconectado a ti y creo que eres maravilloso. Por cierto, ahora mismo no tengo ganas de hacerlo, pero te voy a repetir lo mucho que me encanta...

Y para sorpresa de los dos, Alex se le quedó mirando con la boca abierta y simplemente le dijo:

—Ah, bueno.

No hubo lamentos por su rechazo, ni chantajes ni molestia, porque la cosa es que al sentir el amor de Martin tan claramente, pudo escuchar que le decía que no.

El poder sutil. Cuando necesites expresar lo que sientes, aprovecha tus recursos y tu creatividad. Cuida de tu pareja lo mejor que puedas, dejándole muy claro lo mucho que te importa y lo que valoras su relación. Puedes empezar explicándole que necesitas reparar el vínculo y preguntarle si es un buen momento para hacerlo. Si a tu pareja le parece bien hablar, dale las gracias y empieza con un gesto que demuestre tu gratitud: algo que haya hecho o dicho; si no te viene nada, simplemente dale las gracias por su predisposición a sentarse contigo y hablar. Después, explícale tus intenciones, que siempre ayuda mucho: «Me gustaría hablar un poco porque quiero sentirme más conectado a ti». Busca tu centro y actúa desde tu parte adulta sabia, tu corteza prefrontal, y desde el amor. Recuerda que la persona con la que vas a hablar es alguien a quien quieres, o al menos alguien que te importa, y que, en cualquier caso, tienes que vivir con esa persona. Conectar con el amor es un ejercicio muy útil para encontrar tu centro. Vas a hablar con esa persona porque te importa y porque quieres intentar mejorar las cosas. Si no te sientas con ese objetivo, seguramente tu parte infantil adaptativa estará al volante, ¡así que alto! Sal a dar una vuelta a la manzana, escribe en tu diario y refréscate un poco la cara. Esta conversación no irá a ninguna parte hasta que no te vuelvas a autorregular.

Ahora que encontraste tu centro y que tu pareja te escucha con atención, sigue estos cuatro pasos de la rueda de *feedback*: qué pasó, qué entendí yo, cómo me sentí y, para acabar, qué te gustaría que pasara ahora.

Cuando nuestros hijos eran aún pequeños, Belinda me podía haber dicho algo así:

1. «Terry, me dijiste que ibas a llegar a las seis y son las siete menos cuarto. No me has escrito para avisarme y yo estaba aquí con los niños esperándote para cena».
2. «Lo que entiendo al ver esto es que sigues teniendo algunos rasgos narcisistas y que valoras más tu tiempo que el nuestro».
3. «Me sentí sola y triste. Me preocupa el efecto que esto pueda tener en nuestros hijos. Estaba dolida y enojada».
4. «Lo que me gustaría es que le pidieras disculpas a los niños y a mí, y que me expliques qué vas a hacer para que esto no vuelva a pasar».

Fíjate bien en que cada paso solo necesita un par de frases. La idea es ser concisos. Y te voy a dar otros dos consejos fundamentales. El primero es que cuando compartas tus emociones, te asegures de que son eso, emociones en vez de pensamientos; separa esas dos cosas. No es lo mismo decir que «creo que estás enojado» que «al ver esto, entiendo que estás enojado y me siento...». Una vez, en una de mis sesiones, un hombre del sur de Boston le dijo a su novia: «“Siento” que eres una pendeja». Me miró satisfecho y me dijo: «¿Así mejor?». Mmm...

Existen siete emociones primarias: alegría, dolor, enojo, miedo, vergüenza, culpa y amor. Úsalas y no te despistes con otras más complejas.

Para usar el segundo consejo necesitarás un poquito de práctica. Cuando le vayas a decir a la otra persona cómo te sientes, ignora la primera emoción que te venga, la emoción con la que conectas por defecto, y fíjate en el resto que haya por ahí. Belinda y yo tenemos una vena luchadora. Nuestra respuesta instintiva es el enojo. Sin embargo, fíjate que cuando Belinda me explicó cómo la hizo sentir mi retraso, dejó el enojo para el final y no la puso al principio. Voy a ser aún más claro: si sueles reaccionar con emociones grandes y explosivas como el enojo o la indignación, intenta suavizarlas, conecta con tu vulnerabilidad y empieza por ahí. Busca el dolor. Y lo mismo con la situación contraria: si te cuesta reaccionar y las emociones vienen con mil capas e inseguridades, conecta con tu fuerza. ¿Dónde está tu enojo, la parte de ti que quiere plantarse y decir «basta»?

Esta es la teoría: si cambias tu postura, cambias el baile que crean entre los dos. Si cambias la indignación por el dolor, igual que si pasas de quejarte con la boca pequeña a expresarte con asertividad y convicción, normalmente conseguirás una respuesta diferente a la que sueles recibir. Inténtalo. Cambia lo que haces en tu parte del subibaja y mira a ver qué pasa. Arriésgate a dejar que actúe otra parte de ti: tu vulnerabilidad si te puede tu ego; la asertividad si te faltan fuerzas; y luego da un paso atrás y observa qué sucede.

Una vez que hayas dado tu *feedback*, ya está. Ahora toca soltar. Tienes que soltar cualquier expectativa que tengas de lo que sucederá a continuación, como dicen en Alcohólicos Anónimos. El martes tu pareja responde con un gesto de generosidad y asume su responsabilidad; el jueves te dice que no está de humor para escuchar tus mierdas. El martes es buen día para ti, para tu pareja y para su relación. El jueves es un día horroroso para tu pareja, un día regular para la relación y, aun así, sigue siendo un día increíble para ti. Te expresaste, y lo hiciste genial. Eso es lo único sobre lo que tienes control. No te fijes en el resultado, sino céntrate en lo bien que supiste gestionar la situación. Pon tu atención en tu propio comportamiento relacional.

Escuchar con un corazón lleno de generosidad

De acuerdo, ahora imaginemos que eres tú quien está escuchando el *feedback* de tu pareja. ¿Qué tienes que hacer? Rendirte. No te pongas a la defensiva ni intentes replicar cada punto y cada comentario. Olvídate de cualquiera de las estrategias que te proponga tu parte infantil adaptativa. Cuando escuchas, tú también tienes que estar en tu centro, tú también tienes que conectar con el amor. ¿Qué puedes hacer por esta persona para ayudarla a sentirse mejor? Puedes empezar por obsequiarla con el regalo de tu presencia. Escúchala y hazle saber que su mensaje te llega. Repítele lo que entendiste.

Si no acabas de tenerlo muy claro, repite los puntos que te ha comentado tu pareja. En el ejemplo del día que llegué tarde a casa, podría haber dicho algo así: «Belinda, me dijiste que estuviste esperando con los niños mientras yo no llegaba; que te imaginas que es por mi narcisismo. Eso te hizo sentir muchas cosas: dolor, preocupación por nuestros hijos, enojo, y quieres que me disculpe y que haga un plan para que no vuelva a pasar». ¿Le hiciste una devolución perfecta de toda la información? No. Hay algunas terapias de pareja que esperan que cuando le devuelvas a tu pareja lo que te ha explicado, lo hagas a la perfección, pero aquí no buscamos eso. Si tú fuiste quien habló y tu pareja olvidó cosas importantes o entendió algo mal, ayúdala; corrígela con amabilidad y pídele que vuelva a explicarte lo que ha entendido esta vez. Recuerda que la perfección no es nuestro objetivo. Si cumple su cometido, nos basta.

Ahora que ya escuchaste el *feedback* de la persona a la que quieres, tienes que responder. ¿Cómo lo haces? Con empatía y responsabilidad. Asume todo lo que puedas, sin peros, ni excusas ni razones. Queremos un «sí, es verdad»; así de simple. Deja que cale dentro, acepta esa verdad. Cuanto más asumas tu responsabilidad, más se calmará tu pareja. Si te das cuenta de lo que hiciste, si de verdad lo entiendes, será mucho más probable que no vuelvas a repetir ese comportamiento. Y lo mismo pasa a la inversa: si no asumes ni aceptas lo que hiciste, si cambias de tema, lo niegas o intentas minimizar la situación, lo único que conseguirás es que tu pareja se sienta aún más desesperanzada y frustrada.

Ahora quiero recalcar un punto fundamental. Cuando eres tú quien habla, lo mejor es ser específico. Haces la rueda del *feedback* para esta situación en concreto, y punto. La mayoría de la gente se pierde cuando empiezan a recopilar sus quejas, cuando pasan de la situación concreta a una tendencia, y luego ya se van directamente al carácter de la pareja. Por ejemplo: «Terry llegaste tarde» (suceso). «Siempre llegas tarde» (tendencia). «Nunca llegas a la hora» (tendencia). «¡Eres un egoísta!» (carácter). Cuando la persona que habla pasa del hecho concreto a una tendencia que se repite («es que siempre» o «es que nunca»), y luego va al carácter de la pareja («eres un/una...»), lo único que consigue es hacer creer a su pareja que no hay nada que pueda hacer, y cada comentario con el que la conversación va subiendo de intensidad le asesta un golpe más duro.

Date cuenta de que, si la persona que habla va subiendo de intensidad, escalando posiciones en ese ciclo que aumenta la tensión (hecho concreto, tendencia, carácter), la situación va empeorando con cada peldaño que sube. Si, en cambio, la persona que escucha va subiendo peldaños y se abre, cada paso que da empodera y alivia a su pareja: «Sí, tienes razón. Y no es la primera vez que lo hago. Es una parte de mí en la que estoy trabajando». Si tengo un buen día, podría contestarle algo así a Belinda: «Sí, llegué tarde. Y no es la primera vez que tú y los niños me tienen que esperar. Creo que aún me quedan algunos restos de narcisismo y voy a trabajar para mejorarlo». Eso sería una buena disculpa.

Cuando hayas escuchado a tu pareja con atención y hayas aceptado y asumido toda la verdad que hayas podido ver en su queja, te tocará dar. Dale a tu pareja todo lo que puedas de lo que te ha pedido (el cuarto paso de la rueda de *feedback*: «qué me gustaría que pasara ahora»). Empieza explicando lo que puedes darle, no lo que no puedes darle; este es otro truco muy sencillo, pero increíblemente útil. En mi caso, pongamos que Belinda me hubiera dicho: «Terry, quiero que me pidas perdón a mí y a nuestros hijos, que vuelvas a tomar tus medicamentos y que tomes terapia tres veces por semana para tratar tu narcisismo». A lo que me gustaría responderle, o al menos a mi parte infantil adaptativa le gustaría responderle: «¡Qué tonterías dices, por favor! ¡Olvídalo!». Dicho de otra manera, cuando me piden muchas cosas, mi instinto es discutir y negarme. Y aquí está la trampa: si empiezas a rebatir y a discutir, tienes es muy posible que la cosa acabe en discusión. Por eso, en vez de dejarme llevar, respiro hondo y mi parte adulta responde: «Bueno, Belinda. Ahora mismo les voy a pedir perdón a ti y a los niños. Además, voy a trabajar muy en serio en este tema y, si no consigo cambiar por mis propios medios, me parece bien que nos sentemos para ver qué podemos hacer y qué tipo de ayuda me irá mejor». Y no voy a repetir ni a explicitar todo lo que no estoy dispuesto a hacer. Lo dejo a un lado.

Si tu pareja te pide que hagas X, Y y Z, tú le contestas: «Mi vida, voy a esforzarme al máximo para hacer X y Z». Véndeselo. Da fuerza y credibilidad a tus palabras. Me puedo imaginar que estás pensando que tu pareja te mirará y te dirá: «¿Y qué pasa con Y?». Pero quizá te llevas una sorpresa. La mayoría de las veces, si les dices lo que vas a hacer con ganas y con sinceridad, desarmas a tu pareja, e incluso a veces te dan las gracias.

Y, por último, y esto va para las dos partes: dejen que el vínculo se repare. No subestimes los esfuerzos que hizo tu pareja. No menosprecies lo que te ofreció con respuestas como «no lo creo» o «es demasiado tarde». Atrévete a decir que sí. Si lo que te ofrece tu pareja tiene sentido y es razonable, acéptalo, por imperfecto que sea, y cede. Recuerda que quejarte de lo que no te dan no implica necesariamente que tengas la capacidad de abrir tu corazón para recibirlo. Permitir a tu pareja que intente solucionar las cosas y volver a conectar te pone en una posición mucho más vulnerable que si te quedas de brazos cruzados y rechazas lo que quiere darte. Deja que tu pareja gane, convéncete de que es suficiente. Adéntrate en el amor consciente.

Hubo un día, ya hace mucho tiempo, en el que Belinda y yo nos pasamos casi doce horas peleándonos. En ese momento estaba en una cafetería y la llamé una vez más, esperando que nos diésemos una tregua en nuestro baile.

—Belinda —le dije—, ¿estamos bien? ¿Puedo volver a casa ya?

—Es que eres un idiota —me contestó, y por la forma en la que me lo dijo supe perfectamente que la tormenta había pasado.

En terapia de vida relacional solemos decir que «el tono se impone al contenido». El tono de voz nos dice qué parte de tu cerebro está activa, la mentalidad del «nosotros» o la del «tú y yo». La respuesta de Belinda era agresiva y despectiva, sin duda, pero la dijo en un tono que me dejó claro que me veía como su idiota, como un caso perdido, pero que me quería igual. Belinda ya estaba en la fase del amor consciente, había dicho adiós a sus fantasías y no intentaba minimizar mis defectos; me aceptaba imperfecto como era. Era hora de volver a casa.

CAPÍTULO 9

Cómo dejar a nuestros hijos un futuro mejor

¿Qué podemos hacer para transformar el legado que dejamos? ¿Qué podemos hacer para ofrecer a nuestros hijos una experiencia del mundo más enriquecedora, más amable, menos individualista y más relacional que la que nuestra familia pudo darnos en nuestra infancia? Incluso el gran trabajo personal que haces para sanar tu parte relacional no es solo para ti a título individual. La gran terapeuta de pareja Hedy Schleifer pide a sus pacientes que lleven fotos de sus hijos a las sesiones. Entonces, coloca cada foto en una silla y hace un círculo con las sillas alrededor de la pareja y de ella misma, y les dice: «Recuerden que lo están viendo todo».[1]

¿No es acaso el sueño americano querer dar a nuestros hijos una vida mejor que la que tuvimos nosotros? Y aunque, por lo general, solemos centrarnos en lo material, yo les hablo a mis pacientes de ofrecer a sus hijos una flexibilidad y una mejora psicológica para que vivan en un mundo más feliz y con más conexión que el mundo en el que crecieron nuestros padres o incluso nosotros.

Ted

Ted es un mujeriego crónico. Con cincuenta y dos años, y en su tercer matrimonio, está planteándose por primera vez la monogamia.

1. Hedy Schleifer, comunicación personal en septiembre de 2020.

Sentado con otros cinco hombres en un grupo que estoy dirigiendo, habla de una vida llena de mentiras y engaños. Ted, un hombre blanco, alto, apuesto y trabajador, con su camisa de cuadros de franela, con su cuerpo fuerte y rudo, me quiere contar con todo lujo de detalles lo mal que ha tratado a las mujeres de su vida.

Yo, en cambio, quiero hablar de su padre.

—¿Qué quieres saber? —me pregunta—. Apenas lo conocí.

—¿Qué quieres decir?

—Pues que lo normal era que, cada noche después de cenar, se levantase de la silla, nos mirara y nos dijera: «Veré a un sujeto para hablar de un caballo», y se fuera.

—¿Adónde iba?

Ted se encoge de hombros y niega con la cabeza con pesar.

—La verdad es que no lo sé. Con alguna mujer trastornada o vete tú a saber. Nunca nos lo decía. Eso sí, por la mañana estaba ahí el primero para desayunar.

—¿Y tu madre?

Vuelve a negar con la cabeza, pesaroso.

—Se pasaba casi todo el día en la cama, llorando. La oía llorar.

—¿Y dónde estabas tú?

—En mi cama normalmente —me dice—. Leyendo cómics y cosas así.

Me lo quedo mirando un momento y le pregunto:

—¿Y qué sentía ese niño con todo esto a su alrededor? ¿Qué sentía ese niño al escuchar a su madre llorar mientras estaba en su habitación?

El cuerpo tan alto y rudo de Ted, por un momento, parece encogerse.

—Intentaba no prestarle atención —me dice con calma, prácticamente con un hilo de voz.

Así se ha pasado una gran parte de su vida, sin prestar atención. No prestaba atención a las mujeres a las que hacía daño, pero tampoco escuchaba a su conciencia ni a su culpa. No escuchaba a sus hijos cuando le pedían que se quedara en casa, como él se lo había pedido de pequeño a su padre. En Alcohólicos Anónimos hay una frase que dice: «Si no lo devuelves, lo pasas».

Dicen que hay que ser muy arrogante para citarse a uno mismo, pero lo voy a hacer igual. Esto lo escribí en mi primer libro, *I Don't Want to Talk About It* [No quiero hablar de eso]: «La patología familiar va pasando de generación en generación, como un fuego que se extiende entre la naturaleza y arrasa con todo a su paso, hasta que alguien decide hacer algo para apagar las llamas. Esa persona le devuelve la paz a sus ancestros y salva a las criaturas que vendrán después».[2] Un tipo duro como Ted quizá no quiera hacer el trabajo que implica la sanación relacional por su propio bien o por el de su «insufrible» mujer; sin embargo, los hombres así harán lo que haga falta para no hacer daño a sus hijos. Cuando un hombre entra en mi consultorio, tengo por costumbre preguntarle: «¿Qué clase de padre tuviste en tu infancia?» y «¿qué clase de padre te gustaría ser?». Y por último: «¿Me vas a dejar que te ayude a conseguirlo?».

Adiós, papá

Le pregunto a Ted si está dispuesto a probar un trabajo diferente, algo más experiencial, y accede. Así que le pido que tome un puñado de pañuelos y los sostenga en sus imponentes manos.

—¿Ves la silla vacía que hay ahí? —le pregunto, apuntado con la cabeza al otro lado del semicírculo de hombres, donde hay una silla vacía.

—Sí —me contesta.

—Quiero que cierres los ojos e invites a tu padre a sentarse ahí para que puedas hablar con él.

—Está muerto, ¿eh? —me informa Ted.

—Da igual —lo tranquilizo—. Eso quizá hace incluso más necesario este ejercicio.

2. Real, *I Don't Want to Talk about It*, pág. 262.

Con los ojos cerrados, Ted yergue la espalda.

—Pídeselo en voz alta —le digo, y me hace caso.

Ted se queda mirando a su padre en su mente y lo ve sentado en la silla enfrente de él. Se toma su tiempo.

—¿Qué sientes al verlo?

—Tengo como ganas de vomitar —me contesta.

—Esa es la vergüenza. Cuando nos vienen esas náuseas, suele ser por temas de vergüenza relacionada con temas sexuales.

—Hijo de puta —empieza a mascullar Ted a nadie en concreto. Empieza a balancearse ligeramente de un lado a otro y las lágrimas empiezan a brotarle de los ojos—. Hijo de puta. —Ahora se mueve con más fuerza—. ¿Sabes lo que hacía? Me llevaba con él cuando iba a ver a sus malditas novias.

—¿Qué?

—Me ponía un video o me daba un juego y me dejaba ahí.

—¿Cuántos años tenías?

—Me quedaba sentado en el comedor —sigue diciendo, ignorando mi pregunta—. Y los escuchaba en la habitación.

—¿Cómo te sentías?

—Asustado —me contesta mientras lo recuerda, lo revive. Mientras me va contando su historia, sé que está allí de nuevo—. Los ruidos. —Le veo de nuevo esa sonrisa amarga y niega con la cabeza—. Yo era tan joven, tan inocente. Pensaba que mi padre le estaba haciendo daño a la chica. —Al decir esto, vuelven a rodarle lágrimas por las mejillas—. Estaba solo.

—Lo siento mucho, Ted.

—Y luego salía y me decía: «Esto tiene que quedar entre nosotros». Qué hijo de puta. «Es cosa de hombres», me decía.

«No se lo digas a tu madre», pienso.

—«A nadie, no se lo digas a nadie». —Ted hunde la cabeza—. ¿Quién hace algo así? ¿Quién le hace algo así a un niño?

—Díselo —lo animo.

—¿Qué?

—Que se lo digas a tu padre.

Con los ojos aún cerrados, Ted clava la mirada en la silla vacía para confrontarlo.

—Hijo de puta, papá, tú... Tú... —empieza, pero el llanto le impide seguir. Se repliega sobre sí mismo y se sujeta la cabeza con las manos—. ¿Cómo pudiste? —le pregunta entre lágrimas—. Me lo enseñaste tú, papá. Tú me enseñaste a ser así. Hay padres que enseñan a sus hijos a jugar futbol, y tú me enseñaste a... —vuelve a hundirse y sigue llorando.

—Suéltalo, Ted —le digo mientras me acerco y le pongo la mano en el hombro—. Siente tu dolor.

Mientras ese hombre sigue llorando, su cuerpo tiembla de arriba abajo. Y nosotros, el resto de los hombres del grupo y yo, simplemente esperamos. Dejamos que las olas rompan y se lleven todo lo que ya no necesita.

—¿Tu padre era adicto al sexo? —le pregunto a Ted.

—Eso creo, sí —responde sin levantar la vista.

—Y tú también.

—Sí, señor, eso lo sé con certeza.

—¿Cómo sientes el estómago ahora?

—Mal.

—Ted, ¿cómo se llamaba tu padre?

—William.

—Ted y William —anuncio como si leyera en un cartel—. Adicciones sexuales, S. A.

Al decir esto, abre los ojos y me mira.

—Ted, estás en el negocio familiar.

—Pero no quiero.

—¿Te gustaría dejarlo?

—Sí.

Nos miramos el uno al otro unos segundos.

—De acuerdo. Vuelve a cerrar los ojos y mira a tu padre.

Me hace caso.

—Díselo —le pido.

—¿Que le diga qué?

—Lo que quieras —le contesto—. Lo que quieras que escuche. Lo que su hijo pequeño necesita decirle.

—Yo lo quería —me confiesa.

—Ah, ¿sí? ¿Lo querías? De acuerdo, pues empieza por ahí. Díselo.

Ted vuelve a erguirse y abre su amplia espalda, aunque al hablar sale un hilo de voz.

—Te quiero, papá —dice, intentando contener las lágrimas—. Te extraño. Te extraño mucho, papá. —De repente, se dobla y, encogido, levanta la cabeza, aún con los ojos cerrados y sigue—: Pero escucha bien lo que te voy a decir: tengo muy claro que no quiero parecerme en nada a ti.

Todos dejamos que esa frase cale.

—Se acabó —le animo a decirle.

—Se acabó, papá —sentencia, y entonces sonríe—. Se acabaron nuestras «escapaditas».

—¿Qué está haciendo él?

—Me escucha. Me está escuchando.

—Ya lo entendió —supongo—. Sabe que se acabó.

Ted «mira» con firmeza a su padre imaginario.

—¿Sabes qué? —me dice esta vez a mí—. Creo que sí, que lo entendió.

Más adelante en la sesión, le pido a Ted que se imagine recopilando toda la vergüenza sexual que le pasaron cuando era pequeño.

—Tu padre no tenía vergüenza y por eso se comportaba así. Esa vergüenza de la que él no se hacía cargo te llegaba a ti y te atravesó.

—¡Dios mío! —exclama Ted.

—Te atravesó y se te quedó dentro, Ted. Has vivido con ella toda tu vida.

—Es verdad —me dice—. Yo me moría de la vergüenza. Me daba tanta vergüenza ajena, cómo miraba a las meseras y todo lo que hacía. Mi madre estaba adelante y él hacía como si nada...

—Díselo —lo animo—. Papá —lo guío para que repita mis palabras—, cuando me arrastrabas a ser testigo de tu sórdida vida, me avergonzabas. Me pasaste tu vergüenza sexual y ha estado conmigo todo este tiempo.

Ted repite casi al pie de la letra lo que le digo:

—Y tengo este comportamiento horrible para intentar huir de esta vergüenza —dice, repitiendo mis palabras, esta vez con una voz fuerte y mirando a la cara a su padre.

—Como hacías tú —le digo.

—Como hacías tú —repite.

—Ya no voy a estar a tu lado —le digo.

—Puaj... —se le escapa.

—Perfecto —lo valido—, siéntelo.

—Ya no voy... —empieza Ted—. Qué hijo de puta, papá. Ya no voy a ser tu amiguito. Me he comportado como tú en el sexo, he sido un sinvergüenza y dañé a todas las personas a las que quiero —le dice a su padre con mi apoyo.

—Te devuelvo tu vergüenza —le sugiero.

—Te devuelvo tu vergüenza.

—Te devuelvo el sentimiento de creer que puedes hacer lo que quieras —continúo.

Ted sacude la cabeza. Ya no llora, ahora solo muestra seguridad.

—Papá —le dice con firmeza—: no voy a seguir haciéndolo. Lo siento.

—Te devuelvo toda tu vergüenza —le dirijo para que repita.

—¿Cómo?

—Quiero que te imagines que puedes tomar toda esa vergüenza, toda esa compulsión sexual que te pasó, toda esa porquería que está almacenada en tu cuerpo, y que hagas una bola enorme con ella y se la devuelvas.

Ted se queda sentado en su silla sin decir nada y luego abre los brazos como si estuviera sosteniendo algo.

—Toma, papá. Toma. Es tuyo —dice. Las lágrimas vuelven a brotar, pero no le hacen perder su fuerza—. Siempre fue tuyo.

—Eso nunca has sido tú, Ted —le digo, y hacemos una pausa—. ¿Hay algo más que quieras decirle por ahora?

Ted se queda mirando a su padre un rato y al final dice con un hilo de voz:

—Te extraño, papá. Te quiero.

Me quedo mirándolo. El resto también observa lo que pasó.

—Adiós, papá —se despide Ted.

Ya hace siete años de esa sesión. Con el apoyo de Adictos al Sexo Anónimos, un buen mentor y los compañeros del grupo, Ted sigue sobrio. Y espera seguir así para el resto de su vida. Yo, por mi parte, no tengo ningún motivo para dudar de él.

Aceptar al huérfano que llevamos dentro

¿Qué podemos hacer para transformar un legado? Enfrentarnos con compasión a nuestras partes huérfanas, esas criaturas que llevamos dentro, a las que, por vergüenza o juicio, hemos abandonado y encerrado en una habitación a piedra y lodo. Tenemos que aceptar y abrazar nuestras sombras.[3] En el capítulo tres te explicaba con detalle las dos maneras en las que se crea tu mentalidad del «tú y yo»: a través de la reacción y de la imitación.

Si reaccionas, significa que cambias, que contorsionas tu cuerpo como haga falta para conseguir mantener el máximo grado de libertad y madurez que puedes. ¿Alguno de tus padres era intrusivo? Entonces tu reacción puede ser construir muros bien altos para protegerte. ¿Te intentaban controlar? Tu reacción quizá sea convertirte en un maestro de la evasión. ¿Necesitaban atención y amor a todas horas? Seguramente se te da genial dar a los demás. Durante décadas, la psicología se ha preocupado fundamentalmente del trauma y de la victimización, y ha reconocido la adaptación a través de la reacción.

3. Para más información sobre el trabajo de las sombras, consulta: Ford, *Dark Side of Light Chasers y Ford, Secret of Shadow* (trad. cast.: *Luz en la sombra: descubre el poder de tu lado oscuro*, Urano, Barcelona, 2010). Si quieres saber más sobre las partes exiliadas, puedes consultar: Schwartz, *Los sistemas de la familia interna*, y Schwartz, *No Bad Parts* (trad. cast.: *No hay partes malas*, Eleftheria, Sitges, 2021).

Los profesionales del sector han seguido centrándose en la reacción, pero los psicólogos sociales siguen señalando el papel que tiene la imitación, que resulta ser igual de importante. Los niños aprenden de las experiencias que viven. Te conviertes en lo que ves. La imitación es especialmente importante en lo que respecta a los problemas de grandiosidad, a los rasgos y comportamientos que victimizan, como la fuerza que unía a William y Ted, lo que uno de los fundadores de la terapia familiar, Ivan Boszormenyi-Nagy, llamó «derecho destructivo del legado transgeneracional».[4] Un padre comete una transgresión. Sin pudor alguno, lleva al hijo a la casa de su amante, una situación horrible para cualquier criatura. Lo que el niño recibía con el comportamiento de su padre era una vergüenza inmensa; se sentía pequeño, sucio y solo. Sin embargo, en otro nivel, le daba un falso empoderamiento: le enviaba el mensaje de que así era como se comportaba un hombre adulto. La vergüenza estaba arraigada en el nefasto vínculo que lo unía a su padre, pero también estaban unidos por un sentimiento de poder, del derecho a hacer y deshacer a sus anchas. William vertió en su hijo, como si fuera un cuenco, todas sus creencias y racionalizaciones sesgadas que lo instaban a tener sus «escapadas» sexuales. Y Ted, que era un buen hijo que quería a su padre, siguió su ejemplo.

A diferencia de la reacción, la imitación de alguna de las figuras parentales por parte de los hijos suele ser algo inconsciente. Mi trabajo es ponerlo sobre la mesa y deshacer esas conexiones neuronales. Cuando esa verdad se hace explícita y se acepta, la manera de intervenir dependerá de cómo la persona vea a la figura parental de la cual ha seguido ejemplo.

Abrir los ojos

Ernesto llevaba enojado y teniendo ataques de ira desde hacía más de veinte años, y siempre decía que le venía todo de golpe y no podía

4. Boszormenyi-Nagy y Framo, *Intensive Family Therapy*.

hacer nada para evitarlo. En nuestra sesión, cuando le pregunté quién era la persona que siempre estaba enojada en la familia, me contó historias de su cruel madrastra, a la que él odiaba. Con mi ayuda entiende por primera vez que, para su actual familia, se convirtió en esa misma persona a la que tanto despreciaba cuando era pequeño. El rechazo que siente es inmediato e intenso. «Que alguien me pueda ver como yo a ella, que me comparen con... uy... No. Me pongo malo solo de pensarlo». Ese malestar que siente Ernesto de repente es la culpa que debería haber sentido antes. Debería haberla sentido con tanta intensidad que cuando hubiera querido gritar y explotar, ese sentimiento lo hubiera parado.

Así funcionamos todos. No maltratas verbalmente a alguien a quien quieres porque te morirías del arrepentimiento; va en contra de nuestros valores. Lo que nos impide atacar es la culpa sana. Cuando la madrastra de Ernesto lo torturaba, lo ridiculizaba abiertamente y le daba un falso empoderamiento implícitamente. El mensaje que le mandaba era: «Cuando crezcas, puedes perder el control y tratar a alguien como hago yo contigo, es normal». Esto es lo que muchos terapeutas no trabajan, o a lo que ni siquiera dan importancia. Demasiados profesionales se centrarían en la vergüenza de Ernesto y minimizarían la importancia de su grandiosidad, aunque ese enojo condescendiente iba a acabar con su matrimonio.[5]

5. En las últimas tres décadas ha habido una revolución en lo que se refiere a la comprensión de lo que es el trauma y cómo tratarlo, una revolución parecida a la que hubo con los fármacos hace unas décadas y que transformó la vida de millones de personas que sufrían trastornos psicológicos.

Me he quedado sin palabras al comprobar la naturalidad y la predisposición de las personas a aceptar la idea de que casi todo el mundo tiene traumas.

Y a la vez me surge la siguiente pregunta: ¿dónde están entonces todas las personas que nos han traumatizado?

Parece que, hoy en día, en psicoterapia, todos tenemos el papel de víctima. Y me pregunto por qué se le presta tan poca atención a las personas que han abusado de las demás, que, sin duda, tiene que haber millones. Las personas heridas hieren a otras personas. Es hora de que nos tomemos la agresión tan en serio como las consecuencias que deja a su paso.

Esta es la primera fase en la terapia de vida relacional, lo que yo llamo «abrirle los ojos al paciente». El terapeuta «poncha» el globo de grandiosidad y, de repente, terapeuta y paciente pueden observarlo juntos, el uno al lado del otro. Lo diré una vez más: enséñame la huella y te diré cómo es el dedo. Las posturas relacionales como la infidelidad, el enojo o la dependencia ansiosa las aprendemos en nuestras relaciones. Y reconectamos con esa relación cada vez que actuamos desde esa postura. Aunque en su momento no era consciente, Ted nunca se sintió más unido a su padre que cuando no ponía freno a sus deseos sexuales.

Te animo a que reflexiones, incluso a que escribas en tu diario sobre esto. Si te pareces al resto de los mortales, lo primero que te vendrá a la mente son las experiencias relacionadas con la vergüenza que viviste en tu infancia, las maneras en las que te hicieron daño. Lo que me gustaría es que intentaras encontrar algunos recuerdos concretos o un tema relacional constante de falso empoderamiento, alguna situación en la que alguna figura parental te colocara en una posición superior, inadecuada para un niño (diciéndote que «nadie me entiende como tú»), o fuera para ti un ejemplo de persona que se cree con el derecho a hacer algo («me duele más a mí que a ti»).

Si la relación en la que aprendiste tu reacción por defecto, tu postura, era negativa, como en el caso de Ernesto, puede que te lleves un duro golpe, aunque, por suerte, esto puede jugar a tu favor. Además, el cambio puede ser rápido, profundo y, con el apoyo adecuado, para siempre. Los terapeutas de vida relacional se encuentran cada día con personas como Ernesto que rechazan comportamientos muy difíciles que llevan manifestando toda la vida, se levantan del sillón y lo dejan atrás. Tenemos grandes expectativas para nuestros pacientes. Aspiramos a un cambio radical y rápido, y lo sorprendente es que solemos conseguirlo.

Repasa tu infancia e intenta buscar algún comportamiento que te haga sentir que tienes la potestad de hacer algo, ya te lo hayan enseñado abiertamente o de una manera más indirecta. ¿Con quién encaja mejor tu comportamiento: con el de un padre enojado, una madre ofendida o quizá un hermano agresivo al que nadie le ponía un alto?

Si quieres hacer como Ernesto y dejar de imitar de manera inconsciente el comportamiento de una figura parental a la que desprecias, lo harás bastante rápido en cuanto lo identifiques, con la ayuda de un terapeuta o por tu propia cuenta. Para alguien como Ted, cuya adicción sexual está integrada en la relación con un padre al que quiere, liberarse de estos comportamientos resulta un poco más difícil. La repetición, generalmente inconsciente, de la disfunción parental es una manera de estar en la relación. Para muchos de mis pacientes, mantener esta conexión espiritual con la figura parental problemática es la única manera de sentirse unidos a ella. La imitación de la disfunción parental es una manera —a veces la única— de establecer un vínculo. Sin embargo, cuando te liberes de este tipo de apego con uno de tus progenitores, te pido que te dejes sentir el dolor que ello conlleva. Cuando una persona como Ted se acerca al precipicio para acabar finalmente con su disfunción, el dolor lo arrolla por completo: «Adiós, papá. Te quedas solo. Ya no voy a quedarme más contigo».

¿Eres capaz de identificar algún rasgo o comportamiento en ti que hayas desarrollado a partir del falso empoderamiento en tu infancia? ¿Te pusieron en una posición más alta de la que te tocaba, o quizá alguna de tus figuras parentales te enseñó lo que era estar en una posición de superioridad? Si te cuesta encontrar un patrón de grandiosidad que se repita en tu vida, solo tienes que preguntarle a tu pareja. ¡Seguramente ella lo tiene muy clarito y te puede dar varios ejemplos! Escucha lo que te diga con la mente abierta.

Como he dicho, si el comportamiento reprobable que repites está integrado en tu relación con una persona a la que odias, te será fácil quitarte la venda de los ojos, darte cuenta, a veces con bastante sorpresa, de que la has estado imitando y luego corregirlo para siempre. Pero ten cuidado si este comportamiento problemático te ayuda a conectar de alguna manera con una figura parental a la que quieres e idealizas a través de su resentimiento, su tristeza o su desesperación. Abandonar la posición que has adoptado durante todo este tiempo puede hacerte sentir como que estás traicionando a ese padre o madre, o incluso que lo estás abandonando, lo que te generará una profunda tristeza y, a veces, incluso un sentimiento de culpabilidad. ¿Cómo te atreves a ser más feliz que las personas a las que quieres, a las que te criaron y a las que ahora quieres dejar atrás?

Julie y Georgina: me gustaría mucho

En una sesión con Julie y Georgina, Georgina acaba de prometer que va a dejar el trabajo al que dedica ochenta horas semanales, que va a ponerse la alarma a las cinco de la mañana para que ella y su mujer puedan hacer yoga juntas, y que básicamente va a estar ahí para Julie y sus hijos cuando la necesiten, porque lleva más de una década sin hacerlo. Julie no acaba de creérselo y no la culpo, pero se equivoca. Georgina lo dice en serio y lo sé; le está ofreciendo todo lo que su mujer le lleva pidiendo durante años, pero ahora Julie se envuelve en una capa de desconfianza para protegerse y no deja de quejarse.

Y, como ya sospecharás si has puesto atención, la pregunta que le hago a Julie es: «¿quién era la persona que siempre desconfiaba en tu familia?». Al plantearle esta pregunta, lo que quiero saber es a quién está imitando su parte infantil adaptativa. Y ahí estaba, la madre de Julie, que era profundamente infeliz, se pasaba el día quejándose y lamentándose de su marido a cualquiera que la escuchara, y en ese saco entraba su hija pequeña, que, como es normal, se apiadaba de su madre.

—Todas las relaciones —le digo a Julie— son un baile continuo de armonía, desconexión y reparación. —Ella me mira sin saber qué decir—. Georgina te está ofreciendo reparar su vínculo. ¿Cumplirá su palabra? Solo lo sabrás con el tiempo. Pero si cedes y dejas que tu mujer lo repare, Julie, dejarás atrás a tu madre y a su infelicidad.

—Me gustaría mucho —me contesta y, aunque parezca incongruente, rompe a llorar—. Me encantaría poder hacerlo —sigue diciendo sin poder parar de llorar.

Adiós, mamá. Adiós, papá. Para mí, esta es la verdadera individualización psicológica, la «separación», como dirían muchos psicólogos. Para salir de verdad del seno parental y convertirte en una persona autónoma, tendrás que analizar el legado que te dejaron e integrar conscientemente las tradiciones y creencias positivas de las que te enorgulleces, mientras cortas con aquellas costumbres y creencias negativas que se anclaron en la forma en la que reacciona tu cuerpo, en tu parte infantil adaptativa, en el perfil único que da forma a tu mentalidad del «tú y yo».

Según el mito individualista, para entrar en la edad adulta hay que separarse de la familia de origen, en concreto de la madre. En sustitución de ese mito, me gustaría proponer un nuevo paradigma. Para que un niño o niña pueda madurar, la relación entre padre/madre e hijo/hija tiene que renegociarse para, entre otras cosas, asegurarse de que en esta nueva etapa tendrá la libertad que necesita para usar sus nuevas capacidades. No hace falta dejar a nadie atrás. Desde las historias de Parsifal a la de Bambi, las aventuras de los más pequeños empiezan de una manera muy clara con la muerte de sus madres. Y esto es innecesario. Madres del mundo, no se separen de sus hijos; simplemente denles espacio para que puedan crecer.

La patología familiar va pasando de generación en generación hasta que alguien por fin tiene el valor de encararla y apagar las llamas. ¿Qué significa esto exactamente? Significa que tenemos que validar, visibilizar, darles voz, querer y, por último, quitarles la carga a todos nuestros niños y niñas interiores. Solo conseguiremos alcanzar nuestra madurez cuando hagamos frente a nuestros niños interiores y no se los intentemos endosar a nuestras parejas para que ellas se hagan cargo. Cuando tu niño interior te dé una patada (es decir, cuando se abra alguna herida traumática), abrázalo, siéntalo en tu regazo, escucha lo que tiene que decirte con empatía y amor, y después quítale las manos que ha colocado con fuerza en el volante. Quítale ese poder. «Tú no puedes conducir el autobús, ya lo hago yo, la parte adulta sabia».

Cuando Belinda y yo nos peleamos, me visualizo literalmente de pequeño, mi niño interior de unos ocho años. En mi imaginación, lo pongo detrás de mí y ahí sabe que puede agarrarse fuerte a mi camisa. Y, antes de nada, hago un trato con él: entre la energía de la molestia de Belinda y el pequeño Terry voy a estar yo, el adulto: «Te voy a proteger con mi espalda y con mi cuerpo porque son grandes y fuertes. Como Superman, utilizaré mi capa para parar el golpe y absorberé la energía de Belinda para que a ti no te pase nada. Eso sí, a cambio te pido una cosa: voy a ser yo quien hable con Belinda. Tú no lo intentes, ¿de acuerdo? Yo lo voy a hacer mejor».

Querer a nuestro niño interior, escucharle y ser empático con él o ella nos permitirá finalmente quitar poder a esas partes de nosotros que están heridas y se adaptaron como pudieron. Parece un trabajo complicado, así que ¿cómo se hace?

Desiree y Juan: «No puedes gritarle a mi marido»

Con el pelo negro y de punta, unos pantalones de mezclilla ajustados y rotos, y una camiseta blanca que palidece al lado de su piel, Desiree parece que tiene unos treinta años a pesar de estar a punto de cumplir los dieciséis. A primera vista, parece una mujer dura y sexi, dos cualidades que me apunto para quizá explorarlas más tarde.

A su lado, su pareja, Juan, sudamericano, que rondará los cuarenta, espera pacientemente con su cuaderno de piel abierto en el regazo, lápiz listo, preparado para anotar cualquier cosa que suceda o se diga aquí y que le parezca relevante. Al fijarme, me doy cuenta de que las páginas de su libreta están llenas de líneas, son de papel cuadriculado, por, si mientras escribe algo, se fuera a cansar y pudiera resumirlo todo con una fórmula o un gráfico. Juan, como descubro más tarde, es ingeniero.

Me pregunto si son una pareja que se complementa; ella aporta la chispa y él, la estabilidad. También me imagino que quizá Desiree está aquí para quejarse de que su marido es demasiado distante y no la aprecia. En mi cabeza, ya estoy pensando en cómo trabajar con él, cómo conseguir que se abra.

El gran terapeuta italiano Gianfranco Cecchin solía decir: «Enamórate de tu hipótesis, deja que te llene de pasión, pero no te cases con ella».[6] Y es que mi instinto había patinado a lo grande: Juan no era el problema, sino Desiree, y lo decían los dos. Desiree necesitaba pocos detonantes (o ninguno) para enojarse y tener explosiones de ira: montaba verdaderos espectáculos en los restaurantes y dramas terribles en casa, se iba de malas maneras, daba portazos, gritaba improperios, tiraba cosas por los aires...

—Por lo que veo eres de armas tomar, ¿no? —le digo.

—No lo sabes tú bien... —me contesta, asintiendo con contundencia.

Como la mayoría de las personas que maltratan, tanto física como verbalmente, Desiree es dependiente de su pareja. Como la mayoría de las parejas que reacciona con tanta intensidad, no entiende de límites ni sabe protegerse. Tiene una piel muy fina, cualquier cosa puede detonarla y se ofende con facilidad. En cuanto Juan intenta poner distancia entre ellos (ya sea para romper su conexión o para excusar a las enemigas de Desiree) con el fin de intentar ponerle un alto, ella reacciona con uno o dos momentos de angustia, seguidos de un ataque de gritos que puede durar incluso horas.

—¿Gritas? —le pregunto.

—Uy, sí...

—¿Das portazos y tiras cosas?

—A veces.

—¿Insultas?

Se acerca un poco más para contestarme:

—A cualquier cosa que se me ponga por delante. Vamos, hago lo mismo que hacía mi madre conmigo.

Me dejo caer en mi asiento e inspiro profundamente.

—Y lo sigue haciendo —me dice Desiree—, las pocas veces que voy a verla.

—Te dice... —empiezo.

6. Boscolo, *Milan Systemic Family Therapy* (trad. cast.: *Terapia familiar sistémica de Milán: diálogos sobre teoría y práctica*, Amorrortu, Madrid, 1990).

—Puta, zorra, sucia... —me contesta Desiree—. Hay más, pero tampoco hace falta repetirlos.

Se me escapa un suspiro.

—Lo siento. ¿Hasta cuándo?

—Hasta los catorce —me dice con parsimonia, como si nada—, cuando me fui de casa.

Hago una pausa para procesar lo que me acaba de decir.

—Bueno —continúa—, pues cuando Juan se aleja de mí de alguna manera, o siento que me traiciona, me...

—Imagino que te sientes abandonada —acabo la frase por ella.

—Exacto, abandonada y traicionada.

—Vamos, que hay una niña pequeña dentro de ti —empiezo.

—Sí, tiene cinco años. Le hicieron mucho daño —se me adelanta—. Llevo años trabajando con ella en terapia. El problema es la otra.

—¿Quién?

—La de quince.

—Ah, la enojada.

—Sí —confirma—. La bruja que crea el caos.

—¿Has trabajado con ella?

Desiree niega con la cabeza.

—¿Has hablado con ella?

Niega de nuevo y me la quedo mirando un rato.

—¿Te parece bien que me centre en esto por ahora, Juan?

Él accede de buen grado a que trabaje con su mujer. Observo a Desiree, quien me devuelve la mirada, expectante.

—No te cae muy bien —comento.

—¿Quién?

—La chica de quince años.

Se le escapa una carcajada, un tanto amarga.

—No, la verdad es que no mucho.

—¿Te puedo decir por qué es una pena?

Asiente.

—Pues —empiezo— porque te salvó el pellejo.

—Ah, ya, eso ya lo sé —me contesta con rapidez—. Es que... mira, con quince años ya había... —Hace una pausa e inhala profundo—. Con esa edad ya había sufrido todo tipo de abusos sexuales.

—Lo siento mucho.

—Entre los años antes de acabar el bachillerato y antes de empezar la universidad, me acosté con todo el mundo... Supongo que estaba buscando algo, a papá quizá, a saber... Pero esa niña... —Desiree hace una mueca.

—Sale cara —le digo—. Deja mucho destrozo a su paso. Es una niña muy inmadura.

—Y creo que es poco —añade—. Bueno, voy a ser sincera: la odio.

—¿A esa niña?

—Sí —me contesta e incluso aprieta los labios con enojo—. A esa.

—Entiendo.

Desiree y yo nos miramos a los ojos durante un buen rato.

—Me gustaría conocerla —le digo, a lo que ella me responde con un gruñido—. ¿La puedes traer aquí con nosotros? —insisto.

Le pido que cierre los ojos, que mire en su interior y busque a esa niña de quince años que vive dentro de ella.

—No sé si ni siquiera va a querer... —empieza a decirme.

—Tú, tranquila, ya me encargo yo de eso. Tú cierra los ojos.

Con sus reticencias, al final cede y sigue mis instrucciones. Desiree invita mentalmente a su niña de quince años a salir de su cuerpo y a unirse a la sesión.

—¿Cómo la ves?

Desiree se toma su tiempo para responder.

—No sé... Parece... distante. Desconectada de sí misma.

—Claro, porque lo está, Desiree. ¿Y qué sientes tú al verla?

Sacude la cabeza y unas lágrimas traicioneras aparecen en el rabillo de sus ojos.

—La odio.

—Pregúntale si quiere decirte algo —le pido.

Duda un momento, pero al final hace una mueca y asiente:

—Me dijo: «Métete tu resentimiento por donde te quepa. Lo hice lo mejor que pude con los padres que tuve, perra».

Sigue asintiendo con la cabeza, como diciendo: «Bueno, algo de razón tiene...».

—¿Le crees?

Asiente con la cabeza y me dice que sí.

—Entonces, ¿por qué, Desiree? ¿Por qué eres tan dura con ella?

Hace una pausa para recomponerse un poco y se queda pensando antes de contestarme. Al final me dice entre lágrimas:

—Porque... porque...

—Dime, Desiree.

—Porque no... no ha cumplido su parte. Ha...

—¿Qué hizo, Desiree? ¿No ser una adulta?

—No fue lo suficientemente fuerte —me contesta por fin. Y ahora las lágrimas caen sin freno.

—¿Lo suficientemente fuerte para...?

—Para quitárselos de encima —se lamenta—. ¡Para apartarlos!

En ese punto, Desiree se derrumba y rompe a llorar. Juan hace el intento de acercarse para consolarla, pero le pido que no lo haga. Quiero que conecte con todo ese dolor.

—Ahora ya sabemos de dónde sale todo ese enojo.

Alza la cabeza para mirarme, dudosa.

—Desiree, creo que el enojo es su manera de intentar demostrar la fuerza para quitárselos de encima. La fuerza para defenderse.

Al escuchar estas palabras, baja la cabeza y yo me acerco.

—Pero en realidad no lo consiguió, no fue tan fuerte, ¿verdad? ¿Y sabes por qué? Porque solo tenía quince años, corazón. —La oigo llorar y sigo—: Tan solo era una niña.

Desiree se queda con la cabeza agachada un buen rato y, sin levantar la vista del suelo, me dice en voz baja:

—Pero tampoco hacía falta que me llamara «perra».

—Eso es verdad —le digo con una sonrisa, aunque no me esté mirando—. Y me parece justo. Se lo puedes decir. Dile que quieres escuchar lo que tiene que decir, pero...

Desiree se echa hacia adelante en el sillón y me aparta como si le molestara para mirar bien a los ojos a su yo adolescente. Va asintiendo con la cabeza y deja las manos descansando entre sus piernas. De repente, pierde la mirada en la lejanía.

—Ya era hora —dice por fin—. Ya era hora.

—Dile cómo te sientes.

Desiree vuelve a acercarse a la versión adolescente que ve en su cabeza y dice:

—Tú no estabas buscando... —Una ola de dolor la golpea—. No te lo merecías, ¿de acuerdo? Tú solo... nada... nada. No te merecías nada de lo que te pasó.

—¿Qué hace ahora?

Desiree vuelve a asentir con la cabeza, espera un rato y finalmente me contesta:

—Me está dando la mano.

—¿Sí? —le digo un tanto eufórico—. Tómasela tú también, Desiree. Con fuerza. Te necesita tanto como tu niña de cinco años.

—Lo siento —le dice a su parte infantil adaptativa—. Lo siento muchísimo.

Ahora empieza a sollozar y las lágrimas le ruedan por las mejillas.

—Deja que salga. Siente ese dolor y suéltalo. ¿Por qué lo sientes? —la animo a seguir.

—Por todo —me dice—. Tú no querías que nada...

—¿Qué está haciendo ahora ella?

—Está llorando —me dice—. Supongo que estamos llorando juntas.

—Bien, eso es bueno. Sostenla, dale el apoyo que necesita mientras siente su dolor.

Después de darles unos momentos, digo una frase como si fuera ella, dándole voz a lo que creo que le gustaría expresar:

—Siento mucho todo lo que sufriste —la animo.

—Sí —dice Desiree, y repite mis palabras.

—Y también siento mucho —continúo— haber sido tan dura contigo todos estos años.

Desiree sacude la cabeza con una amarga sonrisa.

—Lo siento —vuelvo a insistir.

—Sí, estoy en ello. —me avisa. Desiree hace una pausa y yo le doy su tiempo—. Lo siento —empieza por fin—. Siento haberte dejado sola. Siento mucho que hayas estado tan sola.

—¿Sigue estando sola?

—¿Cómo? ¿Qué quieres...?

—¿Estás con ella?

Baja la mirada y ve que está apretando las manos.

—Sí —confirma con calma—. Sí, estoy con ella.

—¿Y ella?

Desiree se encoge de hombros.

—Ella también está conmigo.

—Perfecto.

—Dice...

—¿Qué dice?

—Dice que siente haberme llamado «perra».

No puedo más que sonreír al escucharla.

—Hay una cosa más que me gustaría que le dijeras.

—Claro.

—Dile que cuando se enoje, venga a decírtelo y tú le vas a dar la mano y a quererla. A cambio, ella no volverá a ensañarse con Juan. Se acabó.

Para mi sorpresa, a Desiree se le dibuja una sonrisa de oreja a oreja.

—¿Qué te ha...?

—Dice que sí —me explica—. Está asintiendo.

—¿De verdad?

—Como lo oyes. Está sonriendo también.

—Toma ya —se me escapa—. Supongo que cuando le pones límites a una niña de quince años, aunque refunfuñe un poco, en realidad le va bien.

Desiree me ha contagiado la felicidad y ahora yo también sonrío ampliamente.

—Sin duda, puede hacer un desastre.

—Y menos mal —le recuerdo—. Porque ese genio y esa fuerza han sido lo que te ha mantenido viva emocionalmente.

—Pero ahora ya se acabó. Ahora creo que va a volver a respirar.

—Sí —le doy la razón con calma—. Creo que la batalla acabó.

Desiree asiente, sin dejar de mirar a la silla donde está viendo a su yo adolescente; no tiene ninguna prisa por dejarla.

—¿Quieres decirle algo más ahora que la tenemos aquí?

Desiree niega con la cabeza. Nos quedamos en silencio un momento.

—¿Y ella? ¿Quiere decirte algo más? —pregunto—. Y recuérdale que te hable bien, ¿eh? Que ya hemos enterrado el hacha de guerra.

Ella asiente con una sonrisa, ya se me ha adelantado otra vez.

—Te está dando las gracias.

—Dile que no hay de qué.

Los tres nos quedamos en silencio durante unos instantes.

—En tu cabeza —guío una vez más a Desiree—, hazla pequeñita para que puedas colocarla en la palma de tu mano y buscarle un sitio en tu corazón para que siempre esté contigo. Cuando lo hayas hecho y estés preparada, abre los ojos. Quiero que veas algo.

Poco a poco, la adulta que está con nosotros abre los ojos.

—¿Cómo estás?

—Estoy bien, me fue bien —me confirma.

—Míralo —le pido, y le señalo a Juan, que está a su lado sin palabras, lápiz aún listo, y con la cara llena de lágrimas.

Al principio, Desiree cree que Juan se está riendo y se ríe entre dientes sin entender muy bien qué está pasando.

—No —le digo, para orientarla—. Míralo. Eso que ves es para ti. Se llama compasión.

Voltea para mirarme.

—Siempre se asusta cuando me...

—Desiree —la interrumpo—, mira a tu marido. Quédate aquí en el presente.

Moviendo la cabeza con energía, como convenciendo a su niña interior, le toma la mano a Juan.

—Es que...

—No, yo la quiero —la interrumpe Juan—. Quiero a esa niña que tienes dentro, a esa luchadora, la fuerza que tiene. Yo también quiero apoyarla y lo voy a hacer. Me duele mucho que... —Las lágrimas le impiden seguir, y veo como sus páginas cuadriculadas se arrugan con el contacto del líquido—. Yo solo...

Mientras los miro, noto que sus cuerpos quieren acercarse.

—¿Quieres un abrazo? —le pregunto a Desiree, que me mira—. ¿Quieres que tu hombre te abrace?

Ella asiente y le abre los brazos de par en par. Juan sonríe, complaciente. Deja su libreta a un lado, se quita el micrófono, se arregla el pelo y se acerca a su mujer. Se abrazan y se mecen el uno al otro suavemente mientras lloran.

—Lo siento mucho —murmulla Desiree.

—No pasa nada, mi vida —la tranquiliza—. Estoy aquí.

O lo devuelves o lo pasas. La hija de Desiree, que tuvo en una relación anterior, iba a cumplir trece años. Antes de que conociera a Juan, ella había sido la amiga de Desiree, su confidente y su cuidadora durante años. Así pues, le digo a Desiree que espero que se hayan acabado los gritos y el abuso a los que sometía a su hija. Ella está conmigo.

—Necesitamos una reunión familiar —dice Desiree.

Juan suelta un gruñido, como protestando, pero lo hará si su mujer cree que es importante.

—Necesitamos inaugurar un nuevo gobierno —anuncia su mujer.

Al escucharla, Juan sonríe, ahora sí, convencido.

—Aceptaremos y escucharemos las manifestaciones pacíficas —proclama con una voz solemne, siguiéndole la broma a Desiree.

—Ley de tolerancia cero —avisa ella— ante la violencia. ¿Te parece bien?

Juan no puede asentir con más convencimiento.

—¿Y a ella? —le pregunto, refiriéndome a su adolescente interior.

Desiree se para un momento e inclina la cabeza, como si estuviera escuchando a alguien y sonríe:

—Sí, a regañadientes y con mala cara —nos comunica.

—De acuerdo —le digo antes de que alguien se ponga nervioso—. Lo aceptamos.

Una vez alguien dijo que el trabajo relacional era «deconstruir al patriarcado de pareja en pareja».[7] Me halagó oír esa descripción. Cuando tú y tu pareja entren en la verdadera intimidad, se saldrán de los límites del patriarcado. Durante todo el libro he ido hablando de la cultura tóxica del individualismo, pero ¿dónde y cómo afecta la presión de una cultura así a nuestra personalidad? La cultura no es algo abstracto y sin vida; la cultura se extiende principalmente a través de las personas. La cultura queda reflejada en el abuso de una madre como Desiree, quien confundió lo que era una exploración sexual normal con la promiscuidad sin límites. La cultura queda reflejada en la voz del padre de un paciente que, cuando cumplió tres años, reunió a toda la familia para que vieran a su hijo quemar su mantita porque ya era demasiado mayor para tener esas cosas.

Un día, cuando mis hijos aún eran pequeños, fui testigo de la transmisión del individualismo tóxico en vivo y en directo. Estaba en un partido de *hockey* de mi hijo y uno de los padres, por suerte al otro lado del campo, estaba vociferándole a gritos a su pobre hijo, que tendría unos nueve años. Delante de todo el mundo que había en las gradas, ese padre criticó duramente a su hijo por no haber jugado bien y luego siguió metiéndose con él al verlo llorar. El niño se abrió paso entre la gente, derrotado, y se dejó caer de golpe al lado de su madre. Ella, que lo estaba esperando, le dijo algo para animarlo e intentó abrazarlo. En ese momento, el niño la esquivó rápidamente y le dio un puñetazo en la cara.

Las personas heridas hieren a otras personas. Así es como se trasmiten la violencia, el patriarcado y el individualismo tóxico. La madre, con toda su buena intención, había intentado consolar a su hijo, pero ¿acaso lo defendió y puso límites a su marido? Sincera-

7. Marvin, «Therapy Master Class».

mente, lo dudo. El silencio de las mujeres y la violencia de los hombres. Ese niño hizo su papel, delante de la gente, y demostró que rechazaba y odiaba la vulnerabilidad. Fue una prueba clara de desprecio. Dejó claro que «no soy el niño de mamá, ¿eh?». Y así es como vamos pasando la pelota de generación en generación.

Los niños y las niñas miran a sus padres y se preguntan: «¿A quién de los dos me quiero parecer?». ¿Al martillo o al yunque? ¿Al abusador o a la víctima? Elijas lo que elijas, pierdes. Aun así, ¿qué elegirías tú? Este niño de nueve años había interiorizado el desprecio de su padre y ya imitaba su violencia. Ya odia la «debilidad» desde lo más profundo de su ser. Su sensación de bienestar se la dan dos ideas falsas que se entrelazan: la ilusión de invulnerabilidad junto a la ilusión de dominación. Somos personas y, por lo tanto, no podemos aspirar ni a una cosa ni a la otra.

Tanto en Europa como en Estados Unidos, en los pueblos y las pequeñas ciudades de hace muchas generaciones, la gente confiaba en la conexión que había entre los vecinos para contrarrestar con el egoísmo cruel propio del individualismo rudo de la Ilustración, que luchaba a toda costa por los derechos privados. Pero eso se acabó. ¿Cómo se convierte un niño de nueve años en el hombre que se enfurece cuando le dicen que tiene que ponerse un cubrebocas? ¿El que insiste en defender sus derechos por encima de la seguridad y la salud del resto? ¿El hombre que no consiente bajo ningún concepto que le digan lo que tiene que hacer, ni siquiera su familia? Muy fácil: gracias a la trasmisión de esa cultura a través de los gritos de un padre.

En los pasillos del Senado, en los puños apretados de un niño, en los matrimonios que se pelean y los que se alejan entre muros de silencio, encontramos la misma fuerza arrolladora del individualismo que acaba con la conexión en muy distintos niveles: el psicológico, el familiar y el social. Ahí estamos: rebosantes de orgullo y de violencia, protegidos y solos. El individualismo desmedido, ya sea en tu comunidad, en tu ciudad o en tu casa, arremete incansable contra el dique de nuestra necesidad por construir intimidad. La dominación le gana el pulso al amor. El desprecio por la vulnerabilidad hace imposible la conexión. La parte infantil adaptativa es como un disco duro que interioriza todos estos mensajes de la cultura que nos inculcan esas personas a las que tenemos como referentes, a las que incluso queremos. En los momentos difíciles, nuestra parte infantil lanza todo ese desprecio que lleva dentro, hacia sí misma, hacia los demás y hacia las normas, y no hace más que empañar y destrozar nuestro presente.

Olvidar la gran mentira

¿Qué podemos hacer a título personal para escapar de las garras del odio en el que se cimenta la Gran Mentira, el mito de la superioridad o la inferioridad de las personas, cuando está en el aire que respiramos? La respuesta es que no podemos hacerlo por nuestra cuenta. Nuestros traumas, con alguna excepción, son relacionales, una grieta abierta en nuestro campo intrapersonal, por lo que irremediablemente, para sanar, también necesitamos relacionarnos con otros, para volver a rellenar los vacíos que nos separan. Para sanar debemos aprender a crear intimidad entre nosotros, debemos empezar a escuchar y responder a las diferentes partes que hay en nuestro interior y que luchan por salir. Sin embargo, para responder en el presente, tenemos que aprender a gestionar las situaciones que nos abren nuestras heridas traumáticas. Dependiendo de cómo los afrontemos, nuestros traumas pueden traernos aprendizajes o controlarnos.

Al buscar tu centro y conectar con tu parte adulta sabia, ya habrás hecho la mitad del trabajo. Si tu parte infantil adaptativa tomó el volante, respira hondo, date una pausa o sal a dar una vuelta. Acuérdate de que el trabajo de verdad para llegar a la intimidad no es algo que se construya día a día, sino minuto a minuto. En este momento, ¿qué vas a elegir: una cercanía que te hace sentir vulnerable o una distancia donde crees estar a salvo, tu derecho a expresarte o tu deber a encontrar una solución razonable? Como dice el místico alemán Thomas Hübl, en esos momentos, la impulsividad es nuestra enemiga, y la respiración, nuestra aliada.[8] Relájate, de verdad. Baja la velocidad hasta que vuelvas a encontrarte. Baja la velocidad hasta que puedas plantearte cómo lo está viviendo tu pareja, y olvídate de quién tiene razón y quién se equivoca. Deja a un lado la objetividad y tus preocupaciones en las que tú eres el centro.

Algunas personas, para cuidar de sus relaciones, tendrán que quererse a sí mismas y defender sus intereses. En cambio, otras tendrán que aprender a ceder, a rendirse. Ambas posturas requieren un alto grado de vulnerabilidad. Para controlar bien estas herramientas relacionales y comunicarte con fluidez, pueden pasar entre dos y cinco años. Pero no tires la toalla. Estas estrategias y esta nueva manera de pensar son tan poderosas y te hacen crecer tanto en comparación con las creencias y la cultura que tenemos ahora que, aunque las utilices mal, te ayudarán a transformar completamente tu vida y tus relaciones. ¿Y sabes qué? Que puedes empezar a usarlas y a equivocarte desde ya.

Te doy ideas para tus primeros pasos: dile adiós a la crueldad, promete que se acabaron las faltas de respeto. Antes de decir nada, pregúntate: «¿Puede parecer en cierto modo irrespetuoso lo que voy a decir? ¿Puede que la persona con la que estoy hablando se lo tome así?». Si yo fuera tú, me comprometería aquí y ahora a lo siguiente: «Llueva o nieve, o incluso si me veo en desventaja física para protegerme, no usaré mis palabras ni mi comportamiento para faltarle al respeto a nadie, como tampoco me voy a quedar de brazos cruzados si alguien me lo falta a mí. Pediré que esa persona se dirija a mí de otra manera y, si eso no funciona, acabaré con la interacción y me iré. No me quedaré en silencio y lo aceptaré sin más. Vaya en la dirección que vaya —ya sea explotando o tragando—, prometo en este momento dejar atrás cualquier tipo de comportamiento irrespetuoso. No lo necesito. Estoy trabajando en mis habilidades para ejercer el poder sutil, para ser capaz de expresarme y defenderme, respetando y valorando a los demás a su vez».

8. Hübl y Real, «Love, Trauma and Healing».

No lo olvides: la crueldad no tiene absolutamente nada de bueno. Siendo crueles no conseguimos nada que no se pueda lograr con una actitud firme y amorosa. Cuando vayas a hablar, asegúrate de que no hay rencor ni odio en tus palabras. Cuando nos quejamos, conseguimos más bien poco.[9] Los estudios lo dejan claro: las emociones duras, como el enojo o la indignación, provocan, como es de esperar, una respuesta de ira o de separación.

En tu relación, quizá necesitas mostrar una actitud bastante asertiva para llamar la atención de tu pareja. En la primera fase para conseguir lo que quieres, necesitarás practicar el poder sutil, y para eso se necesita valor, pues es el momento de poner las cartas sobre la mesa. Pero cuando tu pareja te haya escuchado y decida intentarlo, entonces tendrás que dejar de pensar en ti como una persona independiente; a partir de ahora serás un miembro comprometido en su equipo. Ayuda a tu pareja, enséñale lo que te gusta y recompénsala por sus esfuerzos. Encuentra tu centro y, desde tu mejor versión, busca la suya y conectad. Para amar se necesita una democracia: entre tú y la otra persona, y en tu mente.

Empieza a conectar con tu condición de ciudadano del mundo, con tu virtud, con tu «nosotros». Empieza a cumplir tu promesa para llevar una vida de respeto total. Con la edad que tengo ya, y un matrimonio de treinta y cinco años a mis espaldas, tengo un trato con el universo: si algo es desagradable, no me interesa, ya sea un asunto entre otras personas, entre otras personas y yo, o sea mi propia voz contra mí. Quizá haya algo de verdad en tu mensaje, e intentaré escucharlo entre todo el ruido y las malas formas que hayas decidido usar, pero no tengo mucho aguante para las cosas que se dicen en un tono desagradable, así que hazme un favor y, antes de hablar, piensa en cómo quieres dirigirte a mí. Yo haré lo mismo

9. Schoebi, «Coregulation of Daily Affect»; Butner, Diamond y Hicks, «Attachment Style»; Gottman *et al.*, «Predicting Marital Happiness»; Jarvis, McClure y Bolger, «Exploring How Exchange Orientation»; Keltner y Kring, «Emotion, Social Function»; Salazar, «Negative Reciprocity Process».

contigo. Como se suele decir en medicina, lo primero es no hacer daño.

Uno de los primeros pasos es plantarle cara al odio y ponerlo en su sitio. Quiero animarte a vivir una vida sin violencia en tus relaciones y contigo mismo. La próxima vez que algo te desestabilice, párate y respira hondo. Busca tu centro y conecta con tu parte adulta (da igual si tardas uno o veinte minutos), y pon en práctica tus nuevas habilidades.

Empieza con unas palabras de gratitud.

Deja claras tus intenciones (por ejemplo, «quiero que hablemos para sentirme más conectado a ti»).

Haz el ejercicio de la rueda de *feedback* si puedes, o al menos habla desde tu experiencia.

Ofrécele a tu pareja una manera para reparar el vínculo. Dile qué puede hacer para ayudarte a sentirte mejor.

Y, por último, y sé que esto es difícil, suelta las expectativas en cuanto al resultado. Lo hiciste de maravilla tanto si tu pareja responde bien como si no.

Cuando nos centramos en nuestra propia práctica relacional, optimizamos nuestras posibilidades de hacer que la relación funcione, lo que no significa que siempre vayamos a conseguir lo que queremos. Digiere las imperfecciones de cada uno y supera aquello que querías en tu relación, pero que no conseguirás en esta pareja. Disfruta de lo que tienes y deja que eso sea suficiente, que sea un motivo de gratitud. Estas son las habilidades que las personas adultas utilizan para crear intimidad: habilidades tan potentes que no solo transformarán tu relación, sino que, en última instancia, también sanarán tus heridas y te permitirán recomponerte.

CAPÍTULO 10

Recuperar nuestra esencia

> En mi casa, tengo tres sillas: una para la soledad, otra para la amistad y una tercera para la sociedad.
>
> HENRY DAVID THOREAU, *WALDEN*

Una frase.

Casi lo pierdo por una frase. Parecía que la primera sesión había sido todo un éxito. Habíamos empezado bien el proceso terapéutico y, de repente, la cosa casi se arruina por completo. ¿Y por qué? Charles, un hombre negro de cincuenta y tantos, firme, de cabello corto y canoso, y con lentes, encajaba perfectamente en el perfil de académico reputado. Como decano de una universidad local de prestigio, estaba acostumbrado a levantar la ceja y que los estudiantes empezaran a titubear. De vez en cuando, sentía la necesidad de, como dijo él, «infundir un poco de miedo constructivo». Charles nunca alzaba la voz; no le hacía falta. En el trabajo era una fuerza imparable. Sin embargo, en casa se deshinchaba; se convertía en Ígor de *Winnie the Pooh.* Las palabras que usó su mujer Diane para describirlo fueron «insulso, malhumorado e irritable».

—Esos enanitos no salen en la película con Blancanieves —bromeo, pero parece que a nadie le hace gracia.

Diane, una mujer negra, alta y en buena forma, que parece unos diez años más joven que su marido, con una falda gris y un top dorado de tirantes, me explica un poco sobre su vida en casa. Según me dice, Charles lleva los últimos años de su matrimonio con esa actitud pasiva y parece que todo le molesta. Pone mala cara si lo «desprecian» sexualmente, como dice él. Pone mala cara si ella lo ignora porque lleva mucho rato hablando por teléfono con sus amigas. Parece que siempre tiene esa postura relacional del «cliente insatisfecho».

Después de aguantar este comportamiento durante años, Diane está enojada. Molesta porque todo parece girar en torno a él; molesta porque, haga lo que haga, a él nunca le parece suficiente, ni le parece bien. Charles afirma que él apoya la carrera profesional de su mujer como planificadora comunitaria, pero, a la hora de la verdad, si ella no acude rauda y veloz a complacer a su marido, cuando y como él quiere, sabe que cuando vuelva, se lo encontrará de mala cara y con un saco de quejas.

Una tarde, Diane estaba tomándose algo con un profesor de arte al que Charles había contratado, un joven apuesto con el que se sentía muy a gusto y en confianza. Tanto fue así, aunque quizá no solo por ese motivo, que le contó lo frustrada que se sentía en su matrimonio. Primero compartieron confidencias y luego ¿qué más? En ese momento decidió que Charles ya se había pasado de la raya con sus disgustos y que ya no lo soportaba más. Así que se fue a casa, le explicó a su marido lo que había pasado y añadió: «Aquí las cosas tienen que cambiar, y mucho».

Poco después buscó los medios para llegar hasta mi consultorio. A Charles le había tomado totalmente desprevenido. ¿Acaso no era un buen hombre? ¿No era un buen marido? De verdad, no lograba entender qué problema tenía Diane.

Diane y Charles: las cosas tienen que cambiar

Diane descansa sus brazos en el lado del sillón en el que están sentados los dos y estira sus largas piernas.

—Terry, la palabra que quizá estás buscando para Charles —me sugiere— puede ser «depresivo». Una depresión crónica, no muy severa, pero permanente.

—Por favor... —se queja Charles con una mueca—. Mira adónde llegué. Recuerda de dónde vengo.

—Pues quizá es precisamente lo que estoy diciendo —insiste.

—¿Tuviste una infancia difícil? ¿Dónde creciste?

—En el norte de Filadelfia —me contesta.

—Mira, yo en Candem, Nueva Jersey —le digo levantando la mano, y ahora me doy cuenta de que me ve con otros ojos.

Cuando se dio cuenta de que le estaba contando sus problemas a un chico joven, me explica Diana, lo vio claro. Y, al contárselo a Charles, supo que quería más: quería más de su matrimonio y de él. Su marido dijo que iba a intentarlo, pero, en nuestra primera sesión, nadie lo diría con la energía pasiva y derrotada que demuestra.

Cuando se levanta para salir de la oficina como alma en pena, me cuesta no darle un apretón en el brazo para animarlo.

—Ánimo —le digo, en vez de eso—. Las cosas pueden mejorar. Sonríe.

Y esa fue la frase por la que casi lo pierdo y no vuelve a terapia: «Ánimo», le había dicho. «Sonríe».

Aun así, Charles consigue volver la siguiente semana. Lo noto muy molesto, pero me parece que debajo de ese enojo hay dolor. Antes de que nos sentemos, me recuerda a lo que se refiere como «golpe de despedida» de nuestra última sesión. Me mira fijamente y me dice:

—Mira, sé que la intención era buena, pero ¿sabes a cuántos hombres negros les pidieron que sonrían durante décadas, incluso siglos? ¿Que finjan que se lo están pasando increíble?

Me fijo en que está temblando ligeramente y yo noto cómo se me encienden las mejillas.

Como describió Isabel Wilkerson en su increíble libro *Casta*, la gente pagaba más en las subastas por las personas esclavizadas que sonreían porque así parecían felices y dóciles en vez de taciturnas y tristes. A los hombres les azotaban para que sonrieran e incluso para que bailaran; todo esto mientras sus hijos y mujeres lo veían todo, los vendían y la familia quedaba rota.[1]

—Entiendo perfectamente cómo mi comentario pudo afectarte —empiezo a decirle.

—«Afectarme» —me interrumpe, con una actitud envalentonada—. No me culpes.

—Siento que mi comentario haya sido irrespetuoso —continúo—. No quería sonar condescendiente.

—Tranquilo, está enojado porque le contestaste como yo —me dice Diane, intentando tirarme un salvavidas.

—Si me lo dice ella, me puede molestar, pero viniendo de ti pueden ser prejuicios o simple ignorancia —contesta Charles, que no va a dejarlo correr así como así.

¿Me estaba diciendo que era racista? ¿Lo había sido? ¿Había hecho un comentario racista? Fuera de contexto no me lo parecía, no me parece racista. El problema es que el contexto siempre está ahí, no podemos quitarlo y punto. Así pues, teniendo en cuenta la historia racial, mi comentario, aunque bien intencionado, había sido muy poco acertado. Charles no era mi juglar y podía sentirse y poner la cara que quisiera.

—No lo sé, Charles —me doy cuenta de que me estoy poniendo a la defensiva. («¿Por qué? —pienso—. ¿De qué me tengo que defender?»)—. No sé si diría que son prejuicios, pero sin duda fue...

—¿Te puedo hacer un par de preguntas? —me vuelve a interrumpir y, sin esperar que responda, me dice—: ¿Has leído diferentes artículos, libros incluso, sobre cómo hacer terapia con personas negras?

—La verdad es que...

—¿Has supervisado algún caso con alguien que conozca bien el tema o los problemas que pueden surgir?

1. Wilkerson, *Casta: el origen de lo que nos divide*; Brown, *Narrative and Life of Brown, a Fugitive Slave*, pág. 45.

La verdad es que en este momento no sé si enojarme o avergonzarme. Es cierto que, de vez en cuando, intento mantenerme al día sobre el tema, pero no diría que soy un experto ni mucho menos.

Los tres nos quedamos ahí sentados, en silencio, bastante incómodos. Al final, sabiendo que una frase me ha metido en este problema, decido probar suerte con otra, la frase que le enseño a todas las parejas que vienen a trabajar conmigo. Una frase que me gustaría que tú empezaras a usar a partir de ahora.

—De acuerdo, entonces ¿hay algo que pueda hacer —le pregunto a Charles— para que reparemos la situación?

Al escuchar esto, Charles sonríe.

—Bueno... —se lamenta Diane en voz baja mientras su marido saca un papel muy bien doblado del bolsillo interior de su blazer y me lo entrega.

—¿Y esto es...? —le pregunto mientras empiezo a desplegar la hoja.

—Una lista de lectura preliminar —me contesta. Se nota que está disfrutando de este momento.

De repente, empatizo con los pobres estudiantes titubeantes de Charles. La mayor parte de los libros de la lista son, por suerte, literarios: James Baldwin, Malcom X; también veo títulos que no conozco. Pero la lista no era todo lo que Charles quería que leyese: artículos y libros sobre raza y terapia, sobre todo terapia interracial. Me comprometo a leerlos y así se lo hago saber.

—Pero —le digo—, ahora que has sacado el tema, a mí también me gustaría preguntarte algo. ¿Cómo es para ti trabajar con un terapeuta blanco?

El hombre niega con la cabeza, mira a Diane y me pregunta sin ser antipático:

—¿Y qué crees que he estado haciendo hasta ahora?

El paso de verbalizar la verdad

El racismo. El pilar del sistema estadounidense. Cuando iba a la escuela, el racismo se centraba en la esclavitud que había en el sur de

Estados Unidos. Lincoln liberó a los esclavos y, a partir de ese momento, ¡todos los hombres eran libres! ¡Vamos a celebrar Acción de Gracias con los wampanoag y los peregrinos! ¡Claro que sí, todos juntos! ¡Esto es Estados Unidos!

Sin embargo, encontramos pruebas de lo contrario por todas partes. América fue arrebatada a los indígenas que vivían allí con sobornos, con pistolas y armas biológicas. La historia de Acción de Gracias cuenta que los nativos americanos, en una muestra de generosidad, enseñaron a los colonos blancos a vivir en el nuevo mundo y, después, desaparecieron como si nada, y les cedieron de buen grado sus tierras a los europeos. De hecho, una corta alianza entre peregrinos y los wampanoag en Plymouth se deterioró rápidamente y se convirtió en una de las confrontaciones más encarnizadas y sangrientas que tuvo lugar entre las dos naciones.[2]

Después de asegurarse las tierras con el genocidio, la América blanca importó otro grupo de personas para que trabajaran en ellas. La esclavitud no era una aberración y fue esencial para la prosperidad de la nueva nación. Diez de los primeros presidentes estadounidenses tuvieron esclavos.[3] El racismo no es una anomalía en la historia de Estados Unidos. Bien incrustado en la doctrina del destino manifiesto, el racismo «es» la historia de Estados Unidos. Hoy en día, la esclavitud ha pasado a ser la encarcelación masiva: dos millones y medio de estadounidenses viven tras los barrotes de una celda y, a pesar de que las personas negras solo forman un poco más del 13% de la población general, representan casi el 40% de las personas encarceladas. ¿Y qué pasa con el trabajo que hacen allí? Se estima que el trabajo que hacen los reclusos supone dos mil millones de dólares al año.[4] La Decimotercera Enmienda de la constitución de Estados Unidos garantiza la libertad a todos los hombres, excepto a aquellos a los que se les senten-

2. Messina, «America's Most Devastating Conflict».

3. «Slavery in the President's Neighborhood».

4. Si quieres ver algo increíble, consulta *13th* (un documental), dirigido por Ava DuVernay (Kandoo Films/Netflix, 2016). También puedes consultar: Dyer, *Perpetual Prisoner Machine*, pág. 19.

cia como culpables de un crimen. Todo lo que sigue a esta excepción es una historia realmente vergonzosa de intentos generalizados y claramente intencionados de conectar la criminalidad con las personas de color, y el orden y la ley, con las personas blancas. Desde la «estrategia sureña» a Willie Horton, la derecha de Estados Unidos pasó de tener una tendencia racista bastante limitada a defender con violencia la supremacía blanca sin ningún tipo de pudor. El racismo es lo que hizo que Donald Trump llegara al poder. El racismo fue lo que arrasó con las puertas del Capitolio. El racismo alimenta un odio desatado en muchas personas conservadoras de derechas.

Desde los linchamientos y la tortura a las microagresiones diarias, la hipertensión y las muertes prematuras, el precio que se cobra el racismo en las personas que lo reciben es atroz. Pero, además, como psicoterapeuta blanco, también me interesa saber el costo que tiene para los racistas.

En su libro *Dying of Whiteness* [La muerte de lo blanco], Jonathan Metzl cuenta la historia de dos estados del sur, Kentucky y Tennessee, el primero con la reforma sanitaria de Obamacare, y el segundo sin ella. En 2016, Metzl se encontró con un hombre al que llama Trevor, que, para su desgracia, vivía en el lado equivocado del límite estatal. Si hubiera vivido en Kentucky, que le quedaba a media hora en coche, hubiera optado a recibir un tratamiento que prolongara la vida y a entrar en la lista para el trasplante de hígado que tanto necesitaba. Aun así, cuando le preguntaron a Trevor si, sabiendo esto, hubiera apoyado la reforma sanitaria de Obama, soltó una risita burlona y dijo: «Ni pensarlo. No voy a pagar ni un duro para que lo disfruten los mexicanos y toda esa gente que no hace nada y vive del cuento».[5][6] Metzl apunta que este hombre prefería morirse que traicionar a su comunidad blanca. Al borde de la muerte, Trevor, sin duda en condiciones desfavorables, ahora también estará recibiendo ayuda sanitaria, seguridad social e incluso comida por parte del Gobierno. Si yo

5. Metzl, *Dying of Whiteness*.
6. *Ibid*.

hubiera tenido la oportunidad de hablar con él, le hubiera dicho que él también «estaba viviendo del cuento».

El racismo está enquistado en el corazón envenenado de Estados Unidos, igual que el patriarcado. Los dos son hijos de la Gran Mentira, la falsa ilusión del individualismo, la idea de que alguien puede ser fundamentalmente superior o inferior a otra persona. En un artículo increíble, la psiquiatra Heather Hall deconstruye las psicodinámicas del racismo como un trastorno narcisista.[7] El narcisismo, el trastorno de nuestra época, ahonda sus raíces en un malentendido: la diferencia entre la verdadera autoestima, que nace de dentro y la exteriorizamos, y su reflejo, lo que nos llega del exterior e interiorizamos como autoestima, ya sea el valor que te dan tus resultados, tus posesiones o la estima en que te tienen los demás. Recuerda que, en el mito griego, Narciso no muere por un exceso de amor propio, sino por todo lo contrario: se enamora de su reflejo, del que se queda prendado, y en esa fascinación se olvida de comer y beber hasta que muere. Narciso es un adicto que se mata a sí mismo.[8]

Soy mejor o peor. Estoy por encima o por debajo. Soy superior o inferior, y cuando nos creemos inferiores, no nos conformamos con aplicarlo a un atributo concreto, no... No eres peor agricultor, por ejemplo, ni peor tenista ni peor escritora. Eres peor como ser humano. Así es como el «tú y yo» se convierte en «nosotros y ellos», porque, en la cultura tóxica del individualismo, no basta con ser una persona como el resto. Cada uno tiene que ser diferente, tiene que ser especial, tiene que destacar en todo. Sorprende con qué rapidez y facilidad lo usamos para colocarnos por encima de grupos enteros, fracciones completas de la humanidad. Indígenas, inmigrantes, judíos, latinos, asiáticos, LBGTQ, personas con discapacidad, cualquier persona que no sea blanca. Nos reafirmamos en nuestra individualidad quitándole a los demás la suya.

7. Hall, «Trauma and Dissociation».
8. Real, *I Don't Want to Talk about It*, pág. 270.

Movilidad vertical y consecuencias

Cuando Charles pide algo, sobre todo en lo que se refiere al sexo, y cuando se queja para demostrar su disconformidad, se muestra frío y distante. En tanto que hombre negro, es objeto de la grandiosidad colectiva de nuestra sociedad canalizada a través del racismo, mientras que, a su vez, en su relación matrimonial, él se convierte en un ejemplo más del narcisismo cuando exige cosas a su mujer y luego le hace pagar las consecuencias cuando no las acata. Aunque en casa tiene una actitud depresiva, pasivo-agresiva (solo demuestra su enojo de manera encubierta), se las arregla para castigar a Diane con su mal humor y su genio.

Charles pone en práctica la técnica masculina a la que mi mujer Belinda se refiere como «berrinche interno». No abres la boca, pero al final la gente que está a tu alrededor acaba con dolor de cabeza. La pasivo-agresividad implica castigar a las personas con las cosas que no haces, con lo poco que les das. En su vida pública, Charles se comporta como la personificación de la madurez, del equilibrio y del liderazgo. Cuando llega a casa, según Diane, pasa de ser el Rey Sabio al Príncipe Ofendido.

Para mis adentros pienso que debe de ser agotador llevar todo el día la corona de Rey Sabio. Pero cuando vuelvo a tomar conciencia de su raza, me corrijo y pienso lo duro que tiene que ser actuar como el Rey Sabio todo el día durante todos los días de su vida y no tener ni un descanso. ¿Y desde cuándo lleva puesta esa corona?

Le pregunto por su ascenso meteórico desde las calles del norte de Filadelfia hasta las salas de conferencias de Nueva Inglaterra. Mientras Charles me explica sus logros académicos, su impecable expediente deportivo y su liderazgo en la comunidad, me pregunto en qué momento se permitió ser un niño. Es un secreto a voces entre los terapeutas de pareja que muchas personas que llegan a posiciones altas de poder parecen retroceder en el tiempo en sus relaciones. El presidente Ronald Reagan llamaba a su mujer Nancy «mami». Las parejas formadas por personas con poder y éxito suelen tener motes infantiles que usan el uno con el otro, palabras secretas y, a veces, incluso hasta un idioma. En el mundo exterior, Charles controla cada palabra que dice; siempre ha tenido que ir con el máximo cuidado, era un deber, una obligación. Y me pregunto dónde podría comportarse como un niño malcriado.

—Me estás haciendo pensar —le digo a Charles— en una sesión muy famosa en los anales de la terapia familiar.

Los dos me miran, expectantes, pero parece que están abiertos a escucharme.

—Paul Watzlawick, uno de los creadores de la terapia familiar, era famoso por dar con la solución en una sola sesión. Y aquí viene la historia: un hombre viene a verlo desde D. C., un hombre afroamericano de tu edad. Al igual que tú, este hombre tenía un expediente impresionante, había crecido en la pobreza, pero lo había dado todo en sus estudios, graduado de honor y todo lo que te puedas imaginar. Ahora se había convertido en un miembro de un grupo de interés en Washington, tenía una mujer maravillosa, tres hijos en escuelas privadas y coches de lujo. Su vida era perfecta, excepto por un pequeño detalle: sufría ataques de ansiedad que lo dejaban destrozado.[9]

»"Pues claro que tienes ansiedad", dicen que exclamó Watzlawick. "Tu imperfección te persigue allí adonde vas, porque ni siquiera tú puedes escapar de ella. Todos tenemos un privilegio fundamental que tú, desde tu infancia, mientras crecías y hasta el día de hoy, no has tenido", le dijo. "Un privilegio que cualquier niño blanco, por muy pobre que sea, tiene sin problemas. ¿Sabes cuál es? El privilegio de poder fallar, de equivocarse, de quedar en ridículo."

Cuando acabo, miro a Charles y a Diane.

—Sí, lo entiendo —me dice él—. Si doy un paso en falso...

—Exacto, te espera una larga caída —coincido con él.

—¿Y entonces qué? —me apremia.

—De acuerdo —acepto—. Pues Watzlawick le pidió que hiciera una tarea. Le dijo que tenía que comprobar que podía cometer un

9. Rohrbaugh y Shoham, «Brief Therapy».

error garrafal y aun así sobrevivir. Había un lugar de renombre donde se sabía que iba toda la élite de D. C., un asador de lujo. Watzlawick le dijo al hombre que tenía que ir allí y debía insistir en que quería comer una enchilada con queso. Y tenía que insistir y ponerse como un loco hasta que lo echaran del establecimiento.

—¿Y qué pasó? —quiso saber Charles.

—Pues que lo hizo —le digo—. Y demostró tal necedad que lo corrieron a la fuerza del local, y allí, en la entrada, le esperaba un grupo pequeño de gente, familiares y amigos suyos. Al ver cómo lo sacaban de allí, todos le aplaudieron y lo llevaron a comer al segundo restaurante más prestigioso de Washington para celebrar su liberación.

Charles hace una mueca de disgusto:

—Así que lo que tengo que hacer es que me corran de algún sitio...

—¡Y tu mujer te recibirá con una enchilada deliciosa en casa! —lo animo.

—Su mujer no cocina —suelta Diane, sin mucha pasión.

—De acuerdo —continúo—. Bueno, pues te pedirá la mejor enchilada.

—No estoy muy seguro de lo que estamos hablando, la verdad —empieza a decirme Charles.

—Lo que estoy intentando decirte es que todo el mundo necesita portarse como un niño en algún sitio —le explico—. ¿Pudiste disfrutar de tu infancia y hacer cosas propias de tu edad?

Él niega con la cabeza.

—Tus necesidades, tus emociones, ¿alguien se encargaba de satisfacerlas?

—Mis padres tenían que cuidar de una niña con necesidades especiales y mi hermano era drogadicto. Él está bien ahora —añade.

—¿Y tú eras el bueno, el que no daba problemas? —le pregunto, sabiendo perfectamente la respuesta.

Charles asiente. Recuerdo que me había dicho que se había graduado con honores y que era una estrella del futbol americano. Charles es, desde mi punto de vista, un niño perdido: el héroe. Después de más treinta años dedicándome a la terapia familiar, veo cómo mi cabeza simplifica y echa mano de los tres roles familiares que se usan en Alcohólicos Anónimos: el héroe, el chivo expiatorio y el niño perdido. Así que decido explicárselo a Diane y Charles.

—El héroe es el bueno —les digo—. El chivo expiatorio es el malo, o el que está enfermo, es el problema de la familia.

—Ahí entran mi hermano y mi hermana, cada uno por una cosa diferente —confirma Charles.

—¿Tu hermana era la problemática, y tu hermano, el malo, el rebelde?

—Más o menos —afirma.

—Y tú eras al que dejaron que se las arreglara solo —me atrevo a aventurar.

—Bueno —me corrige Charles—, me felicitaban por lo que hacía.

—Claro —le digo—. Yo diferencio entre dos tipos de niños perdidos, dependiendo de por qué el niño sufre abandono. Pueden estar menos pendientes de ti porque eres malo y no vale la pena dedicarte tiempo. Ahí estaríamos hablando de un niño perdido de tipo chivo expiatorio. O pueden olvidarse de ti porque eres el bueno, porque tus padres ya tienen las manos ocupadas haciendo otras cosas o hay alguien que necesita más su atención...

—Ese sería mi hermano —me interrumpe Charles.

—Entonces, como parece que te las arreglas solo... Ahí lo tienes: niño perdido, tipo héroe, el bueno abandonado.

—No me gusta mucho que me etiqueten... —se queja Charles.

—¿A cuántos partidos fueron tus padres a verte? —le interrumpo—. ¿A cuántas reuniones de padres en la escuela?

—A ver —se vuelve a enojar—, mi padre tenía dos trabajos para que mi madre pudiera quedarse en casa con nosotros.

—No estoy echándole la culpa a nadie —lo tranquilizo—. Solo estoy exponiendo una realidad. Estabas solo, Charles. Nadie estaba ahí para satisfacer tus necesidades emocionales, no en esa familia. Creciste siendo bueno y creciste pasando hambre.

Charles se remueve en su asiento.

—¿Cuántos años tiene ese niño que siempre está con mala cara? El que está volviendo loca a Diane.

Charles se encoge de hombros, con cautela.

—No lo sé.

—Intenta probar suerte —le insisto.

—Siete u ocho, me imagino.

—Cierra los ojos e imagínatelo en tu mente. Ahora que lo tienes de frente, ¿dónde está? ¿Qué hace?

—Nada —me contesta Charles—. Seguramente está en su habitación, estudiando o haciendo la tarea.

—Se siente solo —añado yo.

—Eso ya no lo sé —me replica—. Está solo, pero...

—No te sentías solo —le planteo.

—La verdad es que no, era como estaba siempre.

—Lo normal.

—Sí.

—Estar solo.

—A ver, sí había gente...

—Pero estabas emocionalmente solo —matizo—. Psicológicamente solo.

—Bueno... —Esta vez Charles se toma su tiempo para pensarlo.

—No te sentías solo —vuelvo a insistirle—. Era lo normal y ya está.

—Así eran las cosas —me confirma Charles.

—No —le digo y tomo fuerzas para seguir—. No te sentías solo entonces, como tampoco te sientes solo ahora.

—La verdad es que no.

—Hasta que Diane hace algo y a ti te molesta porque te parece que no te tiene en cuenta.

—Sí, claro.

—¿Acaso no es verdad? —le pregunto—. No te sientes nunca solo hasta que Diane hace algo y sientes que te da la espalda.

—Sí, es algo así...

—Y entonces sale todo —me arriesgo a decirle—. Entonces sale toda su soledad. Toda la soledad que sentía ese niño de siete años.

—Que, según mi mujer, es la edad que parece que tengo cuando me pongo así —me concede Charles, que ahora junta las manos y me dice—: Bueno, entonces, ¿ahora qué?

—Si me lo permites, te voy a decir lo que Belinda y yo le solíamos decir a nuestro hijo cuando tenía cuatro años.

Charles me mira con atención.

—Intenta explicarte mejor —le pido.

—¿Qué significa eso?

—Que, cuando lo necesites, te acerques a tu mujer y le digas: «Oye, me vendría bien un abrazo».

Charles se reclina en su asiento. Le hizo gracia lo que le dije.

—¿Me ves haciendo algo así? —le pregunta a su mujer—. ¿Te importaría?

Diane le sonríe.

—Mejor que tenerte con mala cara como un niño —le contesta, metiéndose con él.

Pero Charles se le queda mirando, serio, y le vuelve a insistir:

—¿De verdad no te importaría verme en una posición de debilidad? —Y se lo pregunta con lo que parece verdadera vulnerabilidad, una vulnerabilidad que veo en él por primera vez.

Diane se molesta con este comentario y le contesta:

—¿Tú te crees que yo no sé que eres débil? Amor, todos tenemos nuestra parte fuerte y débil. ¿Tú te crees que me tenías engañada o qué?

Charles parece no poder creerlo.

—Mira —le digo—, el hombre que no le pide amor a su mujer es el mismo que luego la castiga porque no se lo da.

Charles suelta una especie de gruñido, y sigue sin estar convencido.

—Te voy a decir algo que no te va a gustar —le aviso—. ¿Preparado?

El decano asiente.

—No te puedes enojar si no te dan algo que no pediste.

—Pero cuando lo pido...

—No estoy hablando de sexo —le aclaro para interrumpirlo de inmediato—. Charles, sabes que tienes más necesidades emocionales, que no solo quieres sexo. Hay muchos hombres que tiran de lo mismo: te sientes inseguro y lo solucionas con sexo. ¿Me siento solo? Sexo. ¿Me da miedo algo?

—Bueno —acepta, resignado—. Ya lo entendí.

—Entonces, amor —le dice Diane, girándose para mirar a su marido—. ¿Hablarás conmigo? ¿Me dirás qué sientes y qué necesitas?

—«Siento» —enfatiza Charles— que quiero estar más cerca de ti, ya sabes, físicamente.

—¿Y qué hay de los otros sentimientos? —pregunta ella.

—Sí que hay otros sentimientos —le aseguro.

—Sí, como sentirme acorralado cuando se alían en contra de mí —dice—. ¿Eso cuenta?

—Pues sí, muy bien, Charles —lo felicito socarronamente.

Frunce los labios y mira de nuevo a Diane:

—Así que si me acerco y...

—Sí, Charles —lo reafirma.

—Con vulnerabilidad de verdad.

—Sí, Charles.

—Y te comparto mis emociones...

—Sí, Charles.

—Vamos a estar más unidos, ¿va a haber más contacto?

—Por Dios —se exaspera Diane.

—A ver, espera —le digo a su mujer y me giro hacia él—. Si dejas de quejarte. Si de verdad te esfuerzas e identificas las otras emociones que sientes, aparte de tus necesidades sexuales. Si dejas de presionar a Diane con quejas no verbales...

—¿Sí?

—Quizá te sorprendas —lo animo—. Quizá incluso tu actitud resulte más atractiva.

—Pero no prometemos nada —intercede Diane.

—No es un *quid pro quo* —le digo a Charles—. Se acabaron las quejas y no puedes seguir presionando.

—Me quedó claro —me confirma.

—Aunque parezca mentira —le digo—, los hombres adultos suelen ser más sexis que los niños de siete años.

Charles se queda mirando a Diane un buen rato y finalmente afirma:

—Te enamoraste de mi fortaleza. Me lo dijiste.

—Me enamoré de ti, de todas tus partes, Charles. No puedes esconderme nada. Veo lo que intentas esconder y veo cómo lo intentas.

—¿Y qué ves? —le pregunta, un poco molesto—. ¿Qué intento esconder?

Diane se acerca a su marido, lo toma de la barbilla para tenerlo de frente y poder mirarlo bien a los ojos:

—Te veo a ti, tonto. Veo a ese niño.

Charles frunce el ceño.

—Y me gusta —le dice—. Yo quiero a ese niño.

—Pero... —intenta rebatirle.

Entonces se reclina en su asiento y se queda en silencio unos instantes:

—A veces es difícil.

—¿Qué quieres decir con eso? —le pregunta él.

—Quiere decir que le digas cómo se siente ese niño herido cuando ella te dice que no, Charles —intervengo—, pero que no se lo dejes ahí sin avisar.

Charles vuelve a quedarse mirando a su mujer un buen rato.

—Tú me quieres de verdad, ¿no? —dice con calma.

Diane asiente y añade:

—Te cuesta creértelo.

—A veces —le contesta su marido.

—Muchas —lo corrige, y los dos se miran a los ojos.

—A veces —insiste Charles, sosteniéndole la mirada.

Me doy cuenta del amor que hay en esa mirada.

—¿Y ahora? —le pregunto—. ¿Lo crees ahora?

El hombre no deja de mirar a su mujer y con una voz tierna me contesta:

—Sí, ahora sí.

Invulnerables y dominantes.[10] Si esa es la imagen que los hombres tienen que adoptar, en el caso de los hombres negros y de otras razas que viven en Estados Unidos es prácticamente una cuestión de supervivencia. Para un terapeuta blanco con privilegios es fácil decir: «Vamos, muestra tu vulnerabilidad». Isabel Wilkerson habla de una vez en la que iba en avión a dar una conferencia. La sentaron al lado de una niña blanca de unos siete u ocho años, quien se sorprendió al ver a una mujer como Wilkerson en primera clase. Al poco tiempo, su asombro se convirtió en preocupación y, un poco más tarde, directamente en enojo. «No te preocupes —la tranquilizó su madre—. Ponte tú en el pasillo, me siento yo a su lado».[11]

Ahora me gustaría pedirte que te pararas a pensar cómo te sentirías tú si te pasara algo así. Como si tuvieras algo malo y contagioso. Wilkerson tiene toda una sección donde habla de eso en su libro. A principios de la década de 1950, cuando en Cincinnati, bajo presión, se intentó combatir la segregación en las piscinas municipales, los ciudadanos blancos llenaron el agua de clavos y cristales rotos. En 1960, un activista negro lo intentó por su cuenta al meterse en la piscina directamente. Después de hacer unos cuantos largos, mientras se estaba secando, vio cómo la ciudad vaciaba la piscina por completo y la volvía a rellenar para cambiar hasta la última gota de agua.

¿Cómo me atrevo, como terapeuta, a pedirle a alguien que sea más vulnerable, sabiendo que humillaciones de este calibre o peor pueden sucederle en cualquier parte y en cualquier momento? Y aun así lo hago, y es que es mi obligación. Porque para llegar a la intimidad debemos intimar, y para eso necesitamos mostrarnos vulnerables, necesitamos entender y expresar lo que queremos y lo que necesitamos, lo que sentimos. Incluso cuando encontramos resistencias. Incluso en un vuelo.

Con el tiempo, Charles aprendió a sacar su faceta de gladiador cuando lo necesitaba en el exterior y a actuar como una pareja amoro-

10. Coates, *Between the World and Me* (trad. cast.: *Entre el mundo y yo*, Seix Barral, Barcelona, 2016); Kendi, *How to Be an Antiracist*, pág. 389.

11. Wilkerson, *Casta: el origen de lo que nos divide.*

sa en casa. Aprendió a quejarse menos por lo que no le daban y a prestar más atención a las necesidades de Diane, lo que le gustaba, lo que la excitaba. Juntos, poco a poco, fueron construyendo una rutina en la que lo hacían una o incluso dos veces por semana, lo que a Charles le parecía «razonable», y a Diane, «más que suficiente».

Dejaron de hacer terapia poco después. Me dieron las gracias y yo les deseé mucha suerte.

Cuando se levantaron para irse, le di las gracias a Charles por ayudarme a mejorar mi «concienciación racial» al inicio de nuestro proceso terapéutico. Me alargó la mano y se la di con esa mezcla de felicidad y tristeza que siento cuando alguien se «gradúa».

—Tú sigue sonriendo —me dice.

«Qué chistosito», pienso, pero no se lo digo, y dejo que sea él quien tenga la última palabra.

La grandiosidad hiere al grandioso

Desmarcados, por encima del bien y del mal. Utilizamos la fantasía de la Gran Mentira para definirnos y sentirnos mejores que aquellos a los que vemos inferiores. Nos reafirmamos en nuestra individualidad privando a los demás de la suya. El primer paso para marginalizar a alguien es apuntar a su identidad como individuo. A las personas esclavizadas, les quitamos el nombre; a los que entran en prisión, les rapamos la cabeza y les quitamos la ropa; los judíos se convierten en los meros números que llevan en el brazo; nos decimos que somos privilegiados, que no somos ni negros, ni pobres, ni homosexuales ni mujeres. Nos aferramos al escalón en el que creemos estar en la escalera, pisando con fuerza las cabezas de los que creemos que están por debajo.

Y ahí se paga un precio muy alto, no solo con respecto a las personas a las que pisamos, sino también con nosotros mismos. Porque nos hacemos lo mismo a nosotros: hay una parte de nosotros que está bien y otra que nos parece detestable. Cuando no conseguimos lo que nos habíamos propuesto, nos hablamos mal. Vivimos en un mundo muy cruel, fuera y dentro de nuestra mente. Quiero que entiendas algo: aunque sé perfectamente que la toxina de los privilegiados empalidece en comparación con la tortura, la devastación y la humillación sistemática que sufren las personas que no cuentan con estos privilegios, pese a todo, si como sociedad queremos superar estas grietas y heridas del pasado, tenemos que entender que la individualidad tóxica es una cultura que nos fustiga a todos, tanto a los que están en lo más alto como a los que están abajo. Hay estudios recientes que señalan que tener dinero afecta negativamente a la empatía de las personas respecto a los demás.[12] Párate a pensarlo un momento: ¿crees que eso es bueno? Para mantener el sistema debemos perder capacidades empáticas, disociarnos, compartimentar e incluso empeorar nuestra manera de pensar.

Cuando iba a la universidad, durante un tiempo estuve obsesionado con J. Robert Oppenheimer, el padre de la bomba atómica.[13] Cuando leía sobre el proyecto Manhattan, no podía dejar de preguntarme: ¿cómo podía vivir consigo mismo ese hombre? ¿Cómo podía haber creado tal atrocidad en este mundo, sabiendo las consecuencias desastrosas que su invención monstruosa tendría para el planeta? La respuesta a la que llegué, después de leerme diferentes artículos y biografías, me impresionó: no les dio muchas vueltas a las consecuencias. Estábamos en guerra y a él le asignaron un proyecto. Como hicieron muchos otros hombres durante milenios antes que él, simplemente pensó que tenía un trabajo que hacer y lo hizo. El precio que pagó Oppenheimer radicaba justamente en lo que se permitía pensar, por eso se desmarcaba y vivía disociado. La disociación es el eje central de la reacción al trauma. Las víctimas de trauma se disocian; en muchos casos es un recurso necesario para sobrevivir. ¿Podría ser que los depredadores también lo hagan? ¿Podría esto implicar que una persona completa y en sus capacidades no podría hacer daño a otra con tanta facilidad?

12. Sapolsky, *Compórtate*, cap. 14.
13. Pais y Crease, *Oppenheimer: A life*; Goodchild, *Oppenheimer*.

Cuando nos concedemos el privilegio de no pensar, somos peligrosos. Rudy, un hombre de treinta y ocho años, mantenía relaciones sexuales sin protección con prostitutas durante la pandemia de COVID y luego volvía a casa a cenar con su familia. En la sesión que tuve con él le pregunté si no se daba cuenta del riesgo al que estaba exponiendo a su mujer y a sus hijos. Él simplemente se encogió de hombros y me dijo:

—Pensé que no se daría cuenta de nada.

«Pura grandiosidad», pensé para mis adentros. Y Rudy remató la jugada así:

—La verdad es que ni lo pensé.

A veces hay pensamientos que no podemos sacarnos de la cabeza y nos revuelven el estómago. Y, aun así, lo que nos negamos a pensar puede llegar a ser incluso más doloroso.

La superioridad se mueve entre las sombras

«Estrellas, oculten su fuego —pide Macbeth antes de asesinar a su rey—, que la luz no vea mis oscuros y profundos deseos».[14] La superioridad se mueve entre las sombras. La grandiosidad pocas veces se ve a sí misma. Distanciarse del resto y mostrarse indiferente tiene consecuencias para los demás, evidentemente, pero también daña a la persona con esa condición. El campo de la psicología especializada en trauma ha presentado recientemente lo que se ha llamado «herida moral», una forma concreta, y bastante agresiva, de síndrome de estrés postraumático que ataca la psique del perpetrador.[15] Por ejemplo, un soldado que comete atrocidades y tiene comportamientos que traspasan los límites de su moralidad sufrirá este tipo de trauma. Durante la guerra, los hombres violan, asesinan y matan a personas inocentes.

14. William Shakespeare, «Primer acto, cuarta escena» *Macbeth* (S.I.: Duke Classics, 2012), pág. 34.

15. Denton-Borhaug, *And Then Your Soul Is Gone*.

En aquellas personas que cometen tales crímenes de grandiosidad, la culpa sana queda reemplazada por el miedo y el poder. Lo que hacen para aplacar su culpa es deshumanizar a sus víctimas. La psiquiatra Heather Hall afirma: «Los perpetradores más malévolos insisten en que la víctima admitió que se merecía lo que le estaba pasando... La víctima se da cuenta de que la única manera de minimizar la intensidad de su dolor es ayudar al perpetrador a aliviar su culpa y por eso acaban diciendo que sí, que se lo merecen. Esa es la última estocada que también le asestan a la víctima».[16]

El dolor llega hasta ese punto, pero la culpa sigue persiguiéndonos. En 1997, el psicólogo Na'im Akbar acuñó el término «síndrome postraumático de la esclavitud» para referirse a los efectos adversos de la esclavitud transgeneracional en los hijos e hijas de los esclavos, y los de sus hijos y los hijos de estos.[17] En los últimos años hemos empezado a entender y a aprender más sobre la epigenética, la manera en la que el trauma afecta al ADN de la siguiente generación y tal vez de las siguientes.[18] ¿Puedo entonces preguntarme si ha habido un traspaso de la herida moral en las personas blancas sin que esto minimice la espantosa criminalidad de nuestros actos? ¿Puede ser que los estadounidenses blancos llevemos en nuestros cuerpos la carga de manera colectiva de la culpa, la herida psíquica, que las generaciones anteriores no sintieron, pero que ha ido pasando a lo largo de los años a través de la negación y la repetición? ¿Puedo plantear, sin por ello quitar peso a las atrocidades que las personas blancas hemos cometido, que los costos intrapsíquicos del racismo en los racistas residen justamente en los mecanismos de tortura que niegan y distorsionan en ese intento de deshumanizar a las víctimas, pero que en realidad deshumanizan a ambas partes?

16. Hall, «Trauma and Dissociation».

17. Akbar, *Breaking the Chains*.

18. Si te interesa profundizar más en el camino de tres cuerpos diferentes (personas negras, blancas y del cuerpo de policía) que llevan el legado del trauma epigenético transgeneracional, así como del trauma y el dolor cultural, te animo a consultar: Menakem, *My Grandmother's Hands*.

Cuando hablamos de género, les pido a hombres y mujeres que unan fuerzas, a pesar del dolor que los hombres han infligido a las mujeres durante miles de años, y que siguen infligiendo. Aun así, por el bien de todos y todas, necesitamos entender el sistema del patriarcado. Por el bien de todos, debemos desmantelar una supraestructura que oprime a ambos sexos. De la misma manera que creo que, por el bien de todos, debemos tener muy presente que cada uno de nosotros contribuimos a crear la biosfera relacional en la que vivimos. Por el bien de todos, debemos borrar de nuestra mente de una vez por todas la Gran Mentira de la superioridad e inferioridad, de la culpa y la grandiosidad, de la víctima y el perpetrador. Nuestra cultura vive con un trauma colectivo sin sanar.

Y no llegaremos nunca a sanar esa herida que nos afecta a todos, a menos que dejemos de disociarnos y compartimentar para afrontar el daño colectivo que hacemos.

En su libro de 1991, *Faces of the Enemy* [Las caras del enemigo], todo un clásico, Sam Keen explicó en detalle el proceso de *otrorizar* (*otherization* en inglés), es decir, separarse del resto de las personas considerándolas meros «otros»; el autor se refería así a los métodos y las razones que utiliza la gente para despojar al enemigo de cualquier rasgo de humanidad, sea quien sea.[19] Hay miles de artículos que explican con todo lujo de detalles lo que conlleva para un soldado disparar contra cuerpos humanos. Con cada nueva guerra parece que esta estrategia de *otrorizar* va mejorando, por lo que conseguimos que la gente esté más dispuesta a combatir.[20] Pese a todo, la pregunta sigue sien-

19. Keen, *Faces of the Enemy*, págs. 12-13.

20. Una revelación sorprendente es que, a lo largo de la historia, este no fue el caso de muchos soldados. En la guerra de la Independencia, un número sorprendente de hombres no dispararon sus rifles. En la Guerra Civil, ese número ya descendió considerablemente. En cada guerra parecía que los soldados tenían menos problemas de ver al otro bando como meros «otros» y, así, el porcentaje de acatamiento de órdenes aumentaba. «En condiciones de combate durante la segunda guerra mundial —observa Sam Keen— [...] los psicólogos del Ejército descubrieron que el porcentaje de soldados estadounidenses que disparaban sus armas contra un enemigo al

do la misma: ¿una persona puede matar a otra si está conectada con su humanidad y siente empatía hacia ella? Que empiece el debate.

A título personal, en nuestro interior, muchos de nosotros hacemos algo parecido con ciertas partes de nuestra propia psique. Nos desmarcamos y *otrorizamos* algunas de nuestras partes. A las partes que consideramos inaceptables, las marginamos, luchamos contra ellas e incluso las torturamos. Las mujeres que han interiorizado el sistema patriarcal *otrorizan* su asertividad y su egoísmo. Los hombres tradicionales *otrorizan* sus vulnerabilidades. La psicología nació con el descubrimiento de Freud de la represión, la forma en que las personas conseguimos exiliar aquello que nos parece incívico, poco apropiado.[21] Ha llegado el momento de levantar el telón y confrontar y aceptar lo intocable, tanto en los demás como en nosotros mismos.

El individualismo se mantiene gracias a la disociación. La opresión es omnipresente en los oprimidos y acecha al opresor desde las sombras. ¿Cuántas personas se consideran racistas a sí mismas? Un estudio realizado en 2020 demostró que las personas que admitieron tener comportamientos que ellas mismas consideraban racistas seguían sin considerarse racistas.[22] Me gustaría saber exactamente qué tipo de

---

avistarlo solo una vez estaba en un 25%, cuando la cifra más habitual era un 15. ¡Un descubrimiento increíble! Entre un 75 y un 80% de las tropas de combate profesional no mataban al enemigo de manera voluntaria», Keen, *Faces of the Enemy*, pág. 178. Véase también: Barry, *Unmaking War*; Denton-Borhaug, *And Then Your Soul Is Gone*, págs. 111-112; Grossman, *On Killing, págs. 141-155* (trad. cast.: *Matar: el coste psicológico de aprender a matar en la guerra y en la sociedad*, Melusina, Santa Cruz de Tenerife, 2019); Marshall, *Men Against Fire*. Hay una nueva formación para fomentar la desensibilización y la capacidad de deshumanizar al otro bando, a la que algunos veteranos llaman «reprogramación», que «ayudó a que la cifra de disparos de la infantería aumentara del 15 al 20 % que se declaraba en la segunda guerra mundial, hasta un 55 % en Corea y casi un 90 o 95 % en Vietnam». Grossman, *Matar: el coste psicológico de aprender a matar en la guerra y en la sociedad*.

21. Freud, *Unconscious*; Freud, *Psychopathology of Everyday Life*.

22. Dolan, «Most Racially Prejudiced People»; West y Eaton, «Prejudiced and Unaware of It».

trucos y malabares psicológicos tuvieron que hacer los participantes del experimento para aceptar que su comportamiento era racista y, a su vez, negar que ellos mismos lo fueran. Lo que permite que exista el individualismo es la desconexión, y el precio que pagamos por ello es más desconexión. Prácticamente cualquier persona de Occidente se siente superior e inferior a alguien. Prácticamente cualquier persona de Occidente cree que el grupo al que pertenece es superior a otro grupo, y a la vez piensa que hay alguno por encima del suyo. Nada de esto nos lleva a ninguna parte, y, mientras tanto, el dolor que sufrimos por culpa de la desconexión sacude el mundo occidental en esta epidemia que nos ataca a todos. Nunca nos hemos sentido tan solos.[23]

No lograremos sanar como cuerpo político hasta que recordemos lo que hemos apartado y marginado: lo que hemos catalogado como inferior tanto en nosotros como en los demás. Allá donde miremos, vemos que las comunidades están divididas, mientras el individualismo arrasa con su ciega lucha por proteger su libertad y sus derechos. Cuando una persona reclama el derecho a salir a la calle sin cubrebo-

23. «En un informe de 2018 realizado por la Fundación para la Familia Henry Kaiser, el 22 % de todas las personas adultas de Estados Unidos afirman que se sienten solas o socialmente aisladas a menudo o siempre. Eso significa que son más de cincuenta y cinco millones de personas, muchas más que las personas que fuman y casi doblan el número de las personas con diabetes. Un estudio de AARP de 2018 en el que se utilizó la escala de soledad de la UCLA, aprobada rigurosamente, descubrió que una de cada tres personas de Estados Unidos de más de cuarenta y cinco años se siente sola. Además, en una encuesta nacional de 2018 realizada por el seguro médico Cigna de Estados Unidos, uno de cada cinco participantes afirmó que pocas veces se sentía conectado a los demás, o incluso que nunca lo había sentido. Se han realizado estudios en otros países que confirman estos resultados. Entre los canadienses de mediana edad y los ancianos, casi uno de cada cinco hombres y casi un cuarto de las mujeres aseguran sentirse solos una vez a la semana como mínimo. Una cuarta parte de las personas adultas de Australia también afirman sentirse solas. Más de doscientas mil personas mayores del Reino Unido «ven o hablan con sus hijos, familia y amistades menos de una vez a la semana»; el 13 % de los adultos en Italia declaran no tener a nadie a quien pedir ayuda; y, en Japón, más de un millón de adultos cumplen la definición oficial del gobierno de reclusos sociales o *hikikomori*», Murthy, *Juntos: el poder de la conexión humana*.

cas en una pandemia, cuando una mujer de izquierdas está tan harta de complacer a los demás que se impone a la fuerza con una voz atronadora o cuando un paciente lleva quince años haciendo terapia para seguir trabajando en su crecimiento personal, en todas estas situaciones, el individualismo gana. Nunca antes nos habíamos colocado en un pedestal tan alto y tan distanciado de los demás, mientras la pandemia de la soledad, como una ola gigante, amenaza con engullirnos a todos.

En los estudios que revisa Vivek Murthy, director general de Salud Pública de Estados Unidos, en su libro *Juntos*, una lectura inspiradora que invita a la reflexión, se indica que el 22% de las personas adultas de Estados Unidos afirman sentirse solas o aisladas socialmente. Una de cada tres personas adultas estadounidenses con más de cuarenta y cinco años se siente sola. En una encuesta en Estados Unidos, una quinta parte de los participantes declaró que muy pocas veces o nunca se siente conectada a otras personas. Además, hay más estudios en otros países que confirman esta tendencia.

«El individualismo —escribió Alexis de Tocqueville sobre Estados Unidos en 1830— es un sentimiento calmado y calculado que prepara a los ciudadanos para aislarse de las masas de sus iguales y a recluirse en un círculo familiar y de amistades. Así, con esta pequeña sociedad creada a su gusto, se olvida del resto de la sociedad para que ella misma salga adelante».[24] Sin embargo, dos siglos más tarde, en la sociedad actual cada vez más fragmentada, el círculo familiar y de amistades que tenemos seguramente no es ni enriquecedor ni estable. Hoy en día, como descubrió el sociólogo Robert Putnam, caminamos solos.[25]

El racismo puede ser la esencia de la Gran Mentira, donde vemos los efectos de la creencia de que hay alguien superior e inferior, las personas blancas y las negras. Pero vemos las mismas dinámicas aplicadas entre lo masculino y lo femenino, entre lo heterosexual y lo

24. Tocqueville, *Democracia en América*.

25. Putnam, *Bowling Alone* (trad. cast.: *Solo en la bolera. Resurgimiento de la comunidad norteamericana*, Galaxia Gutenberg, Barcelona, 2002).

homosexual, entre la riqueza y la pobreza. El veneno del privilegio, como un cuchillo sin mango, corta la mano de quien lo empuña.

El primer paso para sanar, para aprender a relacionarnos bien con el privilegio, es identificarlo. Sentir la protección casi ubicua que nos ofrece. Aceptar los pensamientos y los prejuicios misóginos y racistas que hemos interiorizado. Ser capaces de ver los sesgos inconscientes que hemos asimilado. Pero lo más importante de todo es que entendamos de una vez por todas que pensar que alguien es fundamentalmente superior a otra persona daña a las dos partes implicadas.

Un coche me adelanta de malas maneras y luego reduce la velocidad y me obliga a frenar. Mi primera reacción es odiar a esa persona: «Pero ¿quién se cree que es? ¡Inútil!». Pero entonces me paro y respiro un par de veces para que el odio que recorre mi cuerpo se vaya, para bajar de mi superioridad, de mi grandiosidad. Y todo esto no lo hago por el otro conductor, sino por mí. Me recuerdo que crecí en una familia en la que el odio y el enojo corrían a sus anchas, que son sentimientos que interioricé y a los que di rienda suelta muchos años; los sacaba en mis relaciones y la he causado problemas en más de una ocasión. Pero ya no es una realidad para mí. Hoy no vivo desde el odio. En mi día a día, intento actuar desde una democracia, desde una posición de iguales, donde no hay ni mejores ni peores. No me desmarco ni desconecto del resto.

El individualismo se esconde detrás de sus exiliados: la culpa generalizada y crónica que persigue a las personas privilegiadas, junto a la humillante opresión que sufren los no privilegiados. Para funcionar, el individualismo necesita que exista represión. En nuestra mente nos decimos que los otros son menos humanos que nosotros, y eso, a su vez, nos hace manifestar comportamientos que nos deshumanizan. Y no satisfechos con aplicar la Gran Mentira a los demás, muchos también la utilizamos a la hora de medirnos a nosotros mismos: nos pasamos el día comparándonos con el resto y juzgándonos duramente por nuestras imperfecciones.

La Gran Mentira es una pesadilla horrible de la que podemos despertar. Si logramos dejar atrás el sueño de la vergüenza y la grandiosidad, volveremos a la conexión, colocándonos en una posición de iguales. Soy como tú. Y así podremos construir una relación de intimidad, una democracia personal. Así volveremos a nosotros mismos. Así recuperaremos la posibilidad de mantener una felicidad relacional estable.

El ejercicio diario del amor

Recuerda que la intimidad —aquello que, siendo sinceros con nosotros mismos, todos anhelamos; lo que nos hace sentir la conexión humana y nos ayuda a sanar y a sentirnos plenos; lo único que realmente nos hace sentir felices— no es algo que tengas, sino que es algo que construyes. Y puedes aprender a hacerlo mejor.*[26] Puedes aprender a mejorar tus habilidades para defender tus derechos de una forma amorosa, cuidando tus relaciones incluso cuando quieres defender tu postura. Puedes aprender a olvidarte de la trampa de la realidad «objetiva» y tender a escuchar las necesidades subjetivas de tu pareja para intentar curar las heridas que se abrieron, escuchándola de verdad, con compasión y generosidad, en vez de hacerlo desde una posición defensiva y egocéntrica. Si pronuncias estas dos frases: «Siento mucho que te sientas así. ¿Qué puedo hacer para que te sientas mejor?», estarás más cerca de reparar su vínculo, en vez de entrar en una batalla interminable que solo parece empeorar por momentos. Autoprotección y autoafirmación personal; si traspasamos ese umbral, dejaremos atrás el «yo, yo, yo». Y con esto no quiero decir que no tenga que haber un yo. Por lo general, antes, a las mujeres les inculcaban que tenían que anteponer el «nosotros» al «yo», pero el «nosotros» no es la relación. La intimidad no se construye con una amalgama que anula nuestro yo; la intimidad se cocrea en un baile entre el «yo» y el «noso-

26. Si quieres aprender más sobre las habilidades relacionales, las nuevas reglas del matrimonio y mi curso Staying in Love [Cómo mantener la llama del amor], te animo a visitar mi página web <TerryReal.com>.

tros», las necesidades que tiene cada parte viva que forma esa relación que somos tú y yo; esas necesidades personales de cada uno entran dentro de las necesidades de la propia relación porque los dos estamos en ella. Ahora mismo, quizá mi asertividad personal toma preferencia y te digo: «No, no me trates así, por favor. Me gustaría que hicieras esto otro». En otra ocasión accedes y le das a tu pareja lo que ella desea, y te preguntas: «¿Por qué no? ¿Qué me cuesta?». Recuérdate que la generosidad tiene su recompensa. A medida que pienses de manera cada vez más ecológica, empezarás a ver con claridad que tú eres la persona que sale más beneficiada al aprovechar estas herramientas para cuidar y proteger tu biosfera relacional. ¿Y por qué? Porque vives en ella; es el aire que respiras, el entorno del que dependes. Abre los ojos. Abre los ojos y empieza a cambiar.

EPÍLOGO

Luces quebradizas

Hermana, madre
y espíritu del río, espíritu del mar,
no permitas que me aparte
y llegue a ti mi clamor.

T. S. Eliot, *Miércoles de ceniza*

El individualismo nos incita a vernos como seres dominantes y separados del resto. La ecología y la mentalidad relacional nos invitan a entender que no somos seres dominantes ni dominados, sino seres que forman parte de algo más. Pero ¿qué significa dejar de separarnos del resto?, ¿qué implica formar parte de verdad del mundo en el que vivimos? El antropólogo Gregory Bateson, el marido de Margaret Mead, es considerado el padre de la terapia familiar. En su icónico libro de 1972, *Pasos hacia una ecología de la mente*, en el que recopila algunos de sus trabajos, dijo que la falsa ilusión de que somos personas independientes, separadas de la naturaleza y del resto es «el error epistemológico de la humanidad».[1] Para corregir temporalmente este desafortunado error, según Ba-

1. Bateson, «The Cybernetics of 'Self': A Theory of Alcoholism», en *Pasos hacia una ecología de la mente.*

teson, podemos tomar drogas como el alcohol o psicodélicos, y por eso nos gustan tanto. Se llevan años haciendo investigaciones que demuestran que los psicodélicos disminuyen el miedo a la muerte en pacientes terminales, precisamente porque abren la posibilidad de entender la vida más allá de los límites corporales de la persona.[2]

Como psicoterapeuta, a menudo me veo en situaciones en las que soy una especie de negociador de límites. Las parejas con pocos límites psicológicos o sin ellos están marcadas por la reactividad o la volatilidad. Sin embargo, con práctica, pueden ir trabajando en esos límites psicológicos para no tener la piel tan fina y evitar reaccionar tanto por cualquier cosa.

Por otro lado, están las personas que levantan grandes muros, sobre todo emocionales, por lo que no dejan que nadie ni nada, o muy poco, entre y salga. En estos casos se necesita practicar la «receptividad intencional», es decir, centrarse a conciencia para relajarse, respirar y acoger lo que se les presenta.

Para tener un límite psicológico sano (como es el caso de una autoestima sana), necesitamos encontrar el equilibrio perfecto: que no sea una capa muy abierta ni muy porosa, pero que tampoco sea muy compacta ni dura. La manera en la que acogemos o rechazamos los juicios de los demás es un gran problema psicológico. Sin embargo, aunque muchos estados en los que no se establecen límites (como el amalgamiento emocional y la dependencia sentimental) son patológicos, hay otros que tenemos a nuestro alcance y que no son solo parte de nuestra normalidad, sino que nos llevan a un nivel superior. Las personas relajamos nuestros límites en momentos de erotismo, en esa insólita colaboración entre la destreza y la inspiración a la hora de crear arte, cuando seguimos la intuición científica y, sin duda, cuando nos adentramos en lo místico.

2. Fischman, «Seeing Without Self»; Pollan, *How to Change Your Mind*; Pollan, «Trip Treatment».

La parte adulta sabia y el espíritu

¿Qué se experimenta no solo al entender que somos parte de un gran sistema vivo, sino al sentirlo de verdad? Cuando salimos de nuestra parte infantil adaptativa y conectamos con nuestra parte adulta sabia, dejamos atrás el individualismo, la arrogancia y la fantasía de que ejercemos poder y control sobre lo que nos rodea. Hay personas que sueltan el control y aceptan el proceso natural de la vida, incluida su propia mortalidad; otras, en cambio, prefieren hacer oídos sordos y mirar hacia otro lado. El legendario psicoanalista Carl Jung se dio cuenta de que la cura para la adicción tenía que ser espiritual, porque, en esencia, esa intoxicación ansiaba rellenar un vacío existencial.[3] Y yo le doy toda la razón. En psicología se habla de un estado de seguridad básica, una capacidad que se supone que desarrollamos cuando tenemos dos o tres años, la creencia primordialmente optimista de que el mundo es un lugar seguro y de que las cosas van a salir bien.[4]

Pero, en realidad, ¿qué nivel de seguridad básica podemos tener con tres, cuatro u ocho años si alguien que te dobla la edad pierde la paciencia y te trata como si te odiara día sí y día también? A los psicoterapeutas les encanta decirles a sus pacientes que tienen que «soltar». De acuerdo, sí, pero si yo suelto, ¿a qué otra cosa me agarro? Nadie saltaría a una piscina sin agua. Para aquellas personas que venimos de familias e historias con una carga traumática (y calculo que somos millones de personas), la seguridad no es un recurso tan accesible.

Después de treinta años meditando de forma regular, muchas veces noto cómo me expando, siento que los límites que delimitan mi

3. En las cartas que se escribía con William Wilson, un alcohólico con el que trabajaba, Jung explica: «Mira, "alcohol" en latín es *spiritus* y utilizamos la misma palabra para la experiencia más importante de la religión y al mismo tiempo para un veneno que nos mata. Entonces aquí tenemos que crear una fórmula que nos ayude: *spiritus* contra *spiritum*», Jung, *Letters*.

4. Erikson y Erikson, *El ciclo vital completado*; Erikson, «Reflections on the Last Stage»; Erikson, *Childhood and Society*.

cuerpo y me separan de los demás y lo que me rodea se van relajando y que, como se suele decir, soy uno con el universo, nos fundimos en un todo. Es una experiencia que me hace sentir libre y me emociona. Sin embargo, no fue hasta que llevaba cuarenta años con esta práctica que empecé a sentirme querido. Esa seguridad básica no me llegó hasta que cumplí los sesenta. Mi práctica espiritual me llevó a sentirme conectado con la naturaleza, algo vivo, inteligente, lleno de bondad y amor. Cuando las personas, ya sean artistas, místicos o amantes portentosos, dejan caer sus muros individualistas y se permiten conectar con la naturaleza, resulta que la naturaleza las acoge con los brazos abiertos. Cuando nos distanciamos y desconectamos de ella como si fuéramos más importantes, nos privamos de la experiencia de rendirnos ante lo numinoso, tome la forma que tome para nosotros el hecho de conectar con lo sagrado.

Quizá el siguiente paso de nuestra evolución no es seguir avanzando, sino volver al pasado para recuperar la sabiduría de las tradiciones antiguas. Quizá lo que necesita aprender realmente nuestra parte adulta no viene de nuestro interior en tanto que personas separadas del resto, sino que sale del saber colectivo de toda la humanidad.

Le hemos puesto mil nombres: Chi, Tao, la naturaleza de Buda, y si has conseguido ver toda la saga de *La guerra de las galaxias*, la Fuerza. Algunos budistas lo llaman la Gran Mente, aquello que lo engloba todo, ese estado en el que formamos un todo. La Mente Pequeña, nuestra conciencia del día a día, la que nos separa y nos coloca por encima del resto, es el camino que nos lleva al sufrimiento. Por mucho que intentemos aferrarnos a lo que tenemos, nada en nuestras vidas es permanente, todo cambia. Si nos quedamos en la Mente Pequeña, no hacemos más que vivir una pérdida tras otra. Pero esa no es nuestra única opción. También podemos decidir morir. Y cuando digo morir, me refiero a dejar morir a nuestro ego, a nuestra independencia total, y ver de una vez nuestra verdadera esencia. Como escribió Suzuki Roshi:

> Vivir en el reino de la naturaleza de Buda significa morir como un ser pequeño, momento a momento. Cuando perdemos nuestro centro, morimos, pero al mismo tiempo desarrollamos algo nuevo en nuestro interior y crecemos. Allá donde miremos hay algo que está cambiando, que está perdiendo su equilibrio. La belleza que nos rodea precisamente es bella porque todo se reajusta, pero el fondo, el todo, siempre está en perfecta armonía. Y así es la existencia de todo lo que habita en el reino de la naturaleza de Buda, todo cambia, todo se reajusta y crea un equilibrio perfecto.[5]

Ser un todo, experimentar el despertar espiritual. Ese es el último paso que podemos dar para desterrar al individualismo: el Maestro o la Maestra «[...] se sale del trayecto [...] y deja que el Tao hable por sí mismo».[6]

Sin embargo, el Maestro o la Maestra no se sale del todo, no desaparece, sino que el Tao habla a través de ella. La metáfora que más me gusta es la del arte. La artista domina su técnica: pinta y pinta para mejorar y profundizar en su técnica, hasta que un día, la inspiración se apodera de ella y da forma a su trabajo. Ella no es lo que hace grande a la pintura, y si se atribuye ese mérito, se volverá arrogante. Pero tampoco es una mera intermediaria. Una buena artista se enorgullece de sus dones y sabe agradecer la inspiración que recibe. Es una colaboración.

Debemos ser habilidosos a la hora de construir nuestra relación con la naturaleza: ninguno está por encima o por debajo, sino que somos un equipo de iguales. En su obra *Lo sagrado y lo profano*, el historiador rumano Mircea Eliade exploró las creencias del hombre de la Antigüedad sobre una de las primeras formas de tecnología de la humanidad: la metalurgia. Eliade realizó una exploración intercultu-

5. Suzuki, *Zen Mind, Beginner's Mind*, pág. 31 (trad. cast.: *Mente zen, mente de principiante. Charlas informales sobre meditación y la práctica del Zen*, Gaia, Madrid, 2012).

6. Mitchell, *Tao Te Ching*, verso 45, pág. 74 (trad. cast.: *Tao Te Ching. Lao Tzu. Versión de Stephen Mitchell*, Dojo Ediciones, Madrid, 2022).

ral de las raíces que desarrollaron la alquimia en Occidente en la Edad Media, la antesala de la ciencia occidental. Eliade eligió la artesanía del metal como una tecnología prototípica, y como tal, esperó que los mitos y las narrativas al respecto le abrieran una ventana a la relación del hombre del pasado con la tecnología.

Lo que descubrió Eliade fue impresionante. Muchas de las culturas que estudió en Oriente Medio, la India y China veían a los artesanos del metal de la Antigüedad o bien como chamanes sagrados, o bien como criminales. A veces, incluso encontró alguna cultura en la que coexistían ambas concepciones. En todo el mundo se entendía que los trabajadores del metal se acercaban al útero de la tierra y extraían lo que tenía dentro, lo que estaba gestando. El universo tendía a perfeccionarse: esa era la creencia extendida entre la mayoría de las culturas que estudió. El oro y otras gemas preciosas y metales eran el estado final de los «embriones» subterráneos de la tierra.[7] Al «transformar» los minerales en gemas preciosas y oro, los trabajadores del metal ocuparon el lugar del tiempo, ya que aceleraban el proceso de maduración de la propia tierra. Algunas culturas los veían como comadronas; otras, como vándalos invasivos, y otras barajaban ambas posibilidades. ¿Cuál era el factor que decantaba la balanza hacia un lado o hacia el otro? ¿Qué los convertía en sabios y qué los inculpaba como criminales?

Quizá la respuesta te sorprenda, pero el factor del que dependía que vieran al trabajador como un santo o un desalmado era el estado interno de la persona.

A los trabajadores del metal que solo buscaban provecho y recompensas, que imponían su interés personal sobre la naturaleza, se les veía como ladrones, como una especie de violadores. Sin embargo, aquellos que habían desarrollado su espiritualidad para poder trabajar respetando su entorno y lo entendían como un todo, a aquellos se les veía como santos o magos. La alquimia no era solo una ciencia, sino

7. Eliade, *Forge and Crucible* (trad. cast.: *Lo sagrado y lo profano,* Paidós, Barcelona, 2014).

una forma de contemplación de lo divino, en la que no había separación entre lo interior y lo exterior. Los primeros científicos que hicieron descubrimientos fundamentales (Giordano Bruno, Francis Bacon e incluso Isaac Newton) intercalaban las explicaciones que hacían sobre sus observaciones y experimentos científicos con citas de tratados místicos.[8] Un artesano que alcanzara su armonía interior era capaz, por definición, de transmutar los materiales de la tierra. Y a su vez, el alquimista que podía transmutar el material en su laboratorio, alcanzaba, por definición, un estado de iluminación espiritual. La transformación del metal y la transformación de la mente iban de la mano porque eran lo mismo.[9]

En mi propia tradición, el judaísmo, se puede encontrar la idea de esta relación y conexión en el antiguo concepto del *tikkun olam*.[10] Nuestro mundo se ha roto en mil pedazos y los rayos de la luz divina han quedado atrapados en fragmentos rotos por todo el cosmos. Solo las personas pueden volver a reparar el mundo a través de su propia transformación personal.

¿Los avances tecnológicos son una bendición o una maldición? Pues depende del corazón y del alma de quien los use. Dependerá de nuestras acciones, de la mentalidad en la que decidamos vivir para poder reparar nuestro mundo o hundirlo más en las tinieblas y destrozarlo aún más. La pregunta es fácil: ¿cómo deberíamos vivir en este planeta? ¿En modo control, creando una división entre tú y yo? ¿O en armonía, actuando desde la mentalidad del «nosotros»?

El gran maestro taoísta Lao Tzu escribió proféticamente hará ya seis mil años:

> En armonía con el Tao
> el cielo es claro y espléndido,

8. McKnight, *Science, Pseudo-Science*.
9. Yates, *Bruno and the Hermetic Tradition*.
10. Berman, Birnbaum y Blech, *Tikkun Olam*; Teutsch, *Guide to Jewish Practice*.

la tierra es sólida y plena,
las criaturas florecen juntas
satisfechas con lo que son,
en interminable multiplicación,
en interminable renovación.

Cuando el hombre interfiere con el Tao
el cielo se vuelve inmundo,
la tierra se esquilma,
las criaturas se extinguen,
el equilibrio se desmorona.

El Maestro contempla compasivo las partes
porque comprende la totalidad.[11]

He de admitir que siento especial debilidad por la última frase: «El Maestro contempla compasivo las partes porque comprende la totalidad».

La compasión nace de esa parte de nosotros que entiende esa unidad, nuestra parte adulta sabia. Esta parte más sabia, nuestra mente más amplia, debe envolver, granjearse la amistad y, por último, contener el mundo de suma cero de la mentalidad del «tú y yo», nuestra parte infantil adaptativa. Ya sea cuando nos estamos dando amor en pareja en nuestra habitación, cuando jugamos con nuestros hijos, cuando aprendemos a ser más respetuosos al tener en cuenta a las personas que son diferentes a nosotros o cuando intentamos hablarnos con más amor... En todas estas situaciones le estaremos abriendo las puertas a las partes desfavorecidas que hay en nosotros y en los demás. Conseguimos traspasar la Gran Mentira de la individualidad y atender a nuestro planeta, que sufre, a nuestros vecinos, que también sufren, y sanamos nuestras propias heridas gracias a las relaciones que tenemos. Este es el trabajo que tenemos que hacer, nuestra misión y,

11. Mitchell, *Tao Te Ching*, verso 39, pág. 66.

con suerte, nuestro destino. No podría haber en juego nada más importante.

La idea del individuo es un constructo que crearon los terratenientes blancos hace mucho tiempo. A medida que sabemos más sobre lo social que es nuestro cerebro, queda cada vez más claro que este ideal del individuo independiente no es más que un mito. Nuestro cerebro funciona en colaboración con otros cerebros, no de manera aislada e independiente del resto. En cuanto nos acordemos de aquellos de los que nos hemos separado, en cuanto le demos el valor que tienen a las voces de los desfavorecidos (mujeres, indígenas y gente de otras razas), el narcisismo y la fantasía de la Gran Mentira que sustentan el individualismo quedarán expuestos a la vista de todos.

Necesitamos un nuevo paradigma, que sea ecológico y relacional, que nos aleje de la exclusión y fomente la inclusión, que nos lleve de la independencia a la interdependencia, que olvide la dominación y promueva la colaboración entre las personas, con la tierra y con nosotros mismos. La naturaleza no nos da recompensas ni castigos, solo consecuencias.[12] Ahora mismo, aquí y ahora, lo que importa es lo que hacemos. Lo que importa es nuestra manera de pensar, nuestra manera de presentarnos y vernos en el mundo. Con nuestras parejas, con nuestros hijos, con la gente de nuestro entorno, con nuestras voces internas: podemos ayudar a sanar o podemos abusar. Tú decides.

12. Ingersoll, «Some Reasons Why».

AGRADECIMIENTOS

¿Creíste que un libro que habla de la ecología de las relaciones había salido de una sola mente? Pues no es el caso, no.

Me gustaría darles las gracias a Gwyneth Paltrow y a todo el equipo de Goop por promover esta locura. A Jeffrey Perlman, un genio a la hora de crear marca, quien me ayudó a concebir la idea de la crítica de la individualidad. Gracias a Richard Pine, mucho más que mi agente, que ha estado a mi lado mientras le daba forma a cada idea, a cada título y a cada palabra. Y para mi superpoder en la sombra, Donna Loffredo, mi editora, quien se arremangó la camisa y se zambulló en este proyecto con un compromiso que nunca había visto por parte de ningún otro editor. Capítulo a capítulo, frase por frase, juntos le hemos dado forma a este libro. Donna, me siento inmensamente afortunado de que hayas sido mi cómplice. También quiero agradecerle su ayuda a Kiki Koroshetz porque siempre me daba apuntes que me ayudaban muchísimo. Y, por supuesto, quiero darle las gracias de corazón a Bruce Springsteen por compartir conmigo sus reflexiones profundas y ofrecerme su maravillosa compañía.

Le debo mucho también a mis maestros, que son demasiados para nombrarlos a todos. Pero, sin duda, tengo que hacer una mención especial a Pia Mellody, pionera y leyenda del trauma y de su sanación, cuyo trabajo sigue dando forma y sentido al mío. Gracias a Olga Silverstein, que me enseñó a sacar a las personas de posiciones en las que se estancan, yo incluido. Y a mis compañeros de la facultad en el Family Institute de Cambridge, que siguen inspirándome.

Doy mil gracias por tener a mi fiel amiga y colega Carol Gilligan, que no deja de empujarme para que mi perspectiva tenga cada vez más fuerza. Este libro no sería el mismo sin tu voz. Y gracias a Jane Fonda, que me ayudó a recordar mis raíces políticas y mi compromiso con ellas.

También me gustaría dar las gracias de todo corazón a Juliane Taylor Shore, quien, además de tener un dominio increíble y compasivo de la terapia de vida relacional, es una profesora de neurobiología espectacular. Eres el pilar de nuestro trabajo. Quiero mencionar también a Emma Clement por su ayuda impagable a la hora de buscar estudios y anotaciones. A Brian Spielmann y Richard Taubinger, unos genios de internet. A Lisa Sullivan, quien se ha encargado de mantener el barco a flote. Gracias a Jack Sayre, que me animó para que siguiera escribiendo cuando ya no me quedaban fuerzas. También a Rich Simon, a quien llevo en el corazón, porque era mi fan número uno y me lo demostraba siempre.

A mis amistades, por aguantarme e incluso fingir interés a veces: Dick Schwartz, Jeanne Catanzaro, Jette Simon, Liz Doyne, Thomasine McFarlind, Mel Bucholtz, Esther Perel, Jack Saul, Scott Campbell, Doreen y Bob, Jay y Francoise, Denise y Stefan, Zach Taylor, Richard Macmillan, David Hochner y las muchas otras personas que me han apoyado durante esta aventura.

Quiero hacer una mención especial a todos los hombres, mujeres y pacientes no binarios que han confiado en mí durante todos estos años. He tenido mucha suerte de poder acompañaros y trabajar juntos para atravesar el dolor y llegar a la transformación; son muy valientes. Ha sido un honor formar parte de su camino.

Y me dejo lo mejor para el final. Gracias a Justin y a Alexander: siempre conseguís llenarme de alegría. Y a mi adorada Belinda, mi mayor maestra, mi corazón y mis pulmones. Gracias por darme estos más de treinta años para crecer y mejorar.

Con cariño y amor,
Terry Real
Newton, Massachusetts

BIBLIOGRAFÍA

Abersold, Bill, «Words to Live By: William Paley Uses Watch Analogy to Argue Existence of God, Intelligent Design of Universe», *El Chicano Weekly* (San Bernardino, Calif.), vol. 56, n.º 19,2018.

Acevedo, Bianca P., *et al.*, «After the Honeymoon: Neural and Genetic Correlates of Romantic Love in Newlywed Marriages», *Frontiers in Psychology*, vol. 11, 2020, pág. 634, doi.org/10.3389/fpsyg.2020.00634.

Adams, Kenneth M., *Silently Seduced: When Parents Make Their Children Partners: Understanding Covert Incest*, Health Communications, Deerfield Beach, Florida, 1991.

Akbar, Na'im, *Breaking the Chains of Psychological Slavery*, Mind Productions, Tallahassee, Florida, 2020.

Akıncı, İrem, «The Relationship Between the Types of Narcissism and Psychological Well-Being: The Roles of Emotions and Difficulties in Emotion Regulation», tesis de máster, Middle East Technical University, 2015.

Arieli, Yehoshua, *Individualism and Nationalism in American Ideology*, Harvard University Press, Cambridge, Mass., 1964.

Arnett, Jeffrey Jensen, *Emerging Adulthood: The Winding Road from the Late Teens Through the Twenties*, Oxford University Press, Nueva York, 2006.

Astbury, N., «A Hand to Hold: Communication During Cataract Surgery», *Eye*, vol. 18, n.º 2, 2004, págs. 115-116, doi.org/10.1038/sj.eye.6700569.

Badenoch, Bonnie, *Being a Brain-Wise Therapist*, W.W. Norton, Nueva York, 2008.

—, *The Heart of Trauma*, W.W. Norton, Nueva York, 2018.

Barry, Kathleen, *Unmaking War, Remaking Men*, Phoenix Rising Press, Santa Rosa, California, 2011.

Basham, Kathryn K., y Dennis Miehls, *Transforming the Legacy: Couple Therapy with Survivors of Childhood Trauma*, Columbia University Press, Nueva York, 2004.

Bateson, Gregory, *Steps to an Ecology of Mind: Collected Essays in Anthropology, Psychiatry, Evolution, and Epistemology*, Aronson, Northvale, Nueva Jersey, 1987 (trad. cast.: *Pasos hacia una ecología de la mente: una aproximación revolucionaria a la autocomprensión del hombre*, Lumen Argentina, Buenos Aires, 1988).

Beckes, Lane, y James A. Coan, «Social Baseline Theory: The Role of Social Proximity in Emotion and Economy of Action», *Social and Personality Psychology Compass*, vol. 5, n.º 12, 2011, págs. 976-988, doi.org/10.1111/j.1751-9004.2011.00400.x.

Beiser, Frederick C., *The Romantic Imperative: The Concept of Early German Romanticism*, Harvard University Press, Cambridge, Massachusetts, 2006 (trad. cast.: *El imperativo romántico*, Sequitur, Madrid, 2018).

Bellah, Robert Neelly, *Habits of the Heart: Individualism and Commitment in American Life*, edición actualizada de Berkeley, University of California Press, 1996.

Beres, Louis René, «Commentary: The Masses Were Never Intended to Rule», *U.S. News & World Report*, 20 de marzo de 2018.

Berlin, Isaiah, y Henry Hardy, *The Roots of Romanticism*, Princeton University Press, Princeton, Nueva Jersey, 1999 (trad. cast.: *Las raíces del romanticismo*, Taurus, México, 2015).

Berman, Saul J., David Birnbaum y Benjamin Blech, *Tikkun Olam: Judaism, Humanism and Transcendence*, New Paradigm Matrix, Nueva York, 2014.

Berne, Eric, y Paul McCormick, *Intuition and Ego States: The Origins of Transactional Analysis: A Series of Papers*, Harper & Row, San Francisco, 1977.

Berscheid, Ellen, «The Human's Greatest Strength: Other Humans». En: *A Psychology of Human Strengths: Fundamental Questions and Future Directions for a Positive Psychology*, Lisa G. Aspinwall y Ursula M. Staudinger (comps.), American Psychological Association, Nueva York, 2003.

Binkley, Susan Carpenter, *The Concept of the Individual in Eighteenth-Cen-*

tury French Thought from the Enlightenment to the French Revolution, Edwin Mellen Press, Lewiston, Nueva York, 2007.

Bly, Robert, *Eating the Honey of Words: New and Selected Poems*, HarperCollins, Nueva York, 2009.

Boscolo, Luigi, *et al.*, *Milan Systemic Family Therapy: Conversations in Theory and Practice*, Basic Books, Nueva York, 1987 (trad. cast.: *Terapia familiar sistémica de Milán: diálogos sobre teoría y práctica*, Amorrortu, Madrid, 1990).

Boszormenyi-Nagy, Ivan, y James L. Framo (comps.), *Intensive Family Therapy: Theoretical and Practical Aspects*, Brunner/Mazel, Nueva York, 1985.

Bowen, Murray, *Family Therapy in Clinical Practice*, J. Aronson, Nueva York, 1978.

Brookes, James, «The Effect of Overt and Covert Narcissism on Self-Esteem and Self-Efficacy Beyond Self-Esteem», *Personality and Individual Differences*, vol. 85, 2015, págs. 172-175, doi.org/10.1016/j.paid.2015.05.013.

Brown, Lyn Mikel, y Carol Gilligan, *Meeting at the Crossroads: Women's Psychology and Girls' Development*, Harvard University Press, Cambridge, Massachusetts, 2013.

Brown, William Wells, *Narrative and Life of William Wells Brown, a Fugitive Slave*, Boston, 1874.

Butner, Jonathan, Lisa M. Diamond y Angela M. Hicks, «Attachment Style and Two Forms of Affect Coregulation Between Romantic Partners», *Personal Relationships*, vol. 14, n.° 3, 2007, págs. 431-455, doi.org/10.1111/j.1475-6811.2007.00164.x.

Campbell, W. Keith, Joshua D. Miller y Laura E. Buffardi, «The United States and the "Culture of Narcissism"», *Social Psychological and Personality Science*, vol. 1, n.° 3, 2010, págs. 222-229, doi.org/10.1177/1948550610366878.

Carey, Benedict, y Tara Parker-Pope, «Marriage Stands Up for Itself», *New York Times*, 26 de junio de 2009.

Chomsky, Noam, *Language and Mind*, Harcourt, Brace & World, Nueva York, 1986 (trad. cast.: *El lenguaje y la mente humana*, Ariel, Barcelona, 2002).

Ciechanowski, P., *et al.*, «Influence of Patient Attachment Style on Self-Care and Outcomes in Diabetes», *Psychosomatic Medicine*, vol. 66, n.° 5, 2004, págs. 720-728, doi.org/10.1097/01.psy.0000138125.59122.23.

Clore, Gerald L., y Andrew Ortony, «Cognition in Emotion: Always, Sometimes, or Never?», en *Cognitive Neuroscience of Emotion*, Lynn Nadel, Richard D. Lane y Geoffrey L. Ahern (comps.), Oxford University Press, Nueva York, 2000.

Coan, James A., «The Social Regulation of Emotion», en *Oxford Handbook of Social Neuroscience*, Jean Decety y John T. Cacioppo (comps.), Oxford University Press, Nueva York, 2011.

Coates, Ta-Nehisi, *Between the World and Me*, Spiegel & Grau, Nueva York, 2015 (trad. cast.: *Entre el mundo y yo*, Seix Barral, Barcelona, 2016).

Cozolino, Linda, *The Neuroscience of Psychotherapy: Healing the Social Brain*, 3.ª ed., W.W. Norton, Nueva York, 2017.

Damásio, António R., *Descartes' Error: Emotion, Reason, and the Human Brain*, G. P. Putnam, Nueva York, 1994 (trad. cast.: *El error de Descartes: la emoción, la razón y el cerebro humano*, Ediciones Destino, Barcelona, 2011).

Dana, Deb, *The Polyvagal Theory in Therapy: Engaging the Rhythm of Regulation*, W.W. Norton, Nueva York, 2018 (trad. cast.: *La teoría polivagal en terapia: cómo unirse al ritmo de la regulación*, Eleftheria, Sitges, 2019).

Daniels, Eric, «A Brief History of Individualism in American Thought», en *For the Greater Good of All: Perspectives on Individualism, Society, and Leadership*, Donelson Forsyth y Crystal L. Hoyt (comps.), Palgrave Macmillan, Nueva York, 2011.

Danylchuk, Lynette S., y Kevin J. Connors, *Treating Complex Trauma and Dissociation: A Practical Guide to Navigating Therapeutic Challenges*, Taylor & Francis, Londres, 2016.

De Bellis, Michael D., y Abigail Zisk, «The Biological Effects of Childhood Trauma», *Child and Adolescent Psychiatric Clinics of North America*, vol. 23, n.º 2, 2014, págs. 185-222, doi.org/10.1016/j.chc.2014.01.002.

Denton-Borhaug, Kelly, *And Then Your Soul Is Gone: Moral Injury and the U.S. War-Culture*, Equinox, Sheffield, Reino Unido, 2021.

Dewey, Donald, «The Stockholm Syndrome», *Scandinavian Review*, vol. 94, n.º 3, 2007.

Dingfelder, Sadie F., «Psychologist Testifies on the Risks of Solitary Confinement», *Monitor on Psychology*, vol. 43, n.º 9, 2012, <http://www.apa.org/monitor/2012/10/solitary>.

Doidge, Norman, *The Brain That Changes Itself*, Viking, Nueva York, 2007 (trad. cast.: *El cerebro se cambia a sí mismo*, Editorial Aguilar, Madrid, 2008).

Dolan, Eric, «Study Finds the Most Racially Prejudiced People Tend to

Think That They Are Less Racist than the Average Person», *PsyPost*, 9 de junio de 2020.

Dworkin, L. Niquie, «Rieff's Critique of the Therapeutic and Contemporary Developments in Psychodynamic Psychotherapy», *Journal of Theoretical and Philosophical Psychology*, vol. 35, n.º 4, 2015, págs. 230-243, doi.org/10.1037/teo0000024.

Dye, Ellis, «Goethe and Individuation», en *Romantic Rapports*, Larry H. Peer y Christopher Clason (comps.), Boydell & Brewer, Rochester, Nueva York, 2017.

Dyer, Joel, *The Perpetual Prisoner Machine: How America Profits from Crime*, Westview Press, Boulder, Colorado, 2000.

Eagleman, David, *The Brain: The Story of You*, Pantheon, Nueva York, 2015 (trad. cast.: *El cerebro: nuestra historia*, Editorial Anagrama, Barcelona, 2017).

Ecker, Bruce, «Memory Reconsolidation Understood and Misunderstood», *International Journal of Neuropsychotherapy*, vol. 3, n.º 1, 2015, págs. 2-46, doi.org/10.12744/ijnpt.2015.0002-0046.

Ecker, Bruce, Robin Ticic y Laurel Hulley, *Unlocking the Emotional Brain: Eliminating Symptoms at Their Roots Using Memory Reconsolidation*, Routledge, Nueva York, 2012 (trad. cast.: *La reconsolidación de la memoria: desbloqueo del cerebro emocional para la erradicación de los síntomas en psicoterapia*, Octaedro, Barcelona, 2014).

Eliade, Mircea, *The Forge and the Crucible*, 2.ª ed., University of Chicago Press, Chicago, 1978 (trad. cast.: *Lo sagrado y lo profano*, Paidós, Barcelona, 2014).

Erikson, Erik H., *Childhood and Society*, 2.ª ed. W.W. Norton, Nueva York, 1964 (trad. cast.: *Infancia y sociedad*, Horme-Paidós, Buenos Aires, 2009).

—, «Reflections on the Last Stage—and the First», *Psychoanalytic Study of the Child*, vol. 39, n.º 1, 1984, págs. 155-165, doi.org/10.1080/00797308.1984.11823424.

Erikson, Erik H., y Joan M. Erikson, *The Life Cycle Completed: Extended Version*, Norton, Nueva York: W.W., 1998 (trad. cast.: *El ciclo vital completado*, Paidós, Barcelona, 2000).

Exton-McGuiness, Marc T. J., Jonathan L. C. Lee y Amy C. Reichelt, «Updating Memories: The Role of Prediction Errors in Memory Reconsolidation», *Behavioral Brain Research*, vol. 278, n.º 1, 2014, págs. 375-384, doi.org/10.1016/j.bbr.2014.10.011.

Fanti, Kostas A., *et al.*, «Unique and Interactive Associations of Callous-Unemotional Traits, Impulsivity and Grandiosity with Child and Adolescent Conduct Disorder Symptoms», *Journal of Psychopathology and Behavioral Assessment*, vol. 40, n.º 1, 2018, pág. 40-49, doi.org/10.1007/s10862-018-9655-9.

Felitti, Vincent J., *et al.*, «Relationship of Childhood Abuse and Household Dysfunction to Many of the Leading Causes of Death in Adults: The Adverse Childhood Experiences (ACE) Study», *American Journal of Preventive Medicine*, vol. 14, n.º 4, 1998, pág. 245-258, doi.org/10.1016/S0749-3797(98)00017-8.

Fischman, Lawrence G., «Seeing Without Self: Discovering New Meaning with Psychedelic-Assisted Psychotherapy», *Neuro-Psychoanalysis*, vol. 21, n.º 2, 2019, págs. 53-78, doi.org/10.1080/15294145.2019.1689528.

Fisher, Helen E., *et al.*, «Intense, Passionate, Romantic Love: A Natural Addiction? How the Fields That Investigate Romance and Substance Abuse Can Inform Each Other», *Frontiers in Psychology*, vol. 7, 2016, pág. 687, doi.org/10.3389/fpsyg.2016.00687.

Fisher, Janina, *Healing the Fragmented Selves of Trauma Survivors: Overcoming Internal Self Alienation*, Routledge, Nueva York, 2017 (trad. cast.: *Cómo sanar la fragmentación interna de los sobrevivientes de trauma y superar la alienación interior*, Ediciones Pléyades, Madrid, 2020).

—, *Transforming the Living Legacy of Trauma: A Workbook for Survivors and Therapists*, PESI Publishing, Eau Claire, Wisconsin, 2021 (trad. cast.: *La transformación del legado vivo del trauma*, Eleftheria, Sitges, 2023).

Ford, Debbie, *The Dark Side of the Light Chasers*, Riverhead Books, Nueva York, 2010 (trad. cast.: *Luz en la sombra: descubre el poder de tu lado oscuro*, Urano, Barcelona, 2010).

—, *The Secret of the Shadow*, Harper, San Francisco, 2002 (trad. cast.: *El secreto de la sombra*, Obelisco, Barcelona, 2009).

Framo, James, «The Reality of Marriages», presentación en la American Family Therapy Academy, 1981.

Freud, Sigmund, *The Future of an Illusion* [1927], W.W. Norton, Nueva York, 1989 (trad. cast.: *El futuro de una ilusión*, Taurus, Barcelona, 2012).

—, *The History of the Psychoanalytic Movement* [1914], Collier Books, Nueva York, 1963 (trad. cast.: *Autobiografía. Historia del movimiento psicoanalítico*, Barcelona, Alianza editorial, 2016).

—, *The Psychopathology of Everyday Life* [1901], W.W. Norton, Nueva York, 1966 (trad. cast.: *Psicopatología de la vida cotidiana*, Barcelona, Alianza editorial, 2011).

—, *The Unconscious* [1915], Penguin Books, Londres, 2005.

Frey, Rebecca, «Stockholm Syndrome», en *The Gale Encyclopedia of Mental Health: Q-Z*, Thomson Gale, Detroit, 2019.

Gailliot, Matthew T., y Roy F. Baumeister, «The Physiology of Willpower: Linking Blood Glucose to Self-Control», *Personality and Social Psychology Review*, vol. 11 2007, págs. 303-327, doi.org/10.1177/10888 68307303030.

Gerth, H. H., y C. Wright Mills, «Introduction: The Man and His Work», en *From Max Weber: Essays in Sociology*, H. H. Gerth, Routledge y Kegan Paul (comps.), Londres, 1948.

Gilligan, Carol, *In a Different Voice: Psychological Theory and Women's Development*, Harvard University Press, Cambridge, Massachusetts, 1982.

Gilligan, James, *Violence: Our Deadly Epidemic and Its Causes*, G.P. Putnam, Nueva York, 1996.

Goethe, Johann Wolfgang von, *The Sorrows of Young Werther* [1774], Modern Library, Nueva York, 2004 (trad. cast.: *Las penas del joven Werther*, Espasa Libros, Barcelona, 2023).

—, *Wisdom and Experience*, Hermann J. Weigand (comp.), Pantheon, Nueva York, 1949.

—, *Zur Farbenlehre*, Tubinga, 1810 (trad. cast.: *Teoría de los colores: las láminas comentadas*, Editorial GG, Barcelona, 2019).

Goodchild, Peter, *J. Robert Oppenheimer: Shatterer of Worlds*, Houghton Mifflin, Boston, 1981.

Gottman, John M., *et al.*, «Predicting Marital Happiness and Stability from Newlywed Interactions», *Journal of Marriage and Family*, vol. 60, n.º 1, 1998, págs. 5-22, doi.org/10.2307/353438.

Grabb, Edward, Douglas Baer y James Curtis, «The Origins of American Individualism: Reconsidering the Historical Evidence», *Canadian Journal of Sociology*, vol. 24, n.º 4, 1999, págs. 511-533, doi.org/10.2307/ 3341789.

Gross, Elizabeth B., y Sara E. Medina-DeVilliers, «Cognitive Processes Unfold in a Social Context: A Review and Extension of Social Baseline Theory», *Frontiers in Psychology*, vol. 11, 2020, doi.org/10.3389/fpsyg .2020.00378.

Grossman, Dave, *On Killing: The Psychological Cost of Learning to Kill in War and Society*, edición revisada, Little, Brown, Boston, 2009 (trad. cast.: *Matar: el coste psicológico de aprender a matar en la guerra y en la sociedad*, Melusina, Santa Cruz de Tenerife, 2019).

Gustavsson, Gina, *The Problem of Individualism: Examining the Relations Between Self-Reliance, Autonomy and Civic Virtues*, doctorado, Universidad de Uppsala, 2007.

Hall, Heather, «Trauma and Dissociation in the News: Post-Traumatic Slavery Syndrome Revisited», *International Society for the Study of Trauma and Dissociation (ISSTD) News*, 22 de enero de 2021, <https://news.isst-d.org/post-traumatic-slavery-syndrome-revisited/>.

Hammett, Dashiell, *The Continental Op.*, Steven Marcus (comp.), Random House, Nueva York, 1974.

Hebb, Donald O., *The Organization of Behavior: A Neuropsychological Theory*, Wiley, Nueva York, 1949.

Herculano-Houzel, Suzana, «The Remarkable, Yet Not Extraordinary Human Brain», *Proceedings of the National Academy of Sciences*, vol. 109, supl. 1, 2012, págs. 10.661-10.668, doi.org/10.1073/pnas.1201895109.

Hinchman, Lewis P., «The Idea of Individuality: Origins, Meaning, and Political Significance», *Journal of Politics*, vol. 52, n.º 3, 1990, págs. 759-781, doi.org/10.2307/2131826.

Hoover, Herbert, «Principles and Ideals of the U.S. Government» (discurso), 22 de octubre de 1928, disponible en. <https://millercenter.org/the-presidency/presidential-speeches/october-22-1928-principles-and-ideals-united-states-government>.

Howes, Satoris S., *et al.*, «When and Why Narcissists Exhibit Greater Hindsight Bias and Less Perceived Learning», *Journal of Management*, vol. 46, n.º 8, 2020, págs. 1.498-1.528, doi.org/10.1177/0149206320929421.

Hübl, Thomas, y Terrence Real, «Evolutionary Relationships in Extraordinary Times», curso *online*, 7 de abril de 2020.

—, «Love, Trauma and Healing», curso *online*, 15 de abril de 2021.

Ingersoll, Robert G., «Some Reasons Why», en *The Works of Robert G. Ingersoll*, vol. 2, Lectures 1900, Dresde, Nueva York, 1902.

Jack, Dana Crowley, *Silencing the Self: Women and Depression*, Harvard University Press, Cambridge, Massachusetts, 1991.

Janoff-Bulman, Ronnie, *Shattered Assumptions: Towards a New Psychology of Trauma*, Free Press, Nueva York, 1992.

Jarvis, Shoshana N., M. Joy McClure y Niall Bolger, «Exploring How Exchange Orientation Affects Conflict and Intimacy in the Daily Life of Romantic Couples», *Journal of Social and Personal Relationships*, vol. 36, n.º 11 y n.º 12, 2019, págs. 3.575-3.587, doi.org/10.1177/0265407519826743.

Johnson, Susan M., *Emotionally Focused Couple Therapy with Trauma Survivors*, Guilford, Nueva York, 2002 (trad. cast.: *La práctica de la terapia de pareja focalizada en las emociones*, Desclée de Brouwer, Bilbao, 2020).

Joiner, Thomas, *Mindlessness: The Corruption of Mindfulness in a Culture of Narcissism*, Oxford University Press, Nueva York, 2017.

Jones, Kenneth, y Tema Oken. «White Supremacy Culture» en *Dismantling Racism: A Workbook for Social Change Groups*, ChangeWork, 2001.

Jung, Carl, *Letters*, vol. 2, *1951-1961*, Gerhard Adler (comp.), Princeton University Press, Princeton, Nueva Jersey, 1976.

Kant, Immanuel, *Critique of Pure Reason*, St. Martin's Press, Nueva York, 1965 (trad. cast.: *Crítica de la razón pura*, Taurus, Barcelona, 2013).

Keen, Sam, *Faces of the Enemy: Reflections of the Hostile Imagination*, Harper & Row, San Francisco, 1986.

Keltner, Dacher, y Ann M. Kring, «Emotion, Social Function, and Psychopathology», *Review of General Psychology*, vol. 2, n.º 3, 1998, págs. 320-342, doi.org/10.1037/1089-2680.2.3.320.

Kendi, Ibram X., *How to Be an Antiracist*, One World, Nueva York, 2019.

Kern, M. L., *et al.*, «Systems Informed Positive psychology», *Journal of Positive Psychology*, vol. 15, n.º 6, 2020, págs. 705-715, doi.org/10.1080/17439760.2019.1639799.

Kerner, Ian, *She Comes First: The Thinking Man's Guide to Pleasuring a Woman*, Regan Books, Nueva York, 2004 (trad. cast.: *Ellas llegan primero: el libro para los hombres que quieren complacer a las mujeres*, Debolsillo, Madrid, 2007).

Keverne, E. B., C. M. Nevison y F. L. Martel, «Early Learning and the Social Bond», en *The Integrative Neurobiology of Affiliation*, C. Sue Carter, Izja Lederhendler y Brian Kirkpatrick (comps.), MIT Press, Cambridge, Massachusetts, 1999.

Kurzban, Robert, «Does the Brain Consume Additional Glucose During Self-Control Tasks?», *Evolutionary Psychology*, vol. 8, 2010, págs. 244-259, doi.org/10.1177/147470491000800208.

Langford, D. J., *et al.*, «Social Modulation of Pain as Evidence for Empathy in Mice», *Science*, vol. 312, n.º 5.782, 2006, págs. 1.967-1970, doi.org/10.1126/science.1128322.

Lasch, Christopher, *The Culture of Narcissism: American Life in an Age of Diminishing Expectations*, W.W. Norton, Nueva York, 1978 (trad. cast.: *La cultura del narcisismo: la vida en una era de expectativas decrecientes*, Capitán Swing, Madrid, 2023).

Lester, B. M, J. Hoffman y T. Berry Brazelton, «The Rhythmic Structure of Mother-Infant Interaction in Term and Preterm Infants», *Child Development*, vol. 56, n.º 1, 1985, págs. 15-27, doi.org/10.1111/j.1467-8624.1985.tb00081.x.

Levant, Ronald F., e Y. Joel Wong, *The Psychology of Men and Masculinities*, American Psychological Association, Washington D. C., 2017.

Levine, Peter A., *Trauma and Memory: Brain and Body in a Search for the Living Past: A Practical Guide for Understanding and Working with Traumatic Memory*, North Atlantic Books, Nueva York, 2015 (trad. cast.: *Trauma y memoria: cerebro y cuerpo en busca del pasado vivo. Una guía práctica para comprender y trabajar la memoria traumática*, Eleftheria, Sitges, 2018).

Locke, John, *Two Treatises of Government*, Peter Laslett (comp.), Cambridge University Press, Cambridge, Reino Unido, 1960 (trad. cast.: *Segundo ensayo sobre el gobierno civil*, Unión Editorial, Madrid, 2022).

Lukes, Steven, *Individualism*, 1973; reedición ECPR Press, 2006.

Marín, Rebeca A., Andrew Christensen y David C. Atkins, «Infidelity and Behavioral Couple Therapy: Relationship Outcomes over 5 Years Following Therapy», *Couple and Family Psychology: Research and Practice*, vol. 3, n.º 1, 2014, págs. 1-12, doi.org/10.1037/cfp0000012.

Marshall, S. L. A., *Men Against Fire: The Problem of Battle Command in Future War*, Morrow, Nueva York, 1947.

Marvin, Carolyn, «Therapy Master Class», conferencia en el Family Institute, Cambridge, Massachusetts, junio de 2020.

McGilchrist, Iain, *The Master and His Emissary*, Yale University Press, New Haven, Connecticut, 2019.

McKnight, Stephen A., *Science, Pseudo-Science, and Utopianism in Early Modern Thought*, University of Missouri Press, Columbia, 1992.

Mellody, Pia, «Community Lecture», conferencia en el Meadows Institute, Phoenix, Arizona, 2003.

—, «Post-Induction Training for Therapists», conferencia en el Meadows Institute, Wickenburg, Arizona, 1987.

Mellody, Pia, Andrea Wells Miller y Keith Miller, *Facing Codependence: What It Is, Where It Comes From, How It Sabotages Our Lives*, Perennial Library, San Francisco, 1989 (trad. cast.: *La codependencia: qué es, de dónde procede, cómo sabotea nuestras vidas*, Paidós, Barcelona, 2005).

—, *Facing Love Addiction: Giving Yourself the Power to Change the Way You Love*, Harper San Francisco, San Francisco, 2003 (trad. cast.: *La adicción al amor: Cómo cambiar su forma de amar para dejar de sufrir*, Ediciones Obelisco, Barcelona, 2006).

Menakem, Resmaa, *My Grandmother's Hands: Racialized Trauma and the Pathway to Mending Our Hearts and Bodies*, Central Recovery Press, Las Vegas, Nevada, 2017.

Messina, Mike, «America's Most Devastating Conflict: King Philip's War», *Connecticut History*, 12 de agosto de 2020, disponible en: <https://connecticuthistory.org/americas-most-devastating-conflict-king-philips-war/>.

Metzinger, Thomas, *The Ego Tunnel: The Science of the Mind and the Myth of the Self*, Basic Books, Nueva York, 2009 (trad. cast.: *El túnel del yo: ciencia de la mente y mito del sujeto*, Enclave de Libros Ediciones, Madrid, 2018).

Metzl, Jonathan, *Dying of Whiteness: How the Politics of Racial Resentment Is Killing America's Heartland*, Basic Books, Nueva York, 2019.

Milne, A. A., *Winnie-the-Pooh: The Complete Collection of Stories and Poems*, Ernest H. Shepard (comp.), Methuen Children's Books, Londres, 1994.

Minuchin, Salvador, *Families and Family Therapy*, Harvard University Press, Cambridge, Massachusetts, 1974 (trad. cast.: *Familias y terapia familiar*, Editorial Gedisa, Barcelona, 2009).

Minuchin, Salvador, y M. P. Nichols, *Family Healing: Tales of Hope and Renewal from Family Therapy*, Free Press, Nueva York, 1993 (trad. cast.: *La recuperación de la familia: relatos de esperanza y renovación*, Paidós, Barcelona, 1994).

Mitchell, Stephen (comp.), *Tao Te Ching: A New English Version*, HarperCollins, Nueva York, 2004 (trad. cast.: *Tao Te Ching. Lao Tzu. Versión de Stephen Mitchell*, Dojo Ediciones, Madrid, 2022).

More, Paul Elmer, *Benjamin Franklin*, Houghton Mifflin, Boston, 1900.

Moritz, Katie, «If You Cheated, Is There Hope for Your Relationship?», *Rewire*, 19 de abril de 2019, <https://www.rewire.org/cheated-hope-relationship/>.

Murthy, Vivek Hallegere, *Together: The Healing Power of Human Connection in a Sometimes Lonely World*, Harper Wave, Nueva York, 2020 (trad. cast.: *Juntos: el poder de la conexión humana*, Crítica, Barcelona, 2021).

Nugent, J. Kevin, Barry M. Lester y T. Berry Brazelton, *The Cultural Context of Infancy*, Ablex, Norwood, Nueva Jersey, 1989.

O'Brien, Ed, y Samantha Kassirer, «People Are Slow to Adapt to the Warm

Glow of Giving», *Psychological Science*, vol. 30, n.º 2, 2019, págs. 193-204, doi.org/10.1177/0956797618814145.

Ogden, Pat, Kekuni Minton y Clare Pain, *Trauma and the Body: A Sensorimotor Approach to Psychotherapy*, W.W. Norton, Nueva York, 2006 (trad. cast.: *El trauma y el cuerpo: un modelo sensoriomotriz de psicoterapia*, Desclée de Brouwer, Bilbao, 2009).

Overall, N. C., «Attachment and Dyadic Regulation Processes», *Current Opinion in Psychology*, vol. 1, n.º 1, 2015, págs. 61-70.

Paine, Thomas, *Dissertations on Government, the Affairs of the Bank, and Paper Money*, Londres, 1817.

Pais, Abraham, y Robert P. Crease, *J. Robert Oppenheimer: A Life*, Oxford University Press, Nueva York, 2006.

Paley, William, *Natural Theology; or, Evidences of the Existence and Attributes of the Deity, Collected from the Appearances of Nature*, Londres, 1802.

Panksepp, Jaak, *Affective Neuroscience: The Foundations of Human and Animal Emotions*, Oxford University Press, Nueva York, 1998.

Panksepp, Jaak, y L. Biven, *The Archaeology of the Mind: Neuroevolutionary Origins of Human Emotions*, W.W. Norton, Nueva York, 2012.

Panksepp, Jaak, *et al.*, «Neuro-Evolutionary Foundations of Infant Minds: From Psychoanalytic Visions of How Primal Emotions Guide Constructions of Human Minds Toward Affective Neuroscientific Understanding of Emotions and Their Disorders», *Psychoanalytic Inquiry*, vol. 39, n.º 1, 2019, págs. 36-51.

Papp, Peggy, *The Process of Change*, Guilford Press, Nueva York, 1983 (trad. cast.: *El proceso de cambio*, Paidós, Barcelona, 1991).

Perel, Esther, *The State of Affairs: Rethinking Infidelity*, Harper, Nueva York, 2017 (trad. cast.: *El dilema de la pareja. Una nueva mirada acerca del amor y las relaciones*, Diana, Planeta, Barcelona, 2020).

Perel, Esther, y Terry Real, «A Dialogue on Infidelity», conferencia en el Annual Psychotherapy Networker Symposium, Washington D. C., 24 de marzo de 2012.

Perel, Esther, Terry Real y George Faller, «Learning from the Affair», conferencia en el Annual Psychotherapy Networker Symposium, Washington D. C., 28 de marzo de 2015.

Perry, Bruce D., *et al.*, «Childhood Trauma, the Neurobiology of Adaptation, and 'Use-Dependent' Development of the Brain: How "States" Become "Traits"», *Infant Mental Health Journal*, vol. 16, n.º 4, 1995, doi.org/10.1002/1097-0355(199524)16:4<271::AID-IMHJ2280160404>3.0.CO;2-B.

Phillips, Ann T., Henry M. Wellman y Elizabeth S. Spelke, «Infants' Ability to Connect Gaze and Emotional Expression to Intentional Action», *Cognition*, vol. 85, n.º 1, 2002, págs. 53-78.

Pierce, Chester, «Offensive Mechanism», en *The Black 70's*, Floyd B. Barbour (comp.), Porter Sargent, Boston, 1970.

Pincus, Aaron L., y Mark R. Lukowitsky, «Pathological Narcissism and Narcissistic Personality Disorder», *Annual Review of Clinical Psychology*, vol. 6, n.º 1, 2010, págs. 421-446, doi.org/10.1146/annurev.clinpsy.121208.131215.

Pollan, Michael, *How to Change Your Mind: What the New Science of Psychedelics Teaches Us About Consciousness, Dying, Addiction, Depression, and Transcendence*, Penguin Press, Nueva York, 2018 (trad. cast.: *Cómo cambiar tu mente: lo que la nueva ciencia de la psicodelia nos enseña sobre la conciencia, la muerte, la adicción, la depresión y la transcendencia*, Debate, Barcelona, 2018).

—, «The Trip Treatment», *New Yorker*, 2 de febrero de 2015, disponible en: <https://www.newyorker.com/magazine/2015/02/09/trip-treatment>.

Porges, Stephen W., *The Polyvagal Theory: Neurophysiological Foundations of Emotions Attachment Communication Self-Regulation*, W.W. Norton, Nueva York, 2011.

Putnam, Robert D., *Bowling Alone*, Simon & Schuster, Nueva York, 2000 (trad. cast.: *Solo en la bolera. Resurgimiento de la comunidad norteamericana*, Galaxia Gutenberg, Barcelona, 2002).

Radiske, Andressa, *et al.*, «Prior Learning of Relevant Non-Aversive Information Is a Boundary Condition for Avoidance Memory Reconsolidation in the Rat Hippocampus», *Journal of Neuroscience*, vol. 37, n.º 40, 2017, págs. 9.675-9.685, doi.org/10.1523/JNEUROSCI.1372-17.2017.

Ramos Salazar, Leslie, «The Negative Reciprocity Process in Marital Relationships: A Literature Review», *Aggression and Violent Behavior*, vol. 24, 2015, págs. 113-119, doi.org/10.1016/j.avb.2015.05.008.

Real, Terrence, *Fierce Intimacy: Standing Up to One Another with Love* (CD), Sounds True, Boulder, Colorado, 2018.

—, «High Impact Couple's Therapy: How to Go Deep Quickly», conferencia *online* en Milton Erickson, Couples Institute, Menlo Park, California, 5 de junio de 2021.

—, *I Don't Want to Talk About It: Overcoming the Secret Legacy of Male Depression*, Fireside, Nueva York, 1998.

—, «A Matter of Choice: Deciding: To Be Right or Be Married?», *Psychotherapy Networker*, noviembre-diciembre de 2011, <www.psychotherapynetworker.org/magazine/article/314/a-matter-of-choice>.

—, *The New Rules of Marriage: What You Need to Know to Make Love Work*, Ballantine, Nueva York, 2008.

—, «Staying in Love: The Art of Fierce Intimacy», curso *online*.

—, «Working with Infidelity in Couples Therapy: Conversations with Terrence Real», webinario, 2012.

Real, Terrence, y Esther Perel, «The Relate 2 Day Workshop: Taught by Terrence Real and Esther Perel», taller en Millennium Harvest House, Boulder, Colorado, 3 y 4 de marzo de 2017.

Reis, Harry T., Margaret S. Clark, y John G. Holmes, «Perceived Partner Responsiveness as an Organizing Construct in the Study of Intimacy and Closeness», en *Handbook of Closeness and Intimacy*, D. Mashek y A. Aron, Lawrence Erlbaum Associates (comps.), Mahwah, Nueva Jersey, 2004.

Rieff, Philip, *The Triumph of the Therapeutic: Uses of Faith After Freud*, Harper & Row, Nueva York, 1966.

Rohrbaugh, Michael J., y Varda Shoham, «Brief Therapy Based on Interrupting Ironic Processes: The Palo Alto Model», *Clinical Psychology*, vol. 8, n.º 1, 2001, págs. 66-81, doi.org/10.1093/clipsy.8.1.66.

Rose, Paul, «The Happy and Unhappy Faces of Narcissism», *Personality and Individual Differences*, vol. 33, n.º 3, 2002, págs. 379-391, doi.org/10.1016/S0191-8869(01)00162-3.

Rūmī, Jalāl al-Dīn, *The Essential Rumi*, Blackstone, N.p., 2018.

Russo, Marc A., Danielle M. Santarelli y Dean O'Rourke, «The Physiological Effects of Slow Breathing in the Healthy Human», *Breathe*, vol. 13, n.º 4, 2017, págs. 298-309, doi.org/10.1183/20734735.009817.

Sapolsky, Robert. M., *Behave: The Biology of Humans at Our Best and Worst*, Penguin, Nueva York, 2017 (trad. cast.: *Compórtate*, Capitán Swing, Madrid, 2018).

Sbarra, David A., y Cindy Hazan, «Coregulation, Dysregulation, Self-Regulation: An Integrative Analysis and Empirical Agenda for Understanding Adult Attachment, Separation, Loss and Anxiety», *Personality and Social Psychology Review*, vol. 12, n.º 2, 2008, págs. 141-167, doi.org/10.1177/1088868308315702.

Schoebi, Dominik, «The Coregulation of Daily Affect in Marital Relationships», *Journal of Family Psychology*, vol. 22, n.º 4, 2008, págs. 595-604, doi.org/10.1037/0893-3200.22.3.595.

Schwabe, Lars, Karim Nader y Jens C. Pruessner, «Reconsolidation of Human Memory: Brain Mechanisms and Clinical Relevance», *Biological Psychiatry Journal*, vol. 76, n.º 4, 2014, págs. 274-280, doi.org/10.1016/j.biopsych.2014.03.008.

Schwartz, Richard C., *Internal Family Systems Therapy*, Nueva York, Guilford Press, 1995 (trad. cast.: *Los sistemas de la familia interna*, Eleftheria, Sitges, 2016).

—, *No Bad Parts: Healing Trauma and Restoring Wholeness with the Internal Family Systems Model* (CD), Sounds True, Boulder, Colorado, 2021 (trad. cast.: *No hay partes malas*, Eleftheria, Sitges, 2021).

Segell, Michael, «The Pater Principle», *Esquire*, marzo de 1995.

Sels, Laura, *et al.*, «Emotional Interdependence and Well-Being in Close Relationships», *Frontiers in Psychology*, vol. 7, 2016, doi.org/10.3389/fpsyg.2016.00283.

Seshadri, Krishna G., «The Neuroendocrinology of Love», *Indian Journal of Endocrinology and Metabolism*, vol. 20, n.º 4, 2016, págs. 558-563, doi.org/10.4103/2230-8210.183479.

Shapiro, Francine, y Margot Silk Forrest, *EMDR: The Breakthrough Therapy for Overcoming Anxiety, Stress, and Trauma*, Basic Books, Nueva York, 1997 (trad. cast.: *EMDR: una terapia revolucionaria para superar la ansiedad, el estrés y los traumas*, Editorial Kairós, Barcelona, 2008).

Siedentop, Larry, *Inventing the Individual*, Harvard University Press, Cambridge, Massachusetts, 2014.

Siegel, Dan. J., *The Developing Mind*, 2.ª ed., Guilford Press, Nueva York, 2012 (trad. cast.: *La mente en desarrollo: cómo interactúan las relaciones y el cerebro para modelar nuestro ser*, Desclée de Brouwer, Bilbao, 2007).

—, *Mind: A Journey to the Heart of Being Human*, W.W. Norton, Nueva York, 2017 (trad. cast.: *Viaje al centro de la mente. Lo que significa ser humano*, Paidós, Barcelona, 2017).

—, *The Mindful Therapist: A Clinician's Guide to Mindsight and Neural Integration*, W.W. Norton, Nueva York, 2010 (trad. cast.: *Mindfulness y psicoterapia: técnicas prácticas de atención plena para psicoterapeutas*, Paidós, Barcelona, 2012).

—, *Mindsight: The New Science of Personal Transformation*. Nueva York:

Bantam, 2010 (trad. cast.: *Mindsight: la nueva ciencia de la transformación personal*, Paidós, Barcelona, 2011).

Siegel, Dan J., y S. McNamara, *The Neurobiology of "We": How Relationships, the Mind, and the Brain Interact to Shape Who We Are* (CD), Sounds True, Boulder, Colorado, 2008.

Silverstein, Olga, *Who's Depressed?*, Ackerman Institute for the Family, 2012.

Simmel, Georg, *The Sociology of Georg Simmel*, Kurt Wolff (comp.), Free Press, Nueva York, 1950.

Singer, Peter (comp.), *Does Anything Really Matter? Essays on Parfit on Objectivity*, Oxford University Press, Nueva York, 2017.

«Slavery in the President's Neighborhood FAQ», White House Historical Association, disponible en: <https://www.whitehousehistory.org/slavery-in-the-presidents-neighborhood-faq>.

Spitz, René A., «Hospitalism: An Inquiry into the Genesis of Psychiatric Conditions in Early Childhood», *Psychoanalytic Study of the Child*, vol. 1, n.º 1, 1945, págs. 53-74, doi.org/10.1080/00797308.1945.11823126.

Spock, Benjamin, y Robert Needlman, *Dr. Spock's Baby and Child Care*, 8.ª edición, Pocket Books, Nueva York, 2004.

Steup, Matthias, y Ernest Sosa (comps.), *Contemporary Debates in Epistemology*, Blackwell, Malden, Massachusetts, 2005 (trad. cast.: *La epistemología de virtudes*, Krk Ediciones, Oviedo, 2010).

Stevens, Larry, Mark Gauthier-Braham y Benjamin Bush, «The Brain That Longs to Care for Itself: The Current Neuroscience of Self-Compassion», en *The Neuroscience of Empathy, Compassion, and Self-Compassion*, Larry Stevens y Christopher Woodruff (comps.), Academic Press, Cambridge, Massachusetts, 2018.

Suzuki, Shunryū, *Zen Mind, Beginner's Mind: Informal Talks on Zen Meditation and Practice*, Trudy Dixon (comp.), Shambhala, Boston, 2011 (trad. cast.: *Mente zen, mente de principiante. Charlas informales sobre meditación y la práctica del zen*, Gaia, Móstoles, 2012).

Swain, J. E., *et al.*, «Brain Basis of Early Parent-Infant Interactions: Psychology, Physiology, and In Vivo Functional Neuroimaging Studies», *Journal of Child Psychology and Psychiatry, and Allied Disciplines*, vol. 48, n.os 3 y 4, 2007, págs. 262-287, doi.org/10.1111/j.1469-7610.2007.01731.x.

Szalavitz, Maia, y Bruce D. Perry, *Born for Love: Why Empathy Is Essential—and Endangered*, William Morrow, Nueva York, 2010.

Tagore, Rabindranath, *Stray Birds*, Macmillan, Nueva York, 1916 (trad. cast.: *Pájaros perdidos*, Valparaíso Ediciones, Granada, 2020).

Tannen, Deborah, *You Just Don't Understand: Women and Men in Conversation*, William Morrow, Nueva York, 1990 (trad. cast.: *Tú no me entiendes. Por qué es tan difícil el diálogo hombre-mujer*, Círculo de Lectores, S. A., Barcelona, 1992).

Tatkin, Stan, *Wired for Love*, New Harbinger, Oakland, California, 2011.

Teutsch, David A., *A Guide to Jewish Practice: Community, Gemilut Hesed, and Tikun Olam*, Reconstructionist Rabbinical College Press, Wyncote, Pensilvania, 2009.

Thoreau, Henry David, *Walden, or, Life in the Woods*, Boston, 1854 (trad. cast.: *Walden*, Ediciones Cátedra, Madrid, 2005).

Thurow, Joshua C., «The Implicit Conception and Intuition Theory of the A Priori, with Implications for Experimental Philosophy», en *The A Priori in Philosophy*, Albert Casullo y Joshua C. Thurow (comps.), Nueva York, Oxford University Press, 2013.

Tocqueville, Alexis de, *Democracy in America*, J. P. Mayer (comp.), Doubleday, Garden City, Nueva York, 1969 (trad. cast.: *Democracia en América*, Alianza Editorial, Madrid, 2017).

Tolstói, León, *Anna Karenina* [1878], Penguin, Nueva York, 2003.

Tronick, Ed, *The Neurobehavioral and Social-Emotional Development of Infants and Children*, W.W. Norton, Nueva York, 2007.

—, «Still Face Experiment» (video), UMass Boston, 30 de noviembre de 2009, <https://www.youtube.com/watch?v=apzXGEbZht0&abchannel=UMassBoston>.

Tronick, Ed, y Claudia M. Gold, *The Power of Discord: Why the Ups and Downs of Relationships Are the Secret to Building Intimacy, Resilience, and Trust*, Little Brown Spark, Nueva York, 2020 (trad. cast.: *El poder del conflicto: el secreto de los altibajos en las relaciones y cómo construir intimidad y confianza*, Paidós, Barcelona, 2021).

Tronson, Natalie C., *et al.*, «Fear Conditioning and Extinction: Emotional States Encoded by Distinct Signaling Pathways», *Trends in Neuroscience*, vol. 35, n.º 3, 2012, págs. 145-155, doi.org/10.1016/j.tins.2011.10.003.

Turner, Jack, «American Individualism and Structural Injustice: Tocqueville, Gender, and Race», *Polity*, vol. 40, n.º 2, 2008, págs. 197-215, doi.org/10.1057/palgrave.polity.2300088.

Uchino, B. N., J. T. Cacioppo y J. K. Kiecolt-Glaser, «The Relationship Between Social Support and Physiological Processes: A Review with Emphasis on Underlying Mechanisms, and Implications for Health», *Psychological*

ÍNDICE ONOMÁSTICO Y DE MATERIAS

De este libro me quedo con…

Nosotros es posible gracias al trabajo de su autor, Terrence Real, así como de la traductora Marta Rivilla, la correctora Eva Robledillo, el diseñador José Ruiz-Zarco, el equipo de Realización Planeta, la directora editorial Marcela Serras, la editora ejecutiva Rocío Carmona, la editora Ana Marhuenda, y el equipo comercial, de comunicación y marketing de Diana.

En Diana hacemos libros que fomentan el autoconocimiento e inspiran a los lectores en su propósito de vida. Si esta lectura te gustó, te invitamos a que la recomiendes y que así, entre todos, contribuyamos a seguir expandiendo la conciencia.